REVISTA DA ACADEMIA BRASILEIRA DE LETRAS JURÍDICAS

Nº 40 • RIO DE JANEIRO • SETEMBRO 2023

REVISTA DA ACADEMIA BRASILEIRA DE LETRAS JURÍDICAS

GZ
EDITORA
Rio de Janeiro
2023

N. 40 – 2023

CIP-BRASIL. CATALOGAÇÃO NA PUBLICAÇÃO
SINDICATO NACIONAL DOS EDITORES DE LIVROS, RJ

R349
40. ed.

Revista da Academia Brasileira de Letras Jurídicas : n. 40, setembro 2023 / organização Roberto Rosas. - 40. ed. - Rio de Janeiro : GZ, 2024.
322 p. ; 24 cm.

Inclui índice
ISBN 978-65-5813-089-5

1. Academia Brasileira de Letras Jurídicas. 2. Direito - Brasil. I. Rosas, Roberto.

23-86355
CDU: 34(81)

Gabriela Faray Ferreira Lopes - Bibliotecária - CRB-7/6643

26/09/2023 29/09/2023

contato@editoragz.com.br
www.editoragz.com.br
Estrada do Capuava, nº 1325 - Box Q - CEP 06715-410
Bairro Barro Branco - Município de Cotia - SP
Tels.: (0XX21) 99585-0737 / 99755-0737

Impresso no Brasil
Printed in Brazil

Av. NS. De Copacabana, 1183, 503 – Copacabana – Rio de Janeiro – RJ, CEP 22070-011 – (21) 2522-0240, contato@ablj.org.br

ACADÊMICOS (09/2023)

1 Arnoldo Wald
2 VAGA
3 Cláudia Lima Marques
4 Gustavo Binenbojm
5 Maria Sylvia Zanella di Pietro
6 VAGA
7 Everardo Moreira Lima
8 Nelson Mannrich
9 Marcos Afonso Borges
10 Luiz Edson Fachin
11 Ivo Dantas
12 José Rogério Cruz e Tucci
13 Álvaro Villaça Azevedo
14 Aluisio Gonçalves de Castro Mendes
15 Sergio de Andréa Ferreira
16 João Mestieri
17 Carlos Ayres Britto
18 Edvaldo Pereira de Britto
19 VAGA
20 Aurélio Wander Chaves Bastos
21 Antonio Celso Alves Pereira
22 Francisco Amaral (PRESIDENTE)
23 Cesar Asfor Rocha
24 VAGA

25 Antonio Carlos Palhares Moreira Reis

26 Leonardo Greco

27 José Roberto de Castro Neves

28 Gilmar Ferreira Mendes

29 Adherbal Augusto de Meira Mattos

30 José Augusto Monteiro Cruz Rodrigues Pinto

31 Luiz Fernando Coelho

32 Luiz Fux

33 Ives Gandra da Silva Martins

34 Antonio Alvares da Silva

35 Ricardo Pereira Lira

36 VAGA

37 José dos Santos Pereira Braga

38 Paulo Cezar Pinheiro Carneiro

39 Manoel Gonçalves Ferreira Filho

40 Adroaldo Furtado Fabrício

41 Fernando Whitaker da Cunha

42 Carlos Mário Velloso

43 Roberto Rosas

44 José Carlos Moreira Alves

45 Semy Glanz

46 Humberto Theodoro Júnior

47 VAGA

48 Sergio Ferraz

49 Judith Martins-Costa

50 Gustavo Tepedino

ACADÊMICOS FALECIDOS
(Em ordem cronológica do óbito)
Atualizados em 2023 (setembro)

Alcides Vieira Carneiro – Luiz Antonio da Costa Carvalho – Mario Neves Baptista - Carlos Coqueijo Torreão Costa – Orozimbo Nonato da Silva – Oscar Moreira Sodré de Aragão – José Augusto César Salgado – Francisco Cavalcanti Pontes de Miranda – Roberto Lyra Tavares – Vandick Londres da Nóbrega – Antonio de Paiva Melo – Milton Menezes da Costa – Pedro Calmon Moniz Bittencourt – Haroldo Teixeira Valladão – Raul Floriano – Carlos de Oliveira Ramos – Custódio Joaquim de Azevedo Bouças – Orlando Gomes – Luiz Roberto de Rezende Puech – Afonso Arinos de Mello Franco - Alfredo Buzaid – Cristóvam Breiner – Luiz Antonio Severo da Costa – Antonio Ferreira Cesarino Júnior – Clóvis do Couto e Silva – Sylvio Henriques de Siqueira – José Frederico Marques – Luiz Antonio de Andrade – Paulino Ignácio Jacques – A. B. Cotrim Neto – Jacy de Assis – Silvio Augusto de Bastos Meira – Oscar Moreira Sodré de Aragão – Nelson de Souza Carneiro – Oswaldo de Souza Valle – Djacir Menezes – Élson Gottschalk – Jorge Alberto Romeiro – Albino Lima – Silvio de Macedo – José de Moura Rocha – Alcides de Mendonça Lima – Hamilton de Moraes e Barros – Rubens França Limongi – Dulcydides de Toledo Piza - Josaphat Marinho – Adahyl Lourenço Dias – Caio Mário da Silva Pereira – Wellington Moreira Pimentel – Raul Machado Horta – Ernesto Queiroz Júnior – Arthur Machado Paupério – Oscar Dias Corrêa - Miguel Reale – Dejalma de Campos – José Alfredo de Oliveira Baracho – Océlio de Medeiros – Luiz Pinto Ferreira – Lúcia Valle Figueiredo – Laudo de Almeida Camargo – J. M. Othon Sidou – Gláucio Veiga – Geraldo Camargo Vidigal – Mozart V. Russomano – Djaci Falcão - Aloysio Maria Teixeira – Galeno

Lacerda - Arnaldo Süssekind - Joacyl Britto Pereira – Sálvio de Figueiredo Teixeira – Luis de Pinho Pedreira – Amauri Mascaro Nascimento – Athos Gusmão Carneiro – Paulo José da Costa Jr. – Brenno de Andrade – Nelson Saldanha – Ada Pellegrini Grinover – José Carlos Barbosa Moreira – Theóphilo de Azeredo Santos – Paulo Bonavides – Zeno Veloso – José da Silva Pacheco – José Manuel de Arruda Alvim – José Augusto Delgado – Arion Sayão Romita – Antonio Augusto Cançado Trindade – Paulo Nader.

SUMÁRIO

ARTIGOS

CENTENÁRIO DE MORTE DE RUI BARBOSA

POSSES NA ABLJ

ARTIGOS

O DIREITO CIVIL NO PARADIGMA DA COMPLEXIDADE

Francisco Amaral[1]

SUMÁRIO: Introdução. O paradigma da complexidade. **1.** Direito subjetivo e situação jurídica. **2.** O interesse jurídico. **3.** Sujeito *in abstracto* e pessoa *in concreto.* **4.** Objeto jurídico. Ambiente e informação. **5.** Valores e princípios jurídicos. **6.** A interpretação jurídica conforme aos princípios.

Introdução. O paradigma da complexidade

Tema que me tem despertado vivo interesse é a evolução do direito civil brasileiro, por força da complexidade crescente da vida contemporânea.

O direito civil é um direito de formação histórica e jurisprudencial, com apurada técnica que se desenvolveu ao longo dos séculos para atender aos problemas da sociedade privada. É um direito estável, o que não impede a constante adaptação dos seus instrumentos operacionais, isto é, suas regras, institutos, conceitos, categorias, por força dos crescentes desafios da sociedade a que se destina. Um dos problemas que a vida em sociedade hoje apresenta é o seu elevado grau de complexidade, por efeito da revolução científica e tecnológica que marcou o século XX. As teorias de Albert Einstein e de Max Planck, a revolução no campo da medicina, os progressos da biologia, a configuração do código genético e os mecanismos de modificação do genoma, a ecologia etc, tudo isso levou à configuração de um novo paradigma epistemológico,

1 Professor Titular de Direito Civil e Romano da Universidade Federal do Rio de Janeiro.

o paradigma da complexidade, de capital importância nos estudos jurídicos e sociais contemporâneos.[2]

A complexidade apresenta-se como um estado de incerteza, de embaraço e confusão que caracteriza o pensamento político, jurídico e filosófico,[3] pondo em xeque não só as categorias e os institutos tradicionais do direito privado como também o método de sua realização prática. Considerada como paradigma, no sentido que lhe dá a epistemologia contemporânea, o de matriz disciplinar, modelo ou exemplo que orienta ou condiciona a solução de problemas científicos de uma determinada comunidade.[4] É uma pedra angular que afeta qualquer espécie de pensamento jurídico, de natureza ontológica, fenomenológica ou axiológica.

O pensamento contemporâneo apresenta, assim, um elevado grau de complexidade, que juristas e filósofos têm de enfrentar. Os juristas, elaborando estruturas jurídicas de resposta para os conflitos de interesses, os filósofos, refletindo sobre os valores que devem legitimar essas respostas. Nessa atividade comum, devem também repensar as categorias fundamentais e rever os próprios instrumentos conceituais,[5] já que a complexidade torna difícil a permanência no interior de conceitos claros, distintos, fáceis para conceber-se a ciência, o conhecimento, o mundo em que vivemos.[6]

---

2 Edgar Morin, *A Religação dos saberes*, 6ª edição, Rio de Janeiro, Editora Bertrand Brasil, Ltda, 2007, p. 563. André-Jean Arnaud y María José Fariñas Dulce, *Sistemas jurídicos: Elementos para un análisissociológico,* Madri, Universidad Carlos III de Madrid. Boletín Oficial del Estado, 1996, p. *206.*

3 Edgar Morin, *Introdução ao Pensamento Complexo,* Lisboa, Instituto Piaget, p. 20.

4 Thomas Kuhn, *A estrutura das revoluções científicas*, 10ª edição, São Paulo, Editora Perspectiva S.A.,2011, p. 31; André-Jean Arnaud, p. 226.

5 *"Il filosofo del diritto davanti alla crise della complessità"* a cura di Luisa Avitabile, Napoli, EditorialeScientifica, 2010, p. XIII.

6 Edgar Morin, *O Problema Epistemológico da Complexidade*, 2ª edição, Lisboa, Publicações Europa-América, 1996, p. 34.

Em face disso, é necessário rever os conceitos e as suas categorias clássicas do direito civil, noções instrumentais que têm papel destacado na análise teórica e na realização prática de qualquer ramo do direito,[7] de modo a permitir a qualificação das pessoas, dos bens e dos fatos jurídicos, e consequentemente, a determinação do seu regime jurídico. Isso vai ao encontro da reflexão crítica mais recente dos civilistas não comprometidos com o positivismo normativista da modernidade, que demonstra a superação dessas categorias e defende a sua adequação às necessidades atuais.

Considerar-se-ão aqui as categorias do direito subjetivo, que se substitui ou evolui para a da situação jurídica; a do sujeito de direito que evolui para a da pessoa; as novas espécies de objeto do direito, o ambiente e a informação; os valores e os princípios correspondentes e, finalmente, mas não de menor importância, a interpretação do direito. Não como problema hermenêutico mas como processo de criação normativa.

1. Direito subjetivo e situação jurídica

A crítica atual à categoria de direito subjetivo, considerado insuficiente para atender à complexidade e à variedade dos efeitos jurídicos da atividade humana, faz com que as situações jurídicas tenham hoje especial importância na doutrina jurídica.[8]

A doutrina considera o direito subjetivo como o poder que a ordem jurídica confere a alguém para agir e exigir de outrem determinado comportamento. É categoria jurídica que permite atuar com economia, clareza e rapidez no processo de realização do direito,[9] significando a situação em que alguém se acha de poder

7 Francesco Macario – Michele Lobuono, *Il diritto civile nel pensiero dei giuristi*, Milano CEDAM,2010, p. 422

8 António Menezes Cordeiro. *Tratado de Direito Civil Português*, I, Parte Geral, p. 99. Seja-me permitido recorrer aqui a noções por mim já estudadas em meu livro *Direito Civil. Introdução*, 7ª edição, Rio de Janeiro, Renovar, 2008.

9 Pontes de Miranda. *Tratado de Direito Privado*, p. 221.

agir livremente em uma determinada esfera de ação. Os direitos subjetivos nascem, modificam-se e extinguem-se como efeito dos chamados fatos jurídicos. Estes são, portanto, a causa da criação e da transformação dos direitos.[10] Quando esses se ligam a determinadas situações ou comportamentos, configuram-se as *situações jurídicas*, situações existenciais qualificadas ou legitimadas pelo direito.[11]

As situações jurídicas são, assim, conjuntos de direitos ou de deveres que se atribuem a determinados sujeitos, em virtude das circunstâncias em que eles se encontram ou das atividades que eles exercem. Constituem uma categoria geral abrangente, que compreende as diversas manifestações de poder e de dever contidas na relação jurídica, como o direito subjetivo e o dever jurídico, e ainda o direito potestativo, a faculdade jurídica e a pretensão. As situações jurídicas são *objetivas*, quando resultantes da própria norma que as determina, apresentando as mesmas características de generalidade e permanência, por exemplo, a situação de cônjuge, de pai, de tutor, de curador. E *subjetivas*, se resultantes da manifestação da vontade particular e, por isso mesmo, adaptadas aos interesses do agente, como a situação de comprador, de locatário etc. Distinguem-se ainda as situações *ativas*, nas quais os sujeitos têm posição de supremacia (direitos subjetivos,), e as situações *passivas*, aquelas em que os sujeitos têm posição de subordinação (deveres jurídicos, relativos aos direitos subjetivos, e sujeições, relativas aos direitos potestativos).

Essa é uma concepção positivista que se encontra hoje superada por uma perspectiva axiológica, na qual se valora, para fins de eficácia jurídica, não só as disposições normativas mas principalmente o comportamento das pessoas juridicamente relacionadas. É a chamada ética da situação.

---

10 Pontes de Miranda, *Tratado*, I, p. 17; Angelo Falzea. *Ricerche di teoria generale del diritto e di dogmatica giuridica*, I, p. 77.

11 Torquato de Castro. *Teoria da Situação Jurídica em Direito Privado Nacional*, p. 89; François Terré. .*Introduction générale au droit*, p. 163.

Sob o impulso da filosofia existencialista, na qual o homem é considerado não em função das regras de direito, mas pela situação real e concreta em que se encontre, o conceito de ética da situação destaca a importância, ou até o caráter decisivo das circunstâncias no tocante às decisões morais do ser humano.[12] Expressão criada por Ernst Michel em suas publicações entre 1946 e 1948,[13] tendo em vista, principalmente, os conflitos nas relações de família, matrimoniais e filiais, significa que, no direito, *"a pessoa não deve ser julgada em função das regras jurídicas, mas tendo-se em vista o seu comportamento numa situação real e concreta em que esteja colocada"*.[14] Significa isso que, nas relações de direito, deve dar-se mais importância ao conteúdo existencial do que ao seu aspecto formal,[15] o que demonstra, no Código Civil brasileiro, a importância do princípio da eticidade.[16]

2. O interesse jurídico

Figura afim ao direito subjetivo e dele verdadeiro substrato é o interesse jurídico, expressão designativa de uma posição favorável à satisfação de uma necessidade.[17] É conceito indeterminado que indica uma situação de vantagem ou de utilidade, cuja realização uma pessoa pode, em abstrato, pretender.[18] Ou ainda, uma disposição estável ou durável para a satisfação de um bem

---

12 Tommaso Edoardo Frosini. *Situação Jurídica*, p. 741

13 Ibidem.

14 Idem.

15 Miguel Reale. *O Projeto*, p. 42.

16 Cfr. Judith Martins-Costa/Gerson Luiz Carlos Branco. *Diretrizes Teóricas do Novo Código CivilBrasileiro*, p. 131 ss.

17 Francesco Carnelutti, *Sistema del diritto processuale civile*, Padova, CEDAM, 1936, p.7; JoséFrederico Marques, *Manual de Direito Processual Civil*, v. 1, 2ª edição, São Paulo,Saraiva, 1974, p. 157.

18 Alberto Trabuchi, *Istituzioni de diritto civile*, 45 ª edizione, a cura de Giuseppe Trabuchi, Padova,CEDAM, 2012, p. 69.

material ou ideal que é, ou tende a ser, protegido pelo direito.[19] Por exemplo, o poder familiar exerce-se no interesse do filho (CC, art. 1.630), a tutela, no interesse dos filhos menores (CC, art.1.728), a curatela no interesse dos interditos (CC, art. 1.767).

A diferença entre as duas categorias jurídicas, direito subjetivo e interesse, sobressai no campo da proteção jurídica. No direito subjetivo a tutela é direta e imediata, no sentido de que o seu exercício pelo respectivo titular dispensa outros pressupostos. No interesse jurídico, a sua tutela não depende do titular, mas de uma outra situação mais proeminente e do comportamento discricionário de um sujeito diverso.

No direito civil temos diversas hipóteses de interesse, por exemplo, o interesse do devedor na liberação do seu vínculo obrigacional (CC, art. 304), o interesse de qualquer pessoa na decretação de nulidade de casamento (CC, art. 1.549), o interesse dos filhos na nomeação de um curador especial em caso de colisão com o interesses dos pais (CC, art. 1.692), no exercício parcial da tutela (CC, art. 1.743), no exercício de curatela (CC, art. 1.774), o interesses dos avós na visita aos netos(CC, art. 1.589, par. único e CPC, art. 888, VII), agora reconhecido como direito.[20] Temos, ainda, o predomínio do interesse da companhia ou sociedade anônima no exercício do direito de voto pelos acionistas;[21] o interesse do herdeiro ou do credor do falecido, na aceitação de uma herança. (CC, art. 1.807).

No direito processual, o interesse é também um substrato do direito subjetivo público que é o direito de ação, figurando expressamente como uma de suas condições (CPC, arts. 3° e 4º). Significa

19 Michel Bürgisser, in *Dicionário Enciclopédico de Teoria e de Sociologia do Direito,* segunda edição, Direção de André-Jean Arnaud, tradução sob a direção de Vicente de Paulo Barreto, Rio de Janeiro, Renovar, 1999, p. 420.

20 Lei nº 12.398, de 28 de março de 2.011.

21 Lei nº 6.404 de 15 de dezembro de 1976, arts. 115, 154, 156.

a necessidade ou utilidade de recorrer à autoridade judicial para proteção ou realização de um interesse material.[22]

O interesse pode ser material (patrimonial) ou moral (não patrimonial), individual, particular, objeto da tutela privada e razão de ser dos principais institutos de direito civil, e geral, ou coletivo, ou de grupo, se pertinentes a um grupo de pessoas. Interesses coletivos são os transindividuais, de natureza indivisível de que seja titular grupo, categoria ou classe de pessoas ligadas entre si (um sindicato, uma ordem profissional).[23]

Categoria intermediária e inovadora é a dos interesses difusos, assim considerados os interesses, de natureza indivisível, de que sejam titulares pessoas indeterminadas, ligadas por circunstâncias de fato. Embora sem titular exclusivo e determinado, são objeto de tutela jurídica. Sua proteção implica, porém, prévia fixação dos critérios a observar para que seus titulares sejam considerados merecedores da tutela jurídica. São exemplo de interesses difusos os que se referem ao ambiente, à saúde, à informação, ao consumo. São dignos da proteção do poder público.[24]

3. Sujeito *in abstracto* e pessoa *in concreto*

Considere-se preliminarmente que, no paradigma da modernidade, o sujeito de direito era uma figura abstrata, produto da generalidade e abstração que caracterizou o pensamento moderno. Para este, sujeito de direito é quem participa da relação jurídica, sendo titular de direitos e deveres. Mais avançado ainda na concepção abstrata do sujeito de direito é a de Hans Kelsen, para

22 Cfr. E.D. Moniz de Aragão, *Comentários ao Código de Processo Civil*, II, 1ª edição, Rio de Janeiro, Forense, 1974, p. 439; Humberto Theodoro Junior, *Curso de Direito Processual Civil*, I, 2ª edição, Rio deJaneiro, Forense, 1986, p. 59; Arruda Alvim, *Manual de Direito Processual Civil*, I, 8ª edição, São Paulo, Editora Revista dos Tribunais, 2003, p. 444

23 Lei nº 8.078, de 11 de setembro de 1990, art. 81.

24 Pietro Perlingieri. *Manuale di diritto civile*, 5ª edizione, Napoli, Edizione Scientifiche Italiane, 2005, p. 72.

quem o sujeito de direito não é uma entidade preexistente ao direito, mas é por este criada ou reconhecida como centro de imputações jurídicas. A possibilidade de alguém participar de relações jurídicas decorre de uma qualidade inerente ao ser humano, que o torna titular de direitos e deveres. Essa qualidade chama-se personalidade jurídica, e os que a têm, pessoas.[25] Esse atributo resulta também de um processo de abstração, como simples unidade intelectual. Ser pessoa é ter a possibilidade de ser sujeito de direitos, de relações jurídicas, como credor, devedor, pai, cônjuge etc. É na pessoa que os direitos se localizam, por isso ela é sujeito de direitos ou centro de imputações jurídicas no sentido de que a ela se atribuem posições jurídicas.[26]

Tem-se assim uma *concepção formal*, própria da ciência jurídica positivista. Pessoa e ser humano não coincidiriam. Pessoa não seria o ser humano dotado de razão, mas simplesmente um sujeito abstrato criado pelo direito objetivo, e a personalidade como atributo ou investidura do direito

Com uma visão mais atualizada, pode-se dizer que pessoa traduz a qualificação jurídica da condição natural do indivíduo, em uma transposição do conceito ético de pessoa para a esfera do direito privado,[27] e no reconhecimento de que são inseparáveis as construções jurídicas da realidade social, na qual se integram e pela qual se justificam. Supera-se, assim, a noção abstrata de sujeito de direito, afirmando-se a pessoa como um valor, um ser axiológico, permeado pelo valor da dignidade humana, fundamento dos direitos básicos que a Constituição da República garante.

---

25 Orlando Gomes. *Introdução ao Direito Civil*, p. 165 ss.; Caio Mário da Silva Pereira. *Instituições de Direito Civil*, I, p. 153, ss.; Pontes de Miranda. *Tratado de Direito Privado*, I, p. 153 ss.

26 Kant define a *persona* como sendo sujeito cujas ações são suscetíveis de uma imputação. *Metafísica dos costumes*, I, IV, p. 223. Cfr. Fabrizio Sciacca, *Il concetto di persona in Kant*, Milano, Guiffrè Editore,2000, p. 2

27 Larenz, p. 47.

A pessoa é hoje considerada *in concreto*, como um valor fonte do direito,[28] no sentido de que dele é causa eficiente e a ele preexiste. Na linguagem comum, pessoa é o ser humano. Todo ser humano é pessoa pelo fato de nascer ou até de ser concebido. No plano filosófico, é o ser humano individualizado, concebido como tendo uma existência e uma substância própria, e caracterizado também por sua interioridade (consciência de si), sua racionalidade (faculdade de raciocínio), sua autonomia (vontade livre e faculdade de se dar normas)[29] e sua sociabilidade. Pessoa como indivíduo e ser social. Mercê desses atributos, principalmente a sua autonomia, não pode ser considerada um objeto ou instrumento de realização. Na linguagem jurídica, que tem vocabulário próprio, o termo pessoa designa o ser com aptidão para a titularidade de direitos e deveres, atributo que se chama personalidade jurídica. Pessoa é, assim, o ser humano e social, sujeito de direitos e deveres. In concreto. Pessoa é o ser humano ou entidade com personalidade, aptidão para a titularidade de direitos e deveres.

4. Objeto jurídico. Ambiente e informação

Também na categoria *objeto* se revelam mudanças, com a inclusão de espécies que o modelo jurídico anterior, o da modernidade desconhecia.

Do ponto de vista comum, objeto são as coisas que têm existência material. E do ponto de vista estritamente técnico-jurídico, objeto da relação jurídica ou do direito subjetivo, são as ações, o comportamento humano.

A idéia clássica de objeto dos direitos identifica-o com as coisas materiais, segundo a concepção materialista dos juristas roma-

---

28 Miguel Reale. *Filosofia do Direito*, 14ª edição, São Paulo, Editora Saraiva, 1991, p. 209.

29 Marie- Therése Melders-Klein, in *Dicionário Enciclopédico de Teoria e de Sociologia do Direito*, direção de André-Jean Arnaud, 2ª ed., tradução brasileira sob a direção de Vicente de Paulo Barretto, RioJaneiro, Renovar, 1999, p. 582.

nos, que contrapunham o direito das pessoas ao direito das coisas. A concepção mais moderna considera objeto da relação jurídica o comportamento, a atividade, a ação ou omissão dos sujeitos. Neste caso, objeto imediato da relação jurídica seria o comportamento do sujeito passivo, consistente em uma ação ou uma omissão; e objeto mediato, as coisas sobre as quais incide tal comportamento. A maioria dos juristas prefere, todavia, reservar o conceito clássico de objeto para os direitos reais e o conceito moderno para o direito das obriga- ções. Desse modo, objeto dos direitos reais seriam as coisas sobre as quais se exercem, de modo direto e imediato, os poderes contidos na relação, e objeto das obrigações seriam as ações ou omissões do sujeito devedor.

Em senso estrito, o objeto compreende as coisas e as ações humanas (prestações). E, em acepção mais estrita ainda, é sinônimo de coisa, objeto dos direitos reais. A doutrina moderna acrescenta ainda, como objeto de direito, as manifestações do espírito humano.

Objeto da relação jurídica é, assim, tudo o que se pode submeter ao poder dos sujeitos de direito, como instrumento de realização de suas finalidades jurídicas.

Na teoria dos bens, o conceito de objeto alarga-se para conter hoje novas figuras. A revolução científica e tecnológica e as mudanças sociais levaram à criação de outras espécies, ou deram relevo às já existentes. O meio ambiente, os bens de valor artístico, cultural e histórico, o programa dos computadores, a personalidade humana nos seus diversos aspectos, o *know-how*, o *software*, enfim, a informação, passaram a ter renovada importância, como bens jurídicos e consequente proteção jurídica.

O ambiente, que o direito brasileiro denomina de meio ambiente, pode ser natural, ou físico, e cultural.

O meio ambiente físico é o conjunto de elementos naturais e artificiais em que se desenvolve a vida humana. Pode definir-se como um "conjunto de condições, leis, influências e interações de ordem física, química e biológica, que permite, abriga e rege a vida em todas as suas normas".[30] Compreende, assim, a atmosfera, as águas interiores, superficiais e subterrâneas, os estuários, o mar territorial, o solo, o subsolo, os elementos da biosfera, a fauna e a flora.[31] Para o direito, o meio ambiente físico é um "bem de uso comum do povo e essencial à sadia qualidade da vida", uma propriedade pública de uso coletivo que o Poder Público e a sociedade têm o dever de defender e preservar para as presentes e as futuras gerações,[32] por isso mesmo "um patrimônio público a ser necessariamente assegurado e protegido, tendo em vista o uso coletivo a que se destina".[33]

Diretamente ligado ao meio ambiente físico está o meio ambiente cultural, categoria que compreende todos os objetos de "interesse relevante para a permanência da cultura de um povo", formando uma universalidade de bens materiais e imateriais, "formas de expressão, modos específicos de criar e fazer; as construções referenciais e exemplares da tradição brasileira, incluindo bens imóveis e bens móveis as criações imateriais como a literatura e a música; as expressões e os modos de viver, como a linguagem e os costumes; os locais dotados de expressivo valor para a história, a arqueologia, a paleontologia e a ciência em geral, assim como as paisagens e as áreas de proteção ecológica da fauna e da flora".[34]

Outro bem de atual importância na sociedade contemporânea é a informação, que pode definir-se como sendo um *dado representativo da realidade suscetível de ser comunicado*[35], ou ainda *qualquer mensagem comunicável a outrem por qualquer meio*[36].

---

30 Lei nº 6.938, de 31 de agosto de 1981, art. 3°, I.

31 Lei nº 9.985, de 18 de julho de 2000, art. 2º, IV.

32 Constituição da República, art. 225.

33 Lei nº 6.938/81, art. 2°, I.

34 Constituição da República, art. 216.

35 Vincenzo Zeno-Zencovich. *Informazioni (profili civilistici)*, p. 421.

36 Pierre Catala. Ébauche *d'une théorie juridique de l'ínformation*, p. 15.

Sua importância está no fato de que a atividade de informação por meios eletrônicos constitui-se hoje em setor de grande importância econômica. Ao lado dos três setores tradicionais da economia – a agricultura, a indústria e os serviços – reconhece-se hoje a existência de um quarto setor, que é o da informação. A esse pertencem as técnicas de produção da informação de massa, como os jornais, o cinema, o rádio, a televisão e, por fim, a informática[37]. A informação deixa de ser apenas um bem econômico para ser também um bem jurídico e, como tal, objeto das relações de direito.

5. Valores e princípios jurídicos

Os valores são ideias básicas que se apresentam como qualidades ideais dos bens e que, por isso mesmo, determinam os modos de comportamento individual e social[38] "subordinando-os a um sistema de normas cujo cumprimento permite ou destina-se à realização de tais valores". Embora sejam matéria de reflexão jurídico- filosófica, interessam ao direito civil como fundamento e justificativa da razão de ser dos principais institutos de direito privado e da prática jurídica diária.

Os valores jurídicos classificam-se em fundamentais, consecutivos e instrumentais.[39] Valores jurídicos fundamentais são aqueles de que depende todo o sistema jurídico. Compreendem a pessoa humana, a justiça, a segurança jurídica e o bem comum. Valores jurídicos consecutivos são os que se configuram como efeito imediato da realização dos valores fundamentais. Os mais importantes são a liberdade, a igualdade e a paz social, de especial importância para o direito civil. Valores jurídicos instrumentais

37 Vittorio Frosini. *Il diritto nella società tecnologica,* p. 233; Pietro Perlingieri. *L'informazione comebene giuridico*, p. 326

38 Miguel Reale. *Filosofia do Direito*, p. 195 ss.

39 Maynez, p. 439. A Constituição da República Federativa do Brasil enuncia, no seu preâmbulo, os valores que presidiram à sua elaboração: "(...) a liberdade, a segurança, o bem-estar, o desenvolvimento, aigualdade, a justiça (...)."

são os que se traduzem em meios ou processos de realização dos anteriores. Seu objetivo é possibilitar que se concretizem os valores fundamentais e os consecutivos. Consistem nas chamadas garantias constitucionais e nos procedimentos judiciais à disposição dos cidadãos.

Os princípios exprimem os valores supremos do sistema jurídico.[40] Valores e princípios tornaram-se, por isso, objeto de crescente interesse da doutrina jurídica,[41] diversamente do pensamento jurídico da modernidade que, sob a influência do positivismo normativista, considerava o direito apenas como um sistema de normas e estas como o seu elemento fundamental.

No quadro das fontes de direito, os princípios jurídicos são fontes extralegais, no sentido de que não se tornam explícitos em enunciados jurídicos.

De modo geral, podem considerar-se os princípios como diretivas básicas e gerais que orientam o intérprete na criação da norma legal adequada. Constituem-se, portanto, em critérios de conduta de observância variável que se impõem por sua própria importância, sem referência a pressupostos concretos de aplicação. Eles orientam o intérprete no processo de criação da norma jurídica. Servem, assim, de garantia e certeza a um conjunto de juízos.[42] Servem também para fundamentar e dar unidade a um sistema ou a uma instituição. Sob o ponto de vista formal, apresentam-se esses como pautas abertas, só plenamente compreensí-

---

40 Constituição da República, art. 1º, e Lei de Introdução às normas do Direito Brasileiro, art. 4º.

41 Cfr. Miguel Reale. *Fundamentos do Direito*, obra com que, na sua primeira edição em 1940, já demonstrava a importância dos valores para a compreensão da validade do Direito, e lançava as raízes da sua obra consagradora, *Teoria Tridimensional do Direito*, de 1968. Por sua vez, Ronald Dworkin. *Taking Rights Seriously*, Londres, Gerald Duckworth & Co. Ltd, Londres, sustenta que o Direito e a Moral não seseparam, e que os ordenamentos jurídicos não podem reduzir-se a meras estruturas normativas, havendo, ao lado das regras, princípios, *standards* que devem ser observados como exigência de justiça", p. 72 ss.

42 Miguel Reale, *Filosofia do Direito*, São Paulo, 1996, p. 54 ss.

veis nas suas concretizações,[43] como se verifica, por exemplo, nos princípios contratuais, que melhor se compreendem na solução de problemas concretos dos negócios jurídicos. Situam-se na zona de confim entre o direito positivo e o mundo ético-social.[44]

Os princípios diferem dos valores pelo fato destes apresentarem maior grau de generalidade, enquanto aqueles, "por conterem um pensamento jurídico diretor ou condutor", já indicam a direção em que se situará a regra que se há de determinar. Em uma perspectiva normativista, isto é, o direito como norma, poderiam considerar-se normas para a produção ou determinação de outras normas.[45] Por exemplo, a Constituição da República, no seu art. 227, § 6º, estabelece o princípio da igualdade dos filhos, o que já se constitui no primeiro passo para a gênese da norma adequada a "eventual questão envolvendo pretensões de filhos havidos dentro e fora do matrimônio".

Os princípios diferem também das normas jurídicas porque não têm os elementos que formam a estrutura característica dessas, isto é, a hipótese de fato e o dispositivo ou conseqüência jurídica. Não podem, assim, constituir-se em premissa maior de um silogismo de subsunção. Adquirem, porém, natureza normativa, quando expressos em texto legal ou reconhecidos pela jurisprudência. Os princípios jurídicos estão presentes em todos os setores do direito, mas é principalmente nos campos da teoria geral, do direito civil e do direito constitucional que o seu estudo mais se desenvolveu, particularmente no que diz respeito à realização metodológica do direito.

Os princípios teem uma função *metodológica* quando se usam para orientar o conhecimento, interpretação e realização das normas; uma função *ontológica*, quando se constituem em fonte de direito (LINDB, art. 4º), e uma função *axiológica*, quando exprimem

43 Karl Larenz. *Metodologia da Ciência do Direito*, p. 235.

44 Viola, p. 375.

45 Francesco Viola-Giuseppe Zaccaria. *Diritto e interpretazione*, p. 386

valores fundamentais que inspiram e legitimam o direito positivo (justiça, segurança, bem comum etc.).

Os princípios flexibilizam a ordem jurídica do Código e favorecem o processo de jurisdicização que vem marcando o direito da sociedade pós-industrial, e que se traduz na crescente importância e responsabilidade do juiz e dos juristas, dos quais se esperam extraordinárias faculdades de conhecimento e de juízo[46] para formular novas e adequadas estruturas jurídicas de resposta aos problemas da sociedade contemporânea.

6. A interpretação jurídica conforme aos princípios

Considere-se a interpretação jurídica como sendo a atividade, o raciocínio prático com o qual o jurista elabora a norma adequada à solução do problema concreto. Esta definição foge ao pensamento tradicional, positivista, da modernidade, segundo o qual a interpretação jurídica seria simples exegese legal com o objetivo de descobrir o sentido e alcance das disposições normativas.

Esse modelo separava o processo de interpretação do processo de aplicação do direito. Fazia-se uma primeira e distinta interpretação teórica ou doutrinal, para chegar-se a uma segunda, a interpretação prática ou operativa, no sentido de implicar já uma decisão jurídica.[47]

Considerando-se, porém, que o problema da interpretação "reflete a concepção fundamental do direito de cada época e pressupõe o contexto cultural em que o direito se situa", sendo condicionada pela perspectiva epistemológica do pensamento jurídico e orientada pelos objetivos práticos da realização do direito,[48] uma

46 Ronald Dworkin, *Talking rights seriously*, Londres, 1977, Gerald Duckworth & Co.Ltd., pp. 105 ss.

47 Manuel Segura Ortega, *Sobre la interpretación del Derecho*, Universidade de Santiago de Compostela, 2003, p. 16.

48 Castanheira Neves, *O Actual Problema Metodológico da Interpretação Jurídica*, Coimbra, CoimbraEditora, 2003, p. 9

nova concepção se impõe, no pensamento jurídico contemporâneo em face da atual mudança de paradigma que, entre outros aspectos, assinala a presença e a importância dos princípios jurídicos no quadro das fontes do direito.

É de reconhecer-se, então, que o primado dos princípios jurídicos altera o processo tradicional da interpretação jurídica, consistente na exegese do texto legal e sua aplicação lógico-dedutiva, em favor de um novo modelo jurisprudencial, o da *razão prática*, no qual o intérprete parte não da lei, mas do caso concreto, para, sob a orientação de princípios ou regras, criar, por meio de um raciocínio dialético, a norma jurídica adequada ao caso concreto que se apresenta ao intérprete. O reconhecimento dos princípios como fundamentos constitutivos e normativos do direito conduz então à possibilidade de um novo modelo interpretativo, a interpretação conforme os princípios.

Qualquer que seja o entendimento adotado, acerca do conceito e natureza da interpretação jurídica, o fato é que, nela, teem grande importância os princípios jurídicos como critérios orientadores, cuja influência permite reconhecer uma principialização do direito civil, com suas consequências para o novo modelo de interpretação jurídica.

Assinale-se, ainda, que os princípios não são normas, dentro da concepção normativista do direito. Não comportam, por isso, aplicação imediata. Sua finalidade é orientar o intérprete na sua tarefa de construir a norma adequada ao caso concreto. Sua presença, como elementos não-lógicos, como são também os valores, deve impedir que se continue aceitando a silogística dedutiva no processo de interpretação e realização do direito,[49] e justifica um novo modelo de interpretação para o direito civil brasileiro, diverso da tradicional interpretação exegético-analítica que acompanhou o Código de Beviláqua no curso do século XX. Vive-se em

49 L.Lombardi Vallauri. *Saggio sul diritto giurisprudenciale*, pp. 278-301, apud Pedro Serna, p. 4.

outra época, outras são as exigências sociais e culturais. Por isso também, outro modelo de interpretação jurídica.

Quero com isso dizer que o quadro jurídico brasileiro atual, com o advento do Código Civil, abre-se para uma interpretação conforme aos princípios, em uma substituição da *ratio legis* pela *ratio iuris*, isto é, uma decisão jurídica conforme não à lei mas sim ao próprio direito. Obtem-se, com isso, uma gradativa passagem do normativismo-legalista da modernidade, cujas principais coordenadas, já mencionadas, eram a norma jurídica como o ponto de partida, a concepção do direito como um sistema de normas e o pensamento jurídico como intencionalmente referido a normas, com o objetivo de sua aplicação tendencionalmente dedutiva desse mesmo sistema,[50] para uma perspectiva capaz de recuperar o sentido próprio do direito, o direito como *iuris-prudentia*, por isso mesmo chamado jurisprudencialismo, cujas coordenadas seriam o caso, o problema, como ponto de partida, os princípios axiológico-normativos como fundamento, e o pensamento jurídico como pensamento judicativo-decisório.[51]

---

50 Castanheira Neves, *Curso de Metodologia jurídica*, Universidade Federal do Rio de Janeiro, 1994, p. 94.

51 Idem., ibidem

RESPONSABILIDADE SOCIAL EM DEMOCRACIA

Gilmar Mendes[1]

O Fórum Jurídico de Lisboa dedicou uma mesa para um tema da mais elevada importância para o projeto brasileiro de nação: a responsabilidade social. Ao mencioná-la, lembro de que o professor Peter Häberle costuma prelecionar que o direito constitucional moderno cultiva uma específica omissão: muito já se falou sobre liberdade e igualdade, mas pouca coisa se encontra, no direito constitucional, sobre o terceiro valor fundamental da Revolução Francesa de 1789, a fraternidade[2].

O Estado Constitucional, modelo surgido após a 2ª Guerra Mundial, com a missão específica de promover nova forma de relacionamento entre direito e política, busca suprir essa omissão por várias frentes. Tem lugar, aqui, o "princípio esperança": deve ser reconhecido, ao ser humano, espaço para um "quantum de utopia"; os textos constitucionais normatizam esperanças que erigem, ao menos, "desejos de utopia" concretos[3] e, se é certa minha hipótese, cumpre aos direitos fundamentais desempenhar um papel superlativo nesse sentido.

Guardadas as devidas diferenças, as novas ordens constitucionais da Alemanha (1949), Itália (1947), Portugal (1976) e Espanha (1978), têm esse traço em comum: comungaram do en-

---

1 Gilmar Mendes é professor do Instituto Brasileiro de Ensino, Desenvolvimento e Pesquisa (IDP), doutor em Direito pela Universidadede Münster (Alemanha) e ministro do STF

2 HÄBERLE, Peter. **Libertad, igualdad, fraternidad. 1789 comohistoria, actualidad y futuro del Estado constitucional**. Madrid: Trotta; 1998.

3 HÄBERLE, Peter. **El Estado Constitucional**. Trad. Hector Fix-Fierro, México D.F: Universidad Autônoma de México; 2001, p. 7.

tendimento de que a superação de um período de autoritarismo é eficazmente realizada investindo em direitos fundamentais, inclusive mediante a criação de um Tribunal especializado em questões constitucionais.

O mesmo pode ser dito do Brasil de 1988. A Constituição de 1988 superou institucionalmente um modelo de democracia meramente formal baseado no autoritarismo do regime militar iniciado em 1964. Coube ao texto constitucional reunir as aspirações de uma sociedade que se afastava de mais de duas décadas de repressão. Isso explica seu foco em uma agenda social que transcende de longe aspectos meramente formais. Em um país onde o acesso aos direitos sociais básicos ainda não foi garantido a milhões de pessoas, não surpreende que a Assembleia Constituinte de 1987 tenha sido tão generosa. A Carta Magna também refletiu a perspectiva de que um Estado Constitucional é também um local de síntese e de proclamação dessas aspirações historicamente esquecidas.

A ênfase em uma agenda social, que em muito transcende aspectos meramente formais, está estampada logo no início da Constituição de 1988. Tal constitucionalização de "desejos de utopia" engendrou o surgimento de organizações sociais envolvidas criticamente na realização dos valores proclamados solenemente no texto constitucional. Por certo, em um país como o Brasil, em que o acesso a direitos sociais básicos ainda não é garantido a milhões de pessoas, não surpreende a generosidade do Poder Constituinte, a refletir a perspectiva de que o Estado constitucional também é um espaço de síntese e de proclamação de esperanças que, historicamente, foram esquecidas.

O texto constitucional, entretanto, é apenas ponto de partida. Há muito ainda por fazer. Por um lado, é sempre necessário envidar esforços para que não experimentemos retrocessos quanto aos avanços conquistados no plano dos direitos de liberdade e de igualdade. De outra banda, o combate ao enorme nível de desigualdade social do Brasil – uma chaga de séculos – avança em passos muito tímidos.

De acordo com balanço divulgado pelo IBGE, o país alcançou, no ano de 2020, a indelével marca de aproximadamente 9 milhões de pessoas vivendo em situação de extrema pobreza (renda per capita inferior a R$ 89, segundo critério de elegibilidade do Programa Bolsa Família). Paralelamente, estudos recentes do IBGE apontam para contingente populacional de 16 milhões de cidadãos brasileiros em condição de pobreza (renda per capita inferior a R$ 178).

Como se percebe, o diagnóstico de Häberle quanto ao estado da arte da dogmática constitucional se faz carne também no âmbito da efetivação de direitos no Brasil: dentre as promessas da Revolução Francesa, nenhuma é tão olvidada quanto a fraternidade.

Tal ficou mais que evidente durante a trágica pandemia de Covid-19. O surgimento de uma crise sanitária de grandes proporções reforçou a incapacidade de os atuais marcos normativos possibilitarem uma resposta eficaz e articulada. A pandemia, igualmente, rememorou não ser viável qualquer discussão sobre saúde pública sem tratar de temas como saneamento básico, política habitacional, educação, segurança pública e garantia de meios reais de subsistência.

Os acontecimentos que se sucederam em 2020, mais notadamente no início da liberação do benefício assistencial pago, emergencialmente, aos mais necessitados, fizeram-nos refletir sobre o que a imprensa chamou de atenção aos invisíveis, quais sejam, os nossos concidadãos que viviam sem qualquer reconhecimento oficial do Estado: desprovidos de registro de identificação civil; inscrição em CPF (cadastro de pessoa física); conta bancária; ou qualquer forma estatal de comprovação de sua existência como cidadãos. Assistimos, atônitos, a diversas dificuldades operacionais de pagamento do auxílio emergencial em razão da inexistência de registro ou comprovação em cadastros estatais de milhares de pessoas, que conviviam em grandes centros e passavam como invisíveis para o Estado.

A partir dessa tragédia por nós experimentada, passou a ganhar força, no Brasil, a noção de que o Poder Público precisa de uma atuação balizada pela responsabilidade social.

O Brasil foi um dos pioneiros entre economias emergentes a adotar uma Lei de Responsabilidade Fiscal, com inegável sucesso no objetivo de criar uma cultura de controle e transparência na atividade financeira do Estado. Choca que, até hoje, não tenhamos feito o mesmo no âmbito social. Entre serviços universais e benefícios contributivos, é preciso que o Estado brasileiro funcione melhor, mediante uma cooperação entre os entes federados que aumente a sinergia entre os poderes locais, estaduais e o nacional; e que previna os "apagões decisórios" assistidos durante a Pandemia de Covid-19.

O país carece de uma determinação legal instituidora de gestão social responsável, que teria por finalidade a melhoria dos índices sociais e econômicos de grupos vulneráveis, além da fixação de balizas mínimas para melhoria da prestação de serviços públicos essenciais.

Forjar um Poder Público responsivo socialmente é a "condição de possibilidade" para o Brasil reduzir o fos so de desigualdade que subtrai a dignidade de milhões de famílias brasileiras. Não há mecanismo mais eficiente de superação dos círculos viciosos de transmissão intergeracional da pobreza.

A responsabilidade social operacionaliza a promessa revolucionária da fraternidade e pode constituir a chave por meio da qual poderemos abrir várias portas para a solução dos principais problemas hoje vividos pela humanidade em tema de liberdade e igualdade, para o bem da manutenção da ordem democrática. No tempo presente, em que a liberdade e a igualdade são desafiadas pelas inversões mais difamantes possíveis ao legado do constitucionalismo moderno, está na ordem do dia do direito constitucional inserir no debate político-constitucional o valor fundamental da fraternidade.

Que esse debate frutifique!

REFLEXOS DA FUNCIONALIZAÇÃO DO DIREITO CIVIL NA TEORIA DOS CONTRATOS

Gustavo Tepedino[1]

SUMÁRIO: 1. Introdução. A dogmática do Direito Civil: da estrutura à função; **2.** Debate atual acerca do conteúdo e alcance da função social do contrato; **3.** Função social do contrato e ordem pública; **4.** As alterações promovidas pela Lei nº 13.874/2019 no art. 421 do Código Civil. Projeções da função social entre liberdade e solidariedade; **5.** Notas Conclusivas. Referências bibliográficas.

1. Introdução. A dogmática do direito civil: da estrutura à função

Todo negócio jurídico é composto por uma estrutura e uma função. A identificação da função que se pretende alcançar e sua compatibilidade com os valores constitucionais precedem e definem a estrutura a ser utilizada. Não será, pois, a estrutura do negócio, ou seja, o *modus operandi* (os dispositivos do Código Civil previstos para determinada tipologia ou modelo), que definirá a função a ser desempenhada, mas, ao contrário, é a função que se pretende desempenhar que indicará a estrutura a ser utilizada diante de determinado arranjo negocial.[2] Tal perspectiva funcional é informada pela tábua axiológica do ordenamento e se asso-

---

1 Professor Titular de Direito Civil e ex-diretor da Faculdade de Direito da Universidade do Estado do Rio de Janeiro - UERJ. Membro Titular da Academia Internacional de Direito Comparado e da Academia Brasileira de Letras Jurídicas (ABLJ). O autor agradece vivamente à Profa. Danielle Tavares Peçanha, Mestre em Direito Civil pela Faculdade de Direito da UERJ, pela pesquisa bibliográfica, interlocução na preparação do trabalho e revisão dos originais.

2 PERLINGIERI, Pietro. *Manuale de diritto civile.* Napoli: Edizioni Scientifiche Italiane, 1997, p. 60

cia à utilidade social das relações jurídicas, de modo a justificar a promoção dos interesses socialmente relevantes dos respectivos titulares de direitos. Daqui decorrem diversas consequências para a teoria do direito, em particular, a reformulação das categorias jurídicas em perspectiva funcional (ou dinâmica), que necessariamente requer a sua contextualização histórica e a compreensão da relatividade dos conceitos jurídicos de acordo com as circunstâncias fáticas – e históricas – em que se inserem.

A análise dos institutos e categorias jurídicas em perspectiva histórica, funcional e relativizada, estabelece, assim, renovadas bases teóricas que, abandonando o dogmatismo estático do passado, impõem a reconstrução de todo o arcabouço teórico do direito privado. Adota-se como dogmática, vale advertir, concepção teórica essencialmente dinâmica, que não se confunde com o dogmatismo, do qual se deve afastar.[3]

Norberto Bobbio, de modo pioneiro, entreviu e estabeleceu bases teóricas para o que consagraria como "função promocional do direito",[4] o que, em certa medida, redimensiona o debate em torno da função social do contrato ou da propriedade, já que todos os negócios e atividades, analisados em concreto e incidentes sobre bens jurídicos, devem ser compreendidos como projeção de liberdade e responsabilidade. Dessa maneira, autonomia privada e solidariedade convergem e interagem na promoção dos valores que, apreendidos pelo Constituinte, definem a identidade cultural da sociedade. Liberdade e solidariedade, portanto, caminham de modo integrado, como binômio inseparável.

---

3 Sobre o tema, v. TEPEDINO, Gustavo. Texto e contexto na teoria da interpretação. Editorial. In: *Revista Brasileirade Direito Civil* (RBDCivil), vol. 29, nº 3, Belo Horizonte, 2021.

4 BOBBIO, Norberto. *Da estrutura* à *função: novos estudos de teoria do direito*. São Paulo: Manole, 2007.

Por outro lado, a repercussão da perspectiva funcional se mostra particularmente intensa na teoria dos bens e dos negócios jurídicos.[5] Nessa direção, o aproveitamento racional e funcional dos bens exige esforço especial do intérprete diante do surgimento de novas funções desempenhadas pelos negócios, por conta do desenvolvimento das tecnologias,[6] suscitando instigantes controvérsias nos Tribunais brasileiros.[7] Ao analisar a repercussão de tal construção na metodologia do Direito, observou-se, argutamen-

5 O Supremo Tribunal Federal examinou, por exemplo, no ano de 2017, a temática em torno do livro eletrônico, como escopo de determinar se a imunidade tributária, tradicionalmente incidente sobre livros impressos, deveria ser aplicada também aos bens jurídicos em análise. O STF excluía até então a imunidade de uma série de acessórios que não eram exatamente previstos na Constituição como sujeitos a imunidade, como os equipamentos acessórios às publicações e a impressora. A interpretação restritiva da imunidade condiz com sua índole de excepcionalidade. No julgamento em referência, contudo, o STF decidiu, por unanimidade, que o que caracteriza o livro é o seu conteúdo, não seu invólucro, e, portanto, o livro eletrônico, independentemente da base física na qual se insere, deveria ser abarcado pela imunidade tributária constitucional (STF, Tribunal Pleno, RE 330.817/RJ, Rel. Min. Dias Toffoli, julg.8.3.2017, publ. DJ 31.8.2017).

6 Como anotado em outra sede: "Com a evolução científica e tecnológica, novas coisas passam a ser incluídas no mundo jurídico, em número impressionante, tornando-se objetos de situações subjetivas: o *software*, o *know-how*, a informação veiculada pela mídia, os papéis e valores de mercado mobiliário, os elementos utilizados na fertilização assistida, os recursos do meio ambiente, incluindo o ar, mais e mais protegido como interesse difuso, dentre outros. Acada dia surgem novos bens jurídicos, ganhando significativa importância a distinção entre bens materiais, formados por coisas corpóreas, e os bens imateriais, constituídos por coisas incorpóreas que passam a integrar, quotidianamente,o patrimônio das pessoas" (TEPEDINO, Gustavo. Teoria dos bens e situações subjetivas reais: esboço de uma introdução, p. 138. In: TEPEDINO, Gustavo. *Temas de direito civil.* Rio de Janeiro: Renovar, 2006. t. 2, pp. 135-146)

7 Conforme observado anteriormente, ainda quanto ao livro eletrônico: "Por desemprenhar a mesma finalidade e função, o livro eletrônico é modalidade contemporânea de livro, a atrair as mesmas normas que disciplinam o livro impresso, do qual somente se distingue pelo modo de consulta e de acesso ao seu conteúdo. Nesta perspectiva, o conceito de livro não pressupõe o papel, podendo apresentar diversas formas de exteriorização, desde que se preservema sua finalidade e função." (TEPEDINO, Gustavo. Livro (eletrônico) e o perfil funcional dos bens jurídicos na experiência brasileira, pp. 73-274. In: VICENTE, Dário Moreira Vicente; VIEIRA, José Alberto Coelho Vieira; CASIMIRO, Sofia de Vasconcelos Casimiro; SILVA, Ana Maria Pereira da Silva (org.). *Estudos de direito intelectualem homenagem ao Prof. Doutor José de Oliveira Ascensão.* Coimbra: Almedina, 2015, pp. 269-287.).

te, que "a atividade interpretativa necessariamente envolve valores - e, portanto, é necessário revelá-los -" , tornando-se por isso mesmo indispensável "priorizar, na análise de um instituto, seu perfil funcional, seus efeitos, passando, assim, do *como ele é* para o *para que ele serve*."[8] Tal perspectiva funcional, se por um lado impõe a identificação e qualificação dos negócios jurídicos a partir de sua função prático-social,[9] por outro lado, se subordina à promoção da utilidade social da atividade econômica e da autonomia privada.[10] Trata- se de expressão do princípio da solidariedade social, que se traduz, dentre suas mais relevantes manifestações, na concepção de função social dos contratos e da propriedade.[11] Particularmente no âmbito dos contratos, avulta a necessidade de

---

8 KONDER, Carlos Nelson Konder. Causa do contrato x função social do contrato: estudo comparativo sobre o controleda autonomia negocial, p. 33. In: *Revista Trimestral de Direito Civil - RTDC*, Rio de Janeiro, v. 43, nº 11, pp. 33-75, jul./set. 2010.

9 A designação de causa ou função prático-social, ou ainda função prático-individual, é utilizada pela doutrina para designar a causa *in concreto*, ou seja, no específico negócio que se pretende qualificar, e não somente a função do tiponegocial em abstrato, conforme previsto pelo legislador. Ao propósito, como leciona Pietro Perlingieri, "a função é a síntese causal do fato, a sua profunda e complexa razão justificadora: ela refere-se não somente à vontade dos sujeitosque o realizam, mas ao fato em si, enquanto social e juridicamente relevante. A razão justificadora é ao mesmo temponormativa, econômica, social, política e por vezes também psicológica (assim é, por exemplo, em muitos atos familiares com conteúdo não patrimonial). É necessária uma avaliação circunstanciada e global do fato. Avaliação e qualificação são uma coisa só, porque *o fato se qualifica com base na função prático-social que realiza*" (PERLINGIERI, Pietro. *Perfis de direito civil*: introdução ao direito civil constitucional. Rio de Janeiro: Renovar, 2002, p. 96 - grifou-se).

10 Como destacado pela doutrina italiana, o negócio é tutelado por atender não somente o interesse do titular, mas também por atender o interesse da coletividade. (PERLINGIERI, cit., 2002, pp. 106-107). Para o autor: "*ogni fatto è giuridicamente rilevante, ma la sua attitudine ad incidere sulla realtà dipende dalla valutazione che di esso esprime il sistema normativo*" (PERLINGIERI, cit., 1997, p. 429). Em tradução livre: "qualquer fato é juridicamente relevante,mas a sua aptidão para incidir na realidade depende da valoração que lhe imprime o sistema normativo".

11 Sobre a necessária interação interpretativa entre a função prático-individual e a função social dos contratos, v. KONDER, Carlos Nelson. *Causa do Contrato x Função Social do Contrato: Estudo Comparativo sobre o Controle da Autonomia Negocial*, 2010, pp. 33-75.

identificar a função perseguida em cada negócio *in concreto*, "de forma a aferir mais cuidadosamente se há compatibilidade com aqueles interesses em razão dos quais a própria liberdade de contratar é tutelada"[12].

Em tal cenário, e tendo em conta o desmedido apego à dogmática tradicional - estática e essencialmente estrutural - por grande parte da parte da civilística brasileira do século passado, não foi sem polêmica que o tema da função social se desenvolveu no Brasil. Embora o princípio tenha sido introduzido no ordenamento jurídico brasileiro pela Constituição da República de 1967, por meio da função social da propriedade, e há mais de cinquenta anos fosse objeto de estudo por parte da doutrina italiana, no Brasil, o princípio, inicialmente, apresentou tímidos contornos, associado à ciência política ou ao plano metajurídico. Com efeito, a função social, sob a ótica individualista característica das codificações oitocentistas, não era entendida como princípio jurídico, reduzido à genérica admissão do papel que o contrato e a propriedade deveriam desempenhar no fomento às trocas e à prática comercial como um todo.[13]

Provavelmente por tal circunstância histórica, arraigada intensamente à cultura jurídica dominante - associada ao excessivo apego à técnica regulamentar -, a função social afigura-se tema até hoje polêmico. Note-se que nem mesmo o advento do Código de

12 KONDER, Carlos Nelson Konder. cit., 2010, p. 34

13 A longa transição da função social do plano filosófico para a ciência jurídica pode ser percebida em Orlando Gomes:"A *função econômico-social* do contrato foi reconhecida, ultimamente, como a razão determinante de sua proteção jurídica. Sustenta-se que o Direito intervém, tutelando determinado contrato, devido à sua função econômico-social. Em conseqüência, os contratos que regulam interesses sem utilidade social, fúteis ou improdutivos não merecem proteção jurídica. Merecem-na apenas os que têm função econômico-social reconhecidamente útil" (GOMES, Orlando. *Contratos*. Rio de Janeiro: Forense, 2019, 27ª ed., p. 20).

Defesa do Consumidor, que deu ensejo a acalorado debate acerca da boa-fé objetiva, suscitou o aprofundamento da discussão sobre a função social. De fato, a categoria somente passou a ser objeto de maior reflexão a partir de sua introdução no art. 421 do Código Civil de 2002, em cuja redação original se lia: "A liberdade de contratar será exercida *em razão e* nos limites da função social do contrato".

Mostram-se eloquentes as severas críticas sofridas pelo dispositivo, que resultaram na supressão da expressão "*em razão de*", pela Lei nº 13.874 de 2019,[14] conferindo-lhe a redação atual: "A liberdade contratual será exercida nos limites da função social do contrato". A aludida alteração legislativa denota a injusta preocupação, por parte da doutrina liberal, quanto à possível contaminação dos fundamentos da liberdade de contratar, a qual, segundo seus autores, seria conceito pré-jurídico associado à liberdade humana, à qual ao codificador seria dado tão somente reconhecer e limitar.

2. Debate atual acerca do conteúdo e alcance da função social do contrato

Com o acolhimento pelo codificador civil da função social do contrato, acirraram-se as divergências doutrinárias, sendo possível identificar, grosso modo, três principais correntes que buscaram delimitar o conteúdo e alcance do instituto.

14 Para análise da lei e das mudanças por ela implementadas nos dispositivos do Código Civil, permita-se remeter a TEPEDINO, Gustavo; CAVALCANTI, Laís. Notas sobre as alterações promovidas pela Lei nº. 13.874/2019 nos artigos 50, 113 e 421 do Código Civil. In: SALOMÃO, Luis Felipe; CUEVA, Ricardo Villas Bôas; FRAZÃO, Ana (org.). *Lei de Liberdade Econômica e seus Impactos no Direito Brasileiro*. São Paulo: Revista dos Tribunais, 2020, pp. 487-514.

A primeira delas sustenta que a função social do contrato não é dotada de eficácia jurídica autônoma, sendo uma espécie de orientação de política legislativa, que revela sua importância em diversos institutos que, como expressão da função social, autorizam ou justificam soluções normativas específicas, tais como a resolução por excessiva onerosidade (CC, art. 478), a lesão (CC, art. 157), a conversão do negócio jurídico (CC, art. 170), a simulação como causa de nulidade (CC, art. 167), e assim por diante.[15]

Como se vê, tal posição acaba por esvaziar a importância da função social, vez que esta se expressaria por meio de institutos já positivados, presentes de forma difusa no ordenamento, prescindindo, por isso mesmo, de eficácia jurídica autônoma. Assim, acabar-se-ia interpretando a Constituição à luz do Código Civil, vale dizer, o princípio da função social, de matriz constitucional, à luz da disciplina (conferida pelo legislador infraconstitucional) dos diversos institutos codificados, reduzindo a sua relevância, já que os demais institutos, por estarem suficientemente regulados, dispensariam a sua existência.

---

15 Assim, Humberto Theodoro Júnior, "a lei prevê a função social do contrato, mas não a disciplina sistemática ou especificamente. Cabe à doutrina e à jurisprudência pesquisar sua presença difusa dentro do ordenamento jurídico e, sobretudo, dentro dos princípios informativos da ordem econômica e social traçada pela Constituição" (THEODOROJÚNIOR, Humberto. *O contrato e sua função social*. Rio de Janeiro: Forense, 2003, p. 93). E remata: "O grande espaçoda função social, de certa maneira, deve ser encontrado no próprio bojo do Código Civil, ou seja, por meio de institutoslegalmente institucionalizados para permitir a invalidação ou a revisão do contrato e assim amenizar a sua dureza oriunda dos moldes plasmados pelo liberalismo. Parece, portanto, que a função social vem fundamentalmente consagrada na lei, nesses preceitos e em outros, mas não é, nem pode ser entendida como destrutiva da figura do contrato, dado que, então, aquilo que seria um valor, um objetivo de grande significação (função social), destruiria o próprio instituto do contrato'. O campo propício ao desempenho da função social, assim como à realização da eqüidadecontratual é o da aplicação prática das cláusulas gerais com que o legislador definiu os vícios do negócio jurídico, os casos de nulidade ou de revisão. Seria pela prudente submissão do caso concreto às noções legais com que o Código tipificou as hipóteses de intervenção judicial do contrato que se daria a sua grande adequação às exigências sociais acobertadas pela lei civil" (p. 106).

A segunda corrente de pensamento afirma que a função social do contrato expressa o valor social das relações contratuais, enaltecendo a importância destas relações na ordem jurídica. Tal concepção, nesta esteira, concebe a função social do contrato como forma de reforçar a proteção do contratante mesmo em face de terceiros, alçando-a a fundamento de tutela na lesão contratual provocada por terceiro cúmplice. Dito por outras palavras, a função social do contrato imporia aos terceiros o dever de colaborar com os contratantes, de modo a respeitar a situação jurídica obrigacional anteriormente constituída da qual têm conhecimento. Assim, o princípio da relatividade dos contratos seria lido e interpretado à luz do princípio da função social dos contratos.[16]

Todavia, a despeito da relevância do "valor social da livre iniciativa", um dos fundamentos constitucionais da República (art. 1º, IV, C.F.), esta posição acaba por reduzir a função social a instrumento adicional de garantia da posição contratual, sem se dar conta que a função social se destina, a rigor, a impor deveres aos contratantes – e não o contrário. Tal orientação, portanto, desvirtua o princípio da função social, em favor dos interesses patrimoniais contidos na avença contratual, já suficientemente tutelados.[17]

16 NEGREIROS, NEGREIROS, Teresa. *Teoria do contrato: novos paradigmas.* 2ª ed. Rio de Janeiro: Renovar, 2006, p. 244, que sintetiza: "A partir de agora, o princípio da relatividade será enfocado, sempre à luz da função social do contrato, mas não mais a propósito da extensão da responsabilidade em favor de um terceiro e, sim, a propósito da responsabilidade do terceiro que contribui para o descumprimento de uma obrigação originária de um contrato do qual não seja parte"

17 Como observado em outra sede, o princípio não há de representar a "ampliação da proteção dos próprios contratantes, o que amesquinharia a função social do contrato, tornando-a servil a interesses individuais e patrimoniaisque, posto legítimos, já se encontram suficientemente tutelados pelo contrato" (TEPEDINO, Gustavo. Novos princípios contratuais e a teoria da confiança: a exegese da cláusula to the best knowledge of the sellers, p. 251. In: TEPEDINO, Gustavo. *Temas de direito civil.* Rio de Janeiro: Renovar, 2006. t. 2, pp. 241-274.). E, na mesma direção,destaca-se: "A função social não se presta, portanto, à tutela dos interesses de qualquer dos contratantes, ainda que técnica ou economicamente mais fraco. (...) A função so-

Em outras palavras, tal posição doutrinária acabaria por transformar o instituto em – mais um – instrumento de constituição de direitos para os contratantes, e não já de deveres, o que desvirtuaria a própria perspectiva funcional na qual o contrato deve estar inserido.[18] Deste modo, verifica-se que a responsabilidade do terceiro cúmplice não se encontra fundamento no princípio da função social, vez que os interesses em questão se restringem à esfera privada e patrimonial dos contratantes, não já aos interesses extracontratuais socialmente relevantes.[19]

Já a terceira linha de entendimento mencionada concebe a função social do contrato como princípio que, informado pelos princípios constitucionais da dignidade da pessoa humana (art. 1º, III), do valor social da livre iniciativa (art. 1º , IV) – fundamentos da República – e da igualdade substancial (art. 3º, III) e da solidariedade social (art. 3º, I) – objetivos da República – impõe às partes o dever de perseguir, ao lado de seus interesses individuais, inte-

cial está para o interesse da sociedade assim como a função econômica está para o interesse das partes, cuja promoção se garante por instrumentos próprios, como a boa-fé objetivae o equilíbrio das posições contratuais." (TERRA, Aline de Miranda Valverde; GUEDES, Gisela Sampaio da Cruz. Adimplemento substancial e tutela do interesse do credor: análise da decisão proferida no REsp 1.581.505. *Revista Brasileira de Direito Civil* – RBDCivil, Rio de Janeiro, v. 11, n.1, pp. 95-113, 2017. Disponível em: https://rbdcivil.ibdcivil.org.br/rbdc/article/view/10 . Acesso em 31.mai.2023).

18 TEPEDINO, Gustavo; KONDER, Carlos Nelson; BANDEIRA, Paula Greco. *Fundamentos do Direito Civil*: contratos. 4ª ed. Rio de Janeiro: Forense, 2023. v. 3.

19 Com efeito, é o princípio da boa-fé objetiva, não já a função social do contrato, o fundamento para a proteção do crédito em face de terceiros: "(...) o princípio da boa-fé objetiva, informado pela solidariedade constitucional, por nãose limitar ao domínio do contrato, alcança todos os titulares de situações jurídicas subjetivas patrimoniais, vinculando-os ao respeito de posições contratuais, suas ou de terceiros. Por isso mesmo, fundamenta-se na boa-fé objetiva a proteção do crédito em face de terceiros, não já no princípio da função social" (TEPEDINO, Novos princípios contratuais e a teoria da confiança: a exegese da cláusula to the best knowledge of the sellers, cit., 2006, p. 251).

resses extracontratuais socialmente relevantes, dignos de tutela jurídica, alcançados pelo contrato.[20]-[21]

3. Função social do contrato e ordem pública

Mostra-se, de fato, consentânea com a legalidade constitucional, a percepção de que o princípio da função social do contrato impõe aos contratantes o dever de perseguir, ao lado de seus interesses individuais, interesses extracontratuais socialmente relevantes, dignos de tutela jurídica. Deste modo, a função social amplia para as relações patrimoniais entre particulares a noção de ordem pública. A função destina-se à promoção de valores in-

---

20 "Tais interesses dizem respeito, dentre outros, aos consumidores, à livre concorrência, ao meio-ambiente, às relações de trabalho" (TEPEDINO, Gustavo. Crise de fontes normativas e técnica legislativa na parte geral do CódigoCivil de 2002, p. 20. In: TEPEDINO, Gustavo. *Temas de direito civil*. Rio de Janeiro: Renovar, 2006. t. 2, pp. 3-20).Há, em doutrina, quem se mostre avesso à identificação da função social do contrato enquanto "princípio", identificando o imperativo de "ir além dessa "principialização" do conceito, para reconhecer na função social do contrato, tal qual a função social da propriedade, mais do que um princípio, já que ela não é ponderada com outros princípios, mas sim remete a quais interesses são relevantes para a ponderação. Assim, tratar-se-ia de um postulado hermenêutico- metodológico, que condiciona internamente a legitimidade do exercício da liberdade contratual ao atendimento de interesses coletivos extracontratuais positivados constitucionalmente" (KONDER, Carlos Nelson. Paraalém da "principialização" da função social do contrato. *Revista Brasileira de Direito Civil*, Belo Horizonte, v. 13, n.3, 2017, pp. 39-59).

21 Em exame acerca das teorias desenvolvidas criadas para definir o alcance e contornos da função social dos contratos e sua aplicação pela jurisprudência, cfr. BELLOIR, Arnaud Marie Pie; POSSIGNOLO, André Trapani Costa. Ensaio de classificação das teorias sobre a função social do contrato. *Revista Brasileira de Direito Civil*, Belo Horizonte, v. 11, 2017, pp. 37-56, os quais constatam que "a falta de interação franca e de consenso entre elas [as teorias examinadas]se reflete no Superior Tribunal de Justiça, que não utiliza o princípio com a frequência e profundidade devidas, em razão de que não é possível afirmar que qualquer das concepções prevaleça na doutrina ou no próprio Superior Tribunalde Justiça. Por conseguinte, resta incontestavelmente prejudicada a aplicação da função social do contrato, princípio fundamental da teoria contratual contemporânea, por-que posto como razão da liberdade contratual e, consequentemente, da vontade dos contratantes, até então fundamento do contrato (...)".

derrogáveis para cuja promoção se justifica a imposição de preceitos inafastáveis pela vontade das partes. Por isso mesmo, dispõe o parágrafo único do art. 2.035 do Código Civil que "nenhuma convenção prevalecerá se contrariar preceitos de ordem pública, tais como os estabelecidos por este Código para assegurar a função social da propriedade e dos contratos".

Na perspectiva funcional assim delineada e acolhida pelo Código Civil, de acordo com a função que a situação jurídica desempenha, serão definidos os poderes atribuídos ao titular do direito subjetivo e das situações jurídicas subjetivas. De outra parte, os interesses patrimoniais dos titulares da atividade econômica só merecerão tutela na medida em que interesses socialmente relevantes, posto que alheios à esfera individual, venham a ser igualmente tutelados. A proteção dos interesses privados justifica-se não apenas como expressão da liberdade individual, mas em virtude da função que desempenha para a promoção de posições jurídicas externas, integrantes da ordem pública contratual. Vincula-se, assim, a proteção dos interesses privados ao atendimento de interesses sociais, a serem promovidos no âmbito da atividade econômica (socialização dos direitos subjetivos).

Nesta esteira, o princípio da função social dos contratos enseja a mitigação da relatividade dos contratos, ou a relativização da relatividade,[22] por meio da imposição de deveres aos contratantes, não devendo ser entendido como mera ferramenta para ampliação das garantias contratuais na hipótese de lesão contratual provocada por terceiro cúmplice – o que seria um contrassenso.

---

22 Cfr., para ampla análise do tema: KONDER, Carlos Nelson de Paula. A 'relativização da relatividade': aspectos damitigação da fronteira entre partes e terceiros nos contratos. In: *Scientia Iuris*, Londrina, vol. 23, nº 1, mar. 2019, pp. 81-100.

Tal visão costuma gerar reações de duas espécies. A primeira é que esta perspectiva funcional seria contrária à liberdade individual. O sentido técnico de função, contudo, decorre da tábua axiológica constitucional, que associa visceralmente as relações patrimoniais a valores existenciais. Significa dizer que, longe de teorias comunitárias de matrizes autoritárias, que subordinaram, ao longo da história, as liberdades individuais a interesses supraindividuais ou estatais, a função social, no ordenamento jurídico brasileiro, impõe ao exercício das relações patrimoniais deveres indispensáveis à promoção da pessoa humana. Igualdade, solidariedade e justiça distributiva, portanto, são princípios constitucionais que enaltecem a liberdade – de todos – e visam à redução das desigualdades regionais e sociais, à sustentabilidade e à dignidade humana. A invocação da função social, portanto, não comprime a liberdade, reduzindo-a quantitativamente, mas serve-lhe de contorno qualitativo à luz dos valores constitucionais.

A segunda reação à funcionalização das situações jurídicas subjetivas pretende preservar a autonomia privada como uma garantia pré-legislativa, apenas reconhecida pelo constituinte, como tradução das liberdades individuais. Assim, os limites à liberdade de contratar jamais poderiam ser essenciais ou internos ao negócio, mas, ao contrário, seriam sempre externos, contrapondo à liberdade os interesses de ordem pública. Nesta ótica individualista, uma vez respeitados os limites externos pontuais fixados pelo Estado-legislador, a atividade contratual poderia desenvolver-se livre de qualquer restrição ou condicionamento. Ou seja, uma vez considerado válido o ato jurídico – porque não colidente com as normas imperativas de intervenção – os contratantes disporiam de uma espécie de salvo-conduto, que lhes daria a prerrogativa de exercer a liberdade contratual em termos qualitativamente absolutos, embora quantitativamente delimitados.

Tais objeções, contudo, referem-se a conceito de função inteiramente defasado do sistema constitucional brasileiro. O recurso à função social deve revelar o mecanismo dinâmico de vinculação das estruturas do direito, em especial dos fatos jurídicos, dos centros de interesse privado e das relações jurídicas, aos valores da sociedade consagrados pelo ordenamento, a partir de seu vértice hierárquico, o Texto Constitucional. Por isso, a função consiste em elemento interno e razão justificativa da autonomia privada. Não para subjugar a iniciativa privada a entidades ou elementos institucionais supraindividuais, mas para instrumentalizar as estruturas jurídicas aos valores do ordenamento, permitindo o controle dinâmico e concreto da atividade privada. Torna- se fundamental, nessa direção, a releitura dos conceitos e categorias do direito civil a partir dos preceitos constitucionais, pois "as normas constitucionais afiguram-se parte integrante da dogmática do direito civil, remodelando e revitalizando seus institutos, em torno de sua força reunificadora do sistema".[23]

Se assim é, nos termos do art. 421 do Código Civil, toda situação jurídica patrimonial, integrada a uma relação contratual, deve ser considerada originariamente justificada e estruturada em razão de sua função social. Como ocorrido em relação à propriedade, opera-se uma transformação qualitativa do contrato, que passa a consubstanciar instrumento para a concretização das finalidades constitucionais.[24] Desta feita, a função social - elemento interno do contrato - impõe aos contratantes a obrigação de perseguir, ao lado de seus

23 TEPEDINO, Gustavo. Direito civil e ordem pública na legalidade constitucional, p. 1139. In: ANTONIAZZI, Nelcir(org.). *República, poder e cidadania*: anais da XIX Conferência Nacional dos Advogados. Brasília: OAB: Conselho Federal, 2006. v. 2, pp. 1137-1142.

24 TEPEDINO, Gustavo et al. *Código Civil Interpretado conforme a Constituição da República*. Rio de Janeiro: Renovar, 2006. v. 2, p. 10.

interesses privados, interesses extracontratuais socialmente relevantes, assim considerados pelo legislador constitucional.

Busca-se, nesta direção, tutelar com o contrato não apenas os interesses dos contratantes mas, também, o interesse da coletividade.[25] Como sublinhado em doutrina, "em um sistema inspirado na solidariedade política, econômica e social e ao pleno desenvolvimento da pessoa, o conteúdo da função social assume um papel de tipo promocional, no sentido de que a disciplina das formas de propriedade e as suas interpretações deveriam ser atuadas para garantir e para promover os valores sobre os quais se funda o ordenamento"[26]. Ilustrativamente, no caso das relações de consumo, a função intrínseca à destinação dos bens a seu destinatário final, o consumidor, que se encontra em posição de vulnerabilidade, define a disciplina jurídica a ser aplicada, diferentemente da normativa aplicável às relações paritárias.

A partir da análise funcional do contrato e dos direitos subjetivos, a grande dicotomia do direito privado deixa de ser baseada na estrutura dos direitos subjetivos – como ocorre na distinção entre direitos reais e obrigacionais – dando lugar à distinção funcional entre as relações patrimoniais e existenciais.[27] Tais relações são dicotômicas porque desempenham funções díspares, promo-

25 "No ordenamento moderno, o interesse é tutelado se, e enquanto for conforme não apenas ao interesse do titular, mas também àquele da coletividade" (PERLINGIERI, cit., 2002, p. 121).

26 PERLINGIERI, Pietro. *Perfis de direito civil*: introdução ao direito civil constitucional. Rio de Janeiro: Renovar, 2002, p. 226.

27 "De um ponto de vista objetivo, a situação é um interesse que, essencial à sua existência, constitui o seu núcleo vital e característico. Interesse que pode ser ora patrimonial, ora de natureza pessoal e existencial, ora um e outro juntos (...). No ordenamento dito privatístico encontram espaço sejam as situações patrimoniais e entre essas a propriedade, o crédito, a empresa, a iniciativa econômica privada; sejam aquelas não patrimoniais (os chamados direitos da personalidade) às quais cabe, na hierarquia das situações subjetivas e dos valores, um papel primário" (PERLINGIERI, cit., 2002, p. 106).

vendo valores distintos, de maneira a atrair, por conseguinte, disciplinas diferenciadas.

Além disso, a autonomia privada não pode mais ser concebida como direito subjetivo absoluto, o qual sofreria restrições pontuais por meio de normas de ordem pública. Ao revés, o princípio da autonomia privada deve ser revisitado e lido à luz dos valores constitucionais, não sendo possível admitir espécies de zonas francas de atuação da autonomia privada, imunes ao controle axiológico ditado pela Constituição da República.

4. As alterações promovidas pela lei nº 13.874/2019 no art. 421 do Código Civil. Projeções da função social entre liberdade e solidariedade

A chamada Lei de Liberdade Econômica (Lei nº 13.874/2019), que instituiu a Declaração de Direitos de Liberdade Econômica, não ofereceu contribuição consistente para a pretendida objetivação da noção de função social dos contratos. Na nova redação do *caput* do art. 421, lê-se: *"A liberdade contratual será exercida nos limites da função social do contrato"*. Inseriu-se, ainda, parágrafo único, segundo o qual: *"Nas relações contratuais privadas, prevalecerão o princípio da intervenção mínima e a excepcionalidade da revisão contratual"*. O intuito do legislador parece ter sido a preservação do contrato imune à valoração subjetiva pela magistratura, relançando a autonomia privada. Todavia, como já se pôde observar, a função social do contrato tem fundamento na Constituição da República e a nova redação evidentemente não possui o condão de afastar o controle de utilidade social das relações patrimoniais, incidente sobre o conteúdo do contrato.[28]

---

28 Nessa mesma direção, KONDER, Carlos Nelson de Paula; COBBET, Lucas Goldfarb. A Função Social do Contrato após a Lei de Liberdade Econômica, pp. 18-19.

A alteração promovida pela referida Lei, nessa direção, parece ignorar o deslocamento assistido pelo Direito Civil de seus princípios fundantes para a Constituição, em contexto de profunda transformação social, em que a autonomia privada, embora altamente prestigiada pelo sistema, passa a ser remodelada por valores não patrimoniais, de cunho existencial, inseridos na própria noção de ordem pública. Como antes realçado, propriedade, empresa, família, relações contratuais tornam-se institutos funcionalizados à realização da dignidade da pessoa humana, fundamento da República, para a construção de uma sociedade livre, justa e solidária, objetivo central da Constituição brasileira de 1988.[29]

A proteção das vulnerabilidades deflagrou intervenção específica destinada à redução das desigualdades, seja nas relações de consumo e nos contratos de massa, seja no exercício do direito de propriedade e do controle das empresas, seja no seio das entidades familiares e de todas as relações contratuais. Informado pelos princípios da solidariedade social e igualdade substancial, o direito civil preocupa-se com a pessoa humana, e não mais com o sujeito de direito abstrato, anônimo e titular de patrimônio. A pessoa humana, portanto, qualificada na concreta relação jurídica em que se insere, de acordo com o valor social da atividade desenvolvida e protegida pelo ordenamento segundo o grau de vulnerabilidade que apresenta, torna-se a categoria central do direito privado.[30]

In: *Revista Brasileira de Direito Contratual*. Porto Alegre: LexMagister, vol. 1, out/dez 2019, pp. 5-22.

29 TEPEDINO, Gustavo; OLIVA, Milena Donato. Personalidade e capacidade na legalidade constitucional. In: MENEZES, Joyceane Bezerra de (org.). *Direito das pessoas com deficiência psíquica e intelectual nas relações privadas*: Convenção sobre os direitos da pessoa com deficiência e Lei Brasileira de Inclusão. Rio de Janeiro: Processo, 2016, pp. 227-248.

30 Na preciosa lição do Professor Stefano Rodotà, trata-se de promover a compatibilidade entre o sujeito abstrato e oreconhecimento das diferenças, sempre funcio-

Da mesma forma, a autonomia privada, informada pelo valor social da livre iniciativa, encontra limites não somente negativos (art. 170, parágrafo único, C.R.), como positivos, vinculando o seu titular à promoção de valores, fundamentos e objetivos fundamentais da República.[31] Em consequência, no exercício da autonomia privada, de acordo com a função que a situação jurídica subjetiva desempenha, serão definidos os poderes atribuídos ao seu titular e tuteladas as pretensões individuais dos titulares da atividade econômica que promovam, concomitantemente, interesses socialmente relevantes (socialização das situações jurídicas subjetivas).[32]

nalizados à tutela da dignidade humana, vale dizer, "*il soggetto non si presenta più come compotto, unificante, risolto. È, più che problema, enigma. Si fa nomade. Esprime uma realtà frantumata e mobile. Non è approdo, ma processo*" (RODOTÀ, Stefano. Dal soggetto alia persona. In: RODOTÀ, Stefano. *Il diritto di avere diritti*. Roma: Laterza, 2012. 2ª parte, capítulo 5, p. 147). Tradução livre: "o sujeito não se apresenta mais como um compacto, unificante, explicado. É, mais que problema, enigma. Faz-se nômade. Exprime uma realidade fragmentada e móvel. Não é chegada, mas processo." E, nessa mesma direção, já se afirmou em outra sede acerca da necessidade de compatibilização entre as duas construções (sujeito e pessoa): "o primado da dignidade humana comporta o reconhecimento da pessoa a partir dos dados da realidade, realçando-lhe as diferenças, sempre que tal processo se revelar necessário à sua tutela integral. A abstração do sujeito, de outra parte, assume grande relevância nas hipóteses em que a revelação do dado concreto possa gerar restrição à própria dignidade, ferindo a liberdade e a igualdade da pessoa." (TEPEDINO, Gustavo. O papel atual da doutrina do direito civil entre o sujeito e a pessoa. In: TEPEDINO, Gustavo; TEIXEIRA, Ana Carolina Brochado; ALMEIDA, Vitor. (coord.). O Direito civil entre o sujeito e a pessoa: estudos em homenagem ao professor Stefano Rodotà. Belo Horizonte: Fórum, 2016, pp. 17-35).

31 "Significa dizer que a livre iniciativa, além dos limites fixados por lei, para reprimir atuação ilícita, deve perseguira justiça social, com a diminuição das desigualdades sociais e regionais e com a promoção da dignidade humana. A autonomia privada adquire assim conteúdo positivo, impondo deveres à autorregulamentação dos interesses individuais, de tal modo a vincular, já em sua definição conceitual, liberdade à responsabilidade" (TEPEDINO, Gustavo. Esboço de uma classificação funcional dos atos jurídicos. *Revista Brasileira de Direito Civil*, Rio de Janeiro,v. 1, nº 1, pp. 8-37, 2014.).

32 PERLINGIERI, Pietro. *Perfis de direito civil*: introdução ao direito civil constitucional. Rio de Janeiro: Renovar, 2002, PP. 106-107.

Por isso mesmo, em que pese a alteração realizada pelo legislador ordinário, a função social permanece consistindo em elemento interno da liberdade contratual. A legitimidade de tal perspectiva funcional depende, assim, fundamentalmente da aplicação direta dos princípios constitucionais às relações privadas, como núcleo normativo hierarquicamente superior e prevalente na unificação do sistema.[33] Evita-se, assim, que os princípios constitucionais possam ter a sua força prescritiva desintegrada em favor de regras infraconstitucionais, dotadas de maior densidade normativa (detalhamento regulamentar).[34]

Caracteriza-se, nesse sentido, transformação qualitativa do contrato, o qual, unindo liberdade e solidariedade, passa a consubstanciar instrumento para a concretização da legalidade constitucional.[35] A autonomia privada, embora valiosa e fundamental ao sistema, não poderia ser concebida como princípio absoluto, livre do controle axiológico da Constituição da República, como parece pretender declarar, ingenuamente, a Lei nº. 13.874/2019. Ao revés, há de ser compreendida a partir da associação com ou-

33 "A norma constitucional torna-se a razão primária e justificadora (e, todavia, não a única, se for individuada uma normativa ordinária aplicável ao caso) da relevância jurídica de tais relações, constituindo parte integrante da normativa na qual elas, de um ponto de vista funcional, se concretizam. Portanto, a normativa constitucional não deveser considerada sempre e somente como mera regra hermenêutica, mas também como norma de comportamento, idônea a incidir sobre o conteúdo das relações entre situações subjetivas, funcionalizando-as aos novos valores" (PERLINGIERI, cit., 2002, p. 12)

34 Torna-se fundamental, por isso mesmo, a releitura dos conceitos do direito privado (não somente à luz, mas) incorporados aos valores constitucionais, afirmando-se nessa direção que "as normas constitucionais se afiguram parteintegrante da dogmática do direito civil, remodelando e revitalizando seus institutos, com notável capacidade de reunificação do sistema. (TEPEDINO, Gustavo. Direito civil e ordem pública na legalidade constitucional, p. 1.142. In: ANTONIAZZI, Nelcir (org.). *República, poder e cidadania*: anais da XIX Conferência Nacional dos Advogados. Brasília: OAB: Conselho Federal, 2006. v. 2, pp. 1137-1142).

35 TEPEDINO, Gustavo; KONDER, Carlos Nelson; BANDEIRA, Paula Greco. *Fundamentos do Direito Civil*: contratos. 4ª ed. Rio de Janeiro: Forense, 2023. v. 3, p. 37.

tros valores constitucionais, não havendo espaço de subjetividade imune ao raio de incidência do ordenamento jurídico, unitário e complexo. Sob esse prisma, a autonomia privada molda-se a princípios e valores aos quais se subordina.[36]

Por outro lado, o parágrafo único do art. 421 do Código Civil estabelece "o princípio da intervenção mínima" e consigna a excepcionalidade da revisão contratual. A rigor, não se trata de reduzir a intervenção nos contratos, ou declarar a sua natureza excepcional, mas de conter a atuação judicial aos princípios e valores da ordem pública constitucional. Do ponto de vista técnico, não existe na ordem jurídica o chamado princípio de intervenção mínima.[37] Ao contrário, há um conjunto de pressupostos e requisitos, autorizados pela Constituição da República e incorporados ao Código Civil, para a intervenção judicial. De outra parte, a revisão e a resolução contratual encontram-se previstas nos arts. 317 e 478 do Código Civil, sendo esses os parâmetros norteadores da intervenção judicial nos contratos e que a tornam, só por si, pelo rigor dos requisitos ali previstos, limitada e excepcional. [38] Ou seja, a previsão de

36 Nessa direção, ressalta Pietro Perlingieri: "Os atos de autonomia têm, portanto, fundamentos diversificados; porémencontram um denominador comum na necessidade de serem dirigidos à realização de interesses e funções que merecem tutela e são socialmente úteis (...) a autonomia privada não é um valor em si e, sobretudo, não representa umprincípio subtraído ao controle de sua correspondência e funcionalização ao sistema das normas constitucionais" (PERLINGIERI, cit., 2002, pp. 18-19 e 277). Na mesma direção, em outra sede, cfr. TEPEDINO, Gustavo; KONDER, Carlos Nelson; BANDEIRA, Paula Grego. *cit.*, 2023, p. 53.

37 TEPEDINO, Gustavo; CAVALCANTI, Laís. Notas sobre as alterações promovidas pela Lei nº. 13.874/2019 nos artigos 50, 113 e 421 do Código Civil. In: SALOMÃO, Luis Felipe; CUEVA, Ricardo Villas Bôas; FRAZÃO, Ana (org.). *Lei de Liberdade Econômica e seus Impactos no Direito Brasileiro.* São Paulo: Revista dos Tribunais, 2020, pp. 487-514

38 Ao propósito, alude-se em doutrina que a mudança legislativa, na tentativa de combater, de forma repetida e redundante, o perigo de intervenção estatal de modo discricionário nas relações contratuais acabou produzindo verdadeiro "efeito placebo sobre as inseguranças das intervenções estatais no campo dos contratos". Vale dizer, "afirmar isso sem indicar critérios para identificar quando se está

excepcionalidade da revisão contratual nada adicionou ao ordenamento, vez que os requisitos exigidos para tanto permanecem os mesmos. Não se trata de impedir posições de vantagem (ou alocações de risco) estabelecidas consensualmente pelas partes, mas de coibir desproporções contingenciais que não merecem tutela do ordenamento.[39]

5. Notas conclusivas

O debate acerca do conteúdo e papel da função social do contrato no ordenamento jurídico brasileiro se insere no âmbito do processo de funcionalização dos fatos jurídicos, impondo-se ao intérprete, por um lado, qualificar os modelos contratuais a partir da função prático-social pretendida em determinada atividade negocial. A qualificação em concreto das situações jurídicas subjetivas a partir de sua função permite a adequada incidência

diante da excepcionalidade poder ser inútil, inclusive, porque, reconheça-se, um dos poucos estudos quantitativos existentes já indica que, na prática, a revisão dos contratos é excepcional. Com efeito, limitar-se a prever a excepcionalidade da intervenção cria para os contratantes uma loteria às avessas: enquanto alguns podem ser sorteados para serem vítimas da exceção arbitrária, outros, que talvez merecessem a intervenção dependendo dos critérios adotados, cairiam na regra geral." (KONDER; COBBET, cit., 2019, pp. 5-22). Também em crítica às alterações promovidas pelo legislador no art. 421 do Código Civil: SOUZA, Eduardo Nunes de. De volta à causa contratual: aplicações da função negocial nas invalidades e nas vicissitudes supervenientes do contrato, p. 44. In: *Revista Eletrônica de Direito Civil*, vol. 2, 2019, pp. 1-53.

39 A análise dos critérios de revisão contratual à luz dos fundamentos constitucionais tem sido ressaltada em doutrina:"A correspectividade ou comutatividade consiste no liame funcional entre as obrigações reciprocamente assumidas pelos contratantes. Trata-se do sinalagma que, por indicar o escopo funcional, revela o equilíbrio pretendido entre as prestações. Percebe-se, assim, a relevância do princípio do equilíbrio das prestações para a garantia da comutatividade,que se associa à função contratual e cuja preservação, por isso mesmo, torna-se imperativo da boa-fé objetiva. (...)." (TEPEDINO, 2012, pp. 451-472). Cfr., também, sobre o tema, SCHREIBER, Anderson. *Equilíbrio Contratual e Deverde Renegociar,* São Paulo: Saraiva Educação, 2018, pp. 52-54

normativa e amplia o controle social da atividade econômica, cuja utilidade social, de outra parte, há de ser perseguida, em favor dos interesses de seus titulares e, de forma mais ampla, de toda a coletividade. Nesse particular, a autonomia privada e a liberdade contratual recebem especial proteção do ordenamento, impondo aos contratantes, ao lado da perseguição de seus legítimos interesses patrimoniais, o dever de tutelar os interesses extracontratuais socialmente relevantes alcançados pelo negócio jurídico.

Nessa esteira, a Lei nº 13.874/2019, a chamada Lei de Liberdade Econômica, não produziu o pretendido impacto na teoria contratual, sendo certo que o princípio da função social, previsto no Texto Constitucional e no Código Civil, produz alteração qualitativa na dogmática contratual. Por conseguinte, a intervenção legislativa e jurisdicional nos contratos atende a valores e princípios de ordem pública, que permeiam a leitura de todas as normas do ordenamento. Em última análise, a funcionalização da autonomia negocial mostra-se decorrência direta da legalidade constitucional e a função social, por isso mesmo, incide não apenas como limite externo, mas também como limite interno da liberdade contratual, subordinando a liberdade dos contratantes aos princípios da igualdade substancial e da solidariedade social.

Referências bibliográficas

BANDEIRA, Paula Greco. *Contratos incompletos.* São Paulo: Atlas, 2015.

BELLOIR, Arnaud Marie Pie; POSSIGNOLO, André Trapani Costa. Ensaio de classificação das teorias sobre a função social do contrato. *Revista Brasileira de Direito Civil,* Belo Horizonte, v. 11, 2017, pp. 37-56.

BOBBIO, Norberto. *Da estrutura à função*: novos estudos de teoria do direito. São Paulo: Manole, 2007.

GOMES, Orlando. *Contratos.* 27ª ed. Rio de Janeiro: Forense, 2019.

GUEDES, Gisela Sampaio da Cruz; KONDER, Carlos Nelson de Paula; TERRA, Aline de Miranda Valverde. *Princípios contratuais aplicados:* boa-fé, função social e equilíbrio contratual à luz da jurisprudência. São Paulo: Editora Foco, 2019.

KONDER, Carlos Nelson de Paula. A 'relativização da relatividade': aspectos da mitigação da fronteira entre partes e terceiros nos contratos. *In*: *Scientia Iuris*, Londrina, v. 23, nº 1, pp. 81-100, mar. 2019. Disponível em: https://ojs.uel.br/revistas/uel/index.php/iuris/article/view/34287 . Acesso em:31.mai.2022.

KONDER, Carlos Nelson Konder. Causa do contrato x função social do contrato: estudo comparativo sobre o controle da autonomia negocial., In: *Revista Trimestral de Direito Civil* - RTDC, Rio de Janeiro, v. 43, nº 11, pp. 33-75, jul./set. 2010.

KONDER, Carlos Nelson de Paula; COBBET, Lucas Goldfarb. A função social do contrato após a lei de liberdade econômica. *Revista Brasileira de Direito Contratual.* Porto Alegre, v. 1, n. 7, pp. 18-19, out./dez. 2019.

KONDER, Carlos Nelson. Para além da "principialização" da função social do contrato. *Revista Brasileira de Direito Civil,* Rio de Janeiro, v. 13, n. 3, pp. 39-59, 2017

NEGREIROS, Teresa. *Teoria do contrato: novos paradigmas.* 2ª ed. Rio de Janeiro: Renovar, 2006.

PERLINGIERI, Pietro. *Manuale de diritto civile.* Napoli: Edizioni Scientifiche Italiane, 1997.

PERLINGIERI, Pietro. *Perfis de direito civil*: introdução ao direito civil constitucional. Rio de Janeiro: Renovar, 2002.

RODOTÀ, Stefano. Dal soggetto alia persona. In: RODOTÀ, Stefano. *Il diritto di avere diritti*. Roma: Laterza, 2012. 2ª parte, capítulo 5.

SCHREIBER, Anderson. Alterações da MP 881 ao Código Civil – Parte I. Carta Forense – Jusbrasil, data de publicação: 2.5.2019. Disponível em: https://flaviotartuce.jusbrasil.com.br/artigos/703475518/alteracoes-da-mp-881-ao-codigo-civil- parte-i . Acesso em: 01.jun.2023.

SCHREIBER, Anderson. *Direito civil e constituição*. São Paulo: Atlas, 2013.

SCHREIBER, Anderson. *Equilíbrio contratual e dever de renegociar*. São Paulo: Saraiva Educação, 2018.

SOUZA, Eduardo Nunes de. De volta à causa contratual: aplicações da função negocial nas invalidades e nas vicissitudes supervenientes do contrato. *Revista Eletrônica de Direito Civil*, Civilistica, v. 2, pp. 1-43, 2019.

THEODORO JÚNIOR, Humberto. *O contrato e sua função social*. Rio de Janeiro: Forense, 2003.

TEPEDINO, Gustavo. Crise de fontes normativas e técnica legislativa na parte geral do Código Civil de 2002. *In*: TEPEDINO, Gustavo. *Temas de direito civil*. Rio de Janeiro: Renovar, 2006. t. 2, pp. 3-20.

TEPEDINO, Gustavo. Direito civil e ordem pública na legalidade constitucional. *In:* ANTONIAZZI, Nelcir (org.). *República, poder e cidadania*: anais da XIX Conferência Nacional dos

Advogados. Brasília: OAB: Conselho Federal, 2006. v. 2, pp. 1137-1142.

TEPEDINO, Gustavo. Esboço de uma classificação funcional dos atos jurídicos. *Revista Brasileira de Direito Civil*, Rio de Janeiro, v. 1, nº 1, pp. 8-37, 2014. Disponível em: https://rbdcivil.ibdcivil.org.br/rbdc/article/view/129 . Acesso em: 31.mai.2023.

TEPEDINO, Gustavo. Hermenêutica contratual no equilíbrio econômico dos contratos. pp. 461-

462. *In*: TEPEDINO, Gustavo. *Soluções práticas de direito: relações obrigacionais e contratos*. São Paulo: Editora Revista dos Tribunais, 2012. v. 2, pp. 451-472.

TEPEDINO, Gustavo. Livro (eletrônico) e o perfil funcional dos bens jurídicos na experiência brasileira. *In*: VICENTE, Dário Moreira Vicente; VIEIRA, José Alberto Coelho Vieira; CASIMIRO, Sofia de Vasconcelos Casimiro; SILVA, Ana Maria Pereira da Silva (org.). *Estudos de direito intelectual em homenagem ao Prof. Doutor José de Oliveira Ascensão*. Coimbra: Almedina, 2015. pp. 269-287.

TEPEDINO, Gustavo. Novos princípios contratuais e a teoria da confiança: a exegese da cláusula to the best knowledge of the sellers. *In*: TEPEDINO, Gustavo. *Temas de direito civil.* Rio de Janeiro: Renovar, 2006. t. 2, pp. 241-274.

TEPEDINO, Gustavo. O ocaso da subsunção. *In:* TEPEDINO, Gustavo. *Temas de Direito Civil.* Rio de Janeiro: Renovar, 2009. t. 3, pp. 443-446.

TEPEDINO, Gustavo. O papel atual da doutrina do direito civil entre o sujeito e a pessoa. *In*: TEPEDINO, Gustavo; TEIXEIRA, Ana Carolina Brochado; ALMEIDA, Vitor. (coord.). *O Direito civil entre o sujeito e a pessoa*: estudos em homenagem ao professor Stefano Rodotà. Belo Horizonte: Fórum, 2016. pp. 17-35.

TEPEDINO, Gustavo. Texto e contexto na teoria da interpretação. Editorial. In: *Revista Brasileira de Direito Civil (RBDCivil)*, Belo Horizonte, v. 29, nº 3, pp. 11-13, 2021.

TEPEDINO, Gustavo; CAVALCANTI, Laís. Notas sobre as alterações promovidas pela Lei nº. 13.874/2019 nos artigos 50, 113 e 421 do Código Civil. *In*: SALOMÃO, Luis Felipe; CUEVA, Ricardo Villas Bôas; FRAZÃO, Ana (org.). *Lei de Liberdade Econômica e seus Impactos no Direito Brasileiro*. São Paulo: Revista dos Tribunais, 2020. pp. 487-514.

TEPEDINO, Gustavo *et al. Código Civil Interpretado conforme a Constituição da República*. Rio de Janeiro: Renovar, 2006, v. 2.

TEPEDINO, Gustavo; KONDER, Carlos Nelson; BANDEIRA, Paula Greco. *Fundamentos do Direito Civil: contratos*. 4ª ed. Rio de Janeiro: Forense, 2023. v. 3.

TEPEDINO, Gustavo; OLIVA, Milena Donato. Personalidade e capacidade na legalidade constitucional. *In*: MENEZES, Joyceane Bezerra de (org.). *Direito das pessoas com deficiência psíquica e intelectual nas relações privadas*: Convenção sobre os direitos da pessoa com deficiência e Lei Brasileira de Inclusão. Rio de Janeiro: Processo, 2016. pp. 227-248.

TEPEDINO, Gustavo. Teoria dos bens e situações subjetivas reais: esboço de uma introdução. *In*: TEPEDINO, Gustavo. *Temas de direito civil*. Rio de Janeiro: Renovar, 2006. t. 2, pp. 135-146.

TERRA, Aline de Miranda Valverde; GUEDES, Gisela Sampaio da Cruz. Adimplemento substancial e tutela do interesse do credor: análise da decisão proferida no REsp 1.581.505. *Revista Brasileira de Direito Civil – RBDCivil*, Rio de Janeiro, v. 11, n.1, pp. 95-113, 2017. Disponível em: https://rbdcivil.ibdcivil.org.br/rbdc/article/view/10 . Acesso em 31.mai.2023.

PACTO MARCIANO: A AUTOTUTELA SATISFATIVA COMO IMPORTANTE INSTRUMENTO NA POLÍTICA UNIVERSAL DE SUPERAÇÃO DA CRISE VIVENCIADA PELA EXECUÇÃO CIVIL[1]

Humberto Theodoro Júnior[2]

"Não afronta o art. 1.428 do Código Civil, em relações paritárias, o pacto marciano, cláusula contratual que autoriza que o credor se torne proprietário da coisa objeto da garantia, mediante aferição de seu justo valor e restituição do supérfluo (valor do bem em garantia, que excede o da dívida)" (Enunciado nº 626- VIII Jornadas de Direito Civil- CEJ/2018).

SUMÁRIO: **1.** Introdução à crise da execução fiscal no país. **2.** Mecanismos extrajudiciais conhecidos de satisfação dos direitos obrigacionais. **3.** Noção de autotutela executiva. **4.** O aumento do prestígio da autotutela executiva na atualidade. **5.** Formas de convencionar a autotutela. **6.** Autotutela executiva no direito positivo brasileiro. **7.** Dado histórico relevante. **8.** Negócio jurídico processual e autotutela executiva. **9.** Duas novidades relevantes. **10.** Conclusões.

---

1 O tema ora explorado foi objeto de estudo mais amplo em ensaio elaborado com a participação do Professor Érico Andrade, sob o título "Novas perspectivas para a atuação da tutela executiva no direito brasileiro: autotutela executiva e 'desjudicialização' da execução", publicado na *Revista de Processo,* v. 315, pp. 109 a 158, mai./2021. Foi abordado por nós, também, sob o título "Pacto Marciano: a autotutela satisfativa como importante instrumento na política universal de superação da crise vivenciada pela execução civil", nos *Estudos em Homenagem ao Professor Sérgio Bermudes* (Rio de Janeiro: Ed. GZ, 2023,pp. 327-350).

2 Professor Titular Aposentado da Faculdade de Direito da UFMG. Desembargador Aposentado do TJMG. Membro da Academia Brasileira de Letras Jurídicas, da Academia Mineira de Letras Jurídicas, do Instituto dos Advogados de Minas Gerais, do Instituto de Direito Comparado Luso- Brasileiro, do Instituto Brasileiro de Direito Processual, do Instituto Ibero-Americano de Direito Processual e da International Association of Procedural Law, da Association Henri Capitant des Amis de la Culture Juridiques Française. Doutor em Direito. Advogado.

Palavras-chave: execução civil- desjudicialização- autotutela executiva

Resumo: No amplo movimento geral de desjudicialização da execução civil, ao lado da execução por agentes executivos extrajudiciais assume relevância a autotutela executiva implementada com base em cláusula contratual que autorize o credor a realizar, independentemente de processo judicial, e por seus próprios meios, os atos de disposição dos bens constantes de garantia real para imediata satisfação do crédito inadimplido pelo devedor. O presente estudo procura demonstrar que esse tipo de autossatisfação, denominado pacto marciano, não incorre na vedação do art. 1.428 do Código Civil e se enquadra no amplo terreno do negócio jurídico processual autorizado pelo art. 190 do vigente Código de Processo Civil. No âmbito do direito material, o tema já foi acatado pelo VIII Jornada de Direito Civil do Conselho da Justiça Federal/ Centro de Estudos Jurídicos através do Enunciado nº 626: "Art. 1.428: Não afronta o art. 1.428 do Código Civil, em relações paritárias, o pacto marciano, cláusula contratual que autoriza que o credor se torne proprietário da coisa objeto da garantia mediante aferição de seu justo valor e restituição do supérfluo (valor do bem em garantia que excede o da dívida)".

Advertência

O presente estudo pretende ser uma colaboração doutrinária do esforço notório de nosso tempo em prol de imprimir mais efetividade e eficiência à realização das diversas formas de garantia real nas operações do mercado de crédito, tendo em vista a pouca funcionalidade e alta onerosidade da execução judicial.

A evolução jurisprudencial é sabidamente lenta, condicionada que é por uma tradicional inércia conservadorista lastreada no normativismo estático que coloca a segurança jurídica atrelada sobretudo ao direito positivado na lei e na sua interpretação originária, sem maior preocupação com o dinamismo da vida comunitária dos tempo atuais, seja no aspecto social, como no político, econômico e tecnológico.

Daí a relevância que se pode reconhecer ao papel da doutrina, no descobrir e recomendar caminhos jurídicos inovadores que, sem necessidade de remodelação do direito positivo e sem risco para as tradições da legalidade e da segurança jurídica, possam ser explorados na formatação dos negócios jurídicos dentro do programa de maior dinamismo e eficiência das técnicas de tutela e realização dos capitais aplicados no financiamento e no fomento das atividades empresariais e econômicas.

Tem sido observado, com propriedade, que "um dos papéis da pesquisa e da própria doutrina é fornecer modelos hermenêuticos, também chamados de 'modelos dogmáticos' ou 'doutrinários', os quais são essenciais no processo constitutivo"[3]:

> "Embora as normas sejam o elemento nuclear do ordenamento – pois estabelecem prescrições de organização e conduta a partir das quais são formados os direitos e deveres nas relações horizontais típicas do Direito Privado –, é sempre necessário determinar o conteúdo de tais direitos e deveres que serão exigidos reciprocamente pelos particulares.
>
> Essa determinação é 'tarefa primordial' da Dogmática Jurídica [como explica Miguel Reale[4]], isto é, da pesquisa jurídica e da **doutrina.** Cabe-lhe, com efeito, formular proposições interpretativas ou 'modelos hermenêuticos' sugerindo um de-

---

3 BRANCO, Gerson Luiz Carlos; OLIVEIRA, Gilvar Paim de; OLIVEIRA, Lucas Terres de. A utilizaçãodo *dispute board* na recuperação judicial. *Revista dos Tribunais*, São Paulo, v. 1.030, p. 174, ago. 2021.

4 REALE, Miguel. *Estudos de filosofia e ciência do direito*. São Paulo: Saraiva, 1978, p. 16.

terminado conteúdo e significado para as normas jurídicas, esclarecendo-as e, muitas vezes, preenchendo lacunas dos sistemas normativos".[5]

Ainda que não seja pacífico o reconhecimento da doutrina como fonte direta e imediata do Direito, há hoje uma crescente tendência a atribuir-lhe a natureza de fonte subsidiária ou complementar, ao lado dos costumes e princípios gerais, dentro do ordenamento jurídico. O núcleo desse sistema normativo, segundo as tradições do *civil law*, é ocupado pela lei (o *jus scriptum*), a qual, porém, tem de ser interpretada e complementada pelas fontes secundárias da jurisprudência e da doutrina (o *jus non scriptum*)[6].

Se bem que mais restrita a área a seu cargo, a doutrina inegavelmente é dotada de larga "eficácia persuasiva e, como tal, é elemento constitutivo da experiência jurídica"[7].

É sob influência desse clima atual de valorização da contribuição doutrinária para o desenvolvimento do *jus non scriptum*, que nos aventuramos a retomar a iniciativa de valorizar a autotutela satisfativa na esperança de contornar, pelo menos em parte, a crise atual da execução civil. Trata-se de expediente de inegável eficiência e praticidade, que vem sendo acolhido pelo legislador, inclusive no Brasil, num número sempre crescente de negócios jurídicos especiais e que, por singelo esforço doutrinário, pode perfeitamente ser generalizado, à luz dos atuais rumos da política pública de desburocratização e desjudicialização da atividade executiva.

5 BRANCO, *et al. Op. cit., loc. cit.*

6 CALZOLAIO, Ermanno. Riforma del processo di cassazione e precedente giudiziale: riflessioni nellaprospettiva della comparazione "civil law-common law". *Rivista trimestrale di diritto e procedura civile*, Milano, anno MMIX, n. 3, p. 1012, 2009.

7 BRANCO, *et al. Op. cit., loc. cit;* cf. também REALE, Miguel. *Fontes e modelos de direito: para um novo paradigma hermenêutico.* São Paulo: Saraiva, 1994, pp. 105-122.

Atividade essa que vem sendo, sabidamente, mal desempenhada pela justiça estatal e, por isso mesmo, tem sido objeto de várias medidas de superação, quase sempre por meio de instrumentos extrajudiciários manejáveis sob a força da autonomia negocial privada, na esfera tanto do direito material como processual.

1. Introdução à crise da execução civil no país

Segundo o levantamento do Conselho Nacional de Justiça – CNJ, divulgado na publicação *Justiça em números* de 2019, o "Poder Judiciário contava com um acervo de 79 milhões de processos pendentes de baixa no final do ano de 2018, sendo que mais da metade desses processos (54,2%) se referia à fase de execução"[8]. Na última edição do *Justiça em números*, de 2020, não obstante o número total de processos pendentes no Judiciário ter sofrido redução para 77 milhões, se indica aumento do número de execuções pendentes (55,8%)[9].

Diante desse quadro, que evidencia não só o enorme volume das execuções em relação ao total de processos em curso na Justiça (mais de 50% dos processos pendentes), mas também a impressionante taxa de congestionamento na execução judicial, é preciso, urgentemente, repensar e rediscutir a tutela executiva na Justiça brasileira[10], como um dos principais pontos para melho-

---

8 *Justiça em números*. Brasília: CNJ, 2019, p. 126. Disponível em: [www.cnj.jus.br/wp-content/uploads/conteudo/arquivo/2019/08/justica_em_numeros20190919.pdf]. Acesso em: 29.09.2020.

9 *Justiça em números*. Brasília: CNJ, 2020, p. 150. Disponível em: [www.cnj.jus.br/wp- content/uploads/2020/08/WEB-V3-Justi%C3%A7a-em-N%C3%BAmeros-2020-atualizado-em-25-08-2020.pdf]. Acesso em: 29.09.2020.

10 COSTANTINO, Giorgio. Degiurisdizionalizzazione della espropriazione immobiliare. *Rivista Trimestrale di Diritto e Procedura Civile*, Milano, anno XLVII, nº 4, p. 1053, 1993, leciona que a tutela executiva é um dos pontos centrais da legislação processual na realização de direitos, inclusive em razão das reconhecidas dificul-

rar a eficiência da atuação da jurisdição estatal na busca de maior adequação às normas fundamentais do CPC/2015, como a implementação da tutela efetiva dos direitos em tempo razoável, permeada pela busca de eficiência na atuação jurisdicional (arts. 4º e 8º do CPC/2015), o que significa melhorar a gestão e a adequação da distribuição dos recursos alocados no Judiciário como um todo, no novo contexto da visão da justiça como serviço público[11].

Daí a importância dos debates em curso no direito brasileiro a fim de buscar caminhos mais adequados para a atuação da tutela executiva, permeados pela chamada "desjudicialização" da execução civil e pelas alterações no modelo da execução fiscal, para permitir sua efetivação na via administrativa; debates que, agora, adentram o legislativo federal, com a apresentação de dois projetos de lei em 2019, ora em tramitação no Senado, quais sejam o PL 4.257/2019[12], envolvendo a execução fiscal, e o PL 6.204/2019[13], tratando da execução civil.

dades jurídicas e econômicas que apresenta: "L'esecuzione forzata è tra le parti più rilevanti della legislazione perché presenta difficoltà gravi sia d'ordine privato e pubblico, sia d'ordine economico."

11 LUPOI, Michele Angelo. *Tra flessibilità e semplificazione* – Un embrione di case management all'italiana? Bologna: Bononia University Press, 2018, p. 59: "Nell'ambito di una nuova visione della giurisdizione, intesa come 'servizio pubblico' per l'attuazione dei diritti soggettivi dei privati, si ritiene che non si possa continuare a pensare alla singola causa come paradigma di riferimento del modello del giustoprocesso, senza considerare il panorama complessivo di riferimento: ovvero la molteplicità delle cause civili contemporaneamente pendenti in corti più o meno sovraccariche e prive di mezzi e personale". Cf., no mesmo sentido, no direito brasileiro THEODORO JÚNIOR, Humberto; ANDRADE, Érico. Impactos da Constituição Federal na evolução do processo civil. *In*: MORAES, Guilherme Peña de (Org.). *30 Anos da Constituição Federal e o direito brasileiro*. Rio de Janeiro: Forense-Gen, 2018, pp. 336-337.

12 Disponível em: [https://legis.senado.leg.br/sdleg- getter/documento?dm=7984784&ts=1594035701857&disposition=inline]. Acesso em: 29.09.2020.

13 Disponível em: [https://legis.senado.leg.br/sdleggetter/documento?dm=8049470&ts=1594037651957&disposition=inline]. Acesso em: 29.09.2020

2. Mecanismos extrajudiciais conhecidos de satisfação dos direitos obrigacionais descumpridos

I. Execução extrajudicial por agentes executivos

O movimento maior, já transformado em realidade no continente europeu, consiste na instituição de organismos públicos ou privados para encarregar-se, fora do processo judicial, da execução forçada, principalmente em relação às obrigações de quantia certa. Com isso procedeu-se à chamada *desjudicialização da execução civil,* com a qual os atos executivos são atribuídos a *agentes de execução autônomos,* os quais os praticam como delegatários da função estatal executiva, cujo caráter predominante é, de fato, mais administrativo do que jurisdicional. É claro que a satisfação do direito integra a tutela jurisdicional assegurada ao titular de todo direito ameaçado ou lesado, o que, entretanto, não exclui a possibilidade de que outros organismos extrajudiciais credenciados legalmente também possam desempenhar atos da espécie, desde que sujeitos ao controle do Judiciário, sempre que alguma ilegalidade ou desvio de função seja cometida pelo delegatário.

II. Execução extrajudicial pelo próprio credor (autotutela)

Dentro, ainda, dessa mesma tendência de perseguir maior eficiência na atuação do sistema judicial, com melhor adequação e distribuição dos recursos judiciários, surge a discussão em torno de mecanismos adequados para atuação dos direitos, em sede de autotutela dos direitos, mais especificamente da chamada "autotutela executiva", para permitir a atuação direta de direitos pelas próprias partes na relação obrigacional, sem a intervenção de terceiros (dentro ou fora do sistema judicial), geralmente, mediante uso da autonomia negocial para engendrar contratualmente mecanismos voltados à realização direta dos direitos[14], em linha com as mais recentes tendências do direito europeu[15].

3. Noção de autotutela executiva

I. Superação do monopólio estatal da justiça

A autotutela integra o movimento atual da desjudicialização da execução *lato sensu,* mas, em sentido estrito, é algo que com esta não se confunde, visto que se processa sem a intervenção do Poder Judiciário ou de qualquer outro terceiro que seja seu delegatário.

BIANCA identifica a ocorrência da autotutela executiva quando se dá ao próprio credor, em determinadas circunstâncias, o poder de aplicar extrajudicialmente os *remédios executivos* em prol

14 A autotutela executiva envolve, segundo BIANCA, Cesare Massimo di. Voce Autotutela (dir. priv.). *In:Enciclopedia del Diritto.* Milano: Giuffrè, 2000, v. IV (agg.), a aplicação extrajudicial de remédios executivos diretamente pelo próprio credor em prol da realização do seu crédito: "Rimedi esecutori sono quelli che attuano il contenuto del diritto nel suo originario contenuto. Autotutela esecutoria è l'applicazionestragiudiziale di tali rimedi. [...] Esatto è il rilievo che la mera soddisfazione dell'interesse creditorio non costituisce di per sé adempimento dell'obbligazione. Occorre piuttosto che vi sia un fatto riferibile alla sfera giuridica del debitore, nel senso che il creditore abbia conseguito il soddisfacimento del suo interesse mediante la prestazione eseguita dal debitore o per suo conto o mediante l'esercizio di poteri nei suoi confronti. Ora, nei tipici casi di autotutela esecutoria il creditore consegue il soddisfacimento del suo interesse esercitando un potere nei confronti del debitore inadempiente, e realizzando quindi il contenuto del rapporto obbligatorio, che a tutti gli effetti sarà da considerare adempiuto."

15 GABRIELLI, Enrico. Nuovi modelli di garanzie patrimoniali – una garanzia reale senza possesso. *In*: *Giurisprudenza Italiana*, Torino, nº 7, pp. 1715 e ss., 2017: "Una garanzia così connotata, se accompagnatadalla valorizzazione del potere di autotutela esecutiva del creditore nelle modalità e tecniche di escussionedel vincolo sul bene, e quindi nelle attività di recupero in via forzosa del credito, risulta più efficiente e virtuosa, sul piano della soddisfazione dell'interesse del creditore garantito, e come tale più coerente con le attuali linee di sviluppo del diritto comune europeo delle garanzie mobiliari e finanziarie (cfr. ad esempio il D. Lgs. 21 maggio 2004, nº 17, e successive modificazioni, di attuazione della Dir. 2002/47/CE sui contratti di garanzia finanziaria)."

da realização do seu crédito: "Remédios executivos são aqueles que atuam o conteúdo do direito no seu originário conteúdo", como a penhora, a alienação do bem penhorado e a satisfação do crédito exequendo. Assim, não há autotutela quando o credor recebe por ato voluntário do devedor o pagamento do que lhe é devido, mas quando a satisfação do seu interesse se realiza, independentemente de pagamento voluntário por ato do devedor e através do exercício de um *poder* do credor exercitado perante o inadimplente, cuja prática resulta na realização do conteúdo da relação obrigacional, que, para todos os efeitos será havido como adimplido[16];

O que revela a conjuntura atual é o reconhecimento definitivo de que o princípio do monopólio estatal da jurisdição se acha ostensivamente superado, como anota PICARDI: "a jurisdição não é mais função exclusiva do Estado; os órgãos a que são confiadas as funções jurisdicionais não são sempre órgãos do Estado"[17]. Ao contrário ressalta PUNZI - revela-se "plenamente justificada a profunda revisão operada pela doutrina contemporânea sobre o axioma da jurisdição como atribuição exclusiva da soberania e pela conclusão de que o monopólio estatal da jurisdição se acha ostensivamente em processo de desarticulação"[18].

Por outro lado, a quebra do monopólio estatal da jurisdição, que se tornou imperiosa para o combate das crises jurídicas de nosso tempo, levou ao rico mosaico atual de meios preparados para

---

16 BIANCA, Cesare Massimo di. Verbete Autotutela (dir. priv.), *in Enciclopedia del Diritto*. Milano: Giuffrè, v. IV (agg.).

17 PICARDI, Nicola. *La giurisdizione all'alba del terzo millenio*. Milano: Giuffrè, 2007, p. 181.

18 PUNZI, Carmine. Dalla crisi del monopolio statale della giurisdizione al superamento dell'alternativa contrattualità-giurisdizionalità dell'arbitrato. *In Rivista di Diritto Processuale*, Padova: CEDAM, anno LXIX, nº 1, p. 19, 2014.

o exercício da tutela dos direitos, em que se combinam meios extrajudiciais com a própria atuação jurisdicional do Poder Público; sem que disso resultasse a supressão da garantia do acesso à tutela jurisdicional assegurada constitucionalmente, pois continua sempre presente, quando haja necessidade de coibir eventuais inadequações e abusos cometidos na utilização dos remédios de atuação dos direitos fora da jurisdição estatal. Mantem-se, de tal sorte, resguardado o princípio constitucional do acesso à justiça (CF, art. 5º, XXXV).

II. Poderes de autotutela: conferidos por lei ou por convenção negocial

Nesse cenário, as notórias necessidades, no âmbito do mercado, de maior presteza na realização forçada dos créditos inadimplidos, têm levado à criação de mecanismos extrajudiciais capazes de dotar o credor de poderes mais eficientes do que aqueles exercitados através da tutela executiva estatal. Esses poderes vêm sendo paulatinamente outorgados pela lei, a determinados credores, como se passa, historicamente, com o penhor, com a caução de títulos de crédito, e com a alienação fiduciária em garantia, primeiro das coisas móveis, e, atualmente, também dos bens imóveis. A própria execução hipotecária, já há muito tempo foi confiada ao próprio financiador da aquisição da casa própria, dentro do Sistema Financeiro da Habitação (SFH).

O movimento do direito rumo àquilo que a doutrina contemporânea denominou de *autotutela executiva*, vai, no entanto, muito além das figuras de satisfação obrigacional fora do processo judicial que o legislador casuisticamente tem disciplinado. O tema passou, faz tempo, a ser abordado, de maneira larga, entre os relacionados com a liberdade contratual, ou mais precisamente, com a autonomia privada exercitada por meio dos negócios jurídicos, a qual tem sido acatada também pelo direito processual contemporâneo (cf., *v.g.*, o art. 190 do CPC/2015).

A amplitude com que nosso atual Direito Processual Civil acolhe a autonomia privada no campo da composição dos conflitos – especialmente no que toca à adequação dos procedimentos legais às peculiaridades das relações jurídicas materiais e à negocialidade dos direitos, deveres e ônus processuais – tem permitido ao doutrinador e ao legislador, em nosso País e na Europa, conceber remédios de origem consensual aplicáveis não só ao processo de conhecimento, mas também à execução forçada. Ou seja, a exemplo do que se verifica na Comunidade Europeia, já se reconhece entre nós que é chegado o tempo de usar o negócio jurídico processual (CPC, art. 190) para melhorar, quanto possível, os resultados da execução das obrigações patrimoniais inadimplidas.

A ideia vitoriosa é a de que as próprias partes, em sua vida negocial, podem prever e autorizar, em muitos casos, medidas satisfativas utilizáveis sem a interferência do aparelhamento judiciário e que se revelem aptas a enfrentar o inadimplemento e a proporcionar, por obra do próprio credor, a satisfação da obrigação de natureza econômica, legitimada por convenção ajustada nos limites da autonomia privada.

Até recentemente, a doutrina só cogitava da autotutela executiva para lembrar seus aspectos ilícitos que levavam à incriminação da justiça pelas próprias mãos do titular do direito violado ameaçado. Com a moderna e ampla admissão do negócio jurídico processual, não há mais razão para fechar os olhos à óbvia utilidade da convenção autorizadora de medidas autossatisfativas por meio de cláusulas livre e legitimamente ajustadas entre devedor e credor, mormente quando se trate de executar garantias e cauções ou prestações patrimoniais realizáveis independentemente da cooperação pessoal do obrigado.

É bom ver que, nesses moldes, a autotutela satisfativa não implica negação da tutela jurisdicional estatal - mesmo porque a parte eventualmente prejudicada por abuso ou excesso da contraparte não restará impedida de acesso à Justiça - mas, no dizer de abalizada doutrina, de categórica *"reafirmação da autonomia privada",* respaldada pela "fórmula hoje já aceita da *justiça multiportas*"[19].

Enfim, admitir a tutela dos direitos fora da justiça estatal significa apenas "conferir um poder, útil à comunidade e ao sistema jurídico, sem eliminar os meios de reparar os eventuais abusos", na lição de LEPORE, que ainda acrescenta: por essa razão, o sistema estatal de tutela jurisdicional continuará "sempre presente, com um papel fundamental, de garantia"[20]. Além do mais, deve-se levar em conta que muitos são os passos dados pelo próprio sistema normativo atual nessa direção, "o qual tem introduzido múltiplas modalidades de autotutela satisfativa", podendo-se afirmar que "a abertura às formas de autotutela convencional executiva, na Itália e na Europa, é evidente"[21].

19 YARSHELL, Flávio Luiz; RODRIGUES, Viviane Siqueira. Desjudicialização da execução civil: uma solução útil e factível entre nós? *In*: MEDEIROS NETO, Elias Marques; RIBEIRO, Flávia Pereira (coords.). *Reflexões sobre a desjudicialização da execução civil.* Curitiba: Juruá Editora, 2020, pp. 368-369:"Tal ideia encontra respaldo, tanto mais agora, no disposto no art. 190 do CPC que, ao abrir caminho paraos negócios jurídicos processuais atípicos, pode ser fundamento para que se eleja um agente privado para a efetivação de atividades de execução, sob controle jurisdicional".

20 LEPORE, Andrea. *Autotutela e autonomia negoziale.* Napoli: Edizioni Scientifiche Italiane, 2019, pp. 40e 48.

21 LEPORE, Andrea. *Op. cit.,* pp. 21, 187 e 144. Cf., também, BONGIORNO, Girolamo. Profili sistematicee prospettiva dell' esecuzione forzata in autotutela. *Rivista Trimestrale di Diritto e Procedura Civile,* Milano: Giuffrè, anno XLII, nº 2, p. 451, 1988; BIANCA, Cesare Massimo di. Verbete Autotutela (dir. priv.). *In: Enciclopedia del Diritto.* Milano: Giuffrè, 2000, v. IV; ZOPPINI, Andrea. L'effettività *in-vece* del proces-

Em conclusão: no direito positivo são inúmeros os casos em que o credor é autorizado a realizar extrajudicialmente a garantia contratada, quando se verifica o inadimplemento da obrigação. A par disso, embora haja alguma resistência da jurisprudência, o certo é que "o art. 190 do CPC, ao criar uma cláusula geral de negociação processual atípica, pode servir como fundamento para a construção de uma execução extrajudicial convencional. O tema, por isso, ganha novo impulso"[22].

4. O aumento do prestígio da autotutela executiva na atualidade

A autotutela executiva foi a regra na antiguidade mais remota dos povos romanos e germânicos e se manteve como regra até que se construiu, na cultura ocidental europeia a noção de monopólio da jurisdição estatal, nele incluindo tanto a atividade de certificação como de satisfação de direitos em conflito. Da justiça pelas próprias mãos remanesceram apenas figuras raríssimas e excepcionais como o desforço imediato em defesa da posse e a legítima

so. *Rivista di Diritto Processuale*, Padova: CEDAN, anno LXXIV, nº 3, pp. 679-680, 2019; LUMINOSO, Angelo. Patto comissorio, patto marciano e nuovi strumenti di autotutela executiva. *Rivista di Diritto Civile*, Padova: CEDAN, anno LXIII, nº 1, p. 20, 2017; D'AMICO, Giovanni; PAGLIANTINI, Stefano; PIRAINO, Fabrizio; RUMI, Tiziana. *I nuovi marciani*. Torino: G. Giappichelli Editore, 2017, p. 1, 2 e 4; GABRIELLI, Enrico. Pegno "non possessorio" e teoria dele garanzie mobiliari. *Rivista del Dirit-toCommerciale e del Diritto Generale delle obbligazioni*, Padova: Piccin, anno CXV, parte *seconda*, pp. 241-265, 2017.

22 DIDIER JR., Fredie; CUNHA, Leonardo Carneiro da; BRAGA, Paula Sarno; OLIVEIRA, Rafael Alexandria de. *Curso de Direito Processual Civil*. 7ª ed. Salvador: JusPodivm, 2017, v. 5, p. 49. Cf., também, LAMEGO, Nelson Luiz Machado. Recuperação de crédito: evitando a excussão judicial de garantias. *Revista dos Tribunais*, São Paulo, v. 891, pp. 9-28, jan. 2010; DIDIER JR., Fredie; CABRAL, Antonio do Passo. Negócios jurídicos processuais atípicos e execução. *Revista de Processo*, São Paulo, v. 275, pp. 193-228, jan. 2018

defesa em reação contra ataques danosos à pessoa ou aos seus bens patrimoniais[23].

Pode-se afirmar, nessa visão da história recente do Direito, que a autotutela vinha sendo tratada como medida rejeitada na evolução da cultura de raízes europeias, e, por isso, relegada a segundo plano pela doutrina[24]. No entanto, na atualidade passou a ganhar novos contornos como importante mecanismo de tutela dos direitos, especialmente quando encarado o relevante papel da autonomia negocial no campo que hoje se amplia para a solução extrajudicial dos conflitos jurídicos. O cenário contemporâneo é outro, muito diferente daquele construído no passado em que simplesmente se negava aos particulares, condições de defenderem por si mesmos os próprios direitos. A satisfação dos direitos inadimplidos pode muito bem ser encontrada por meio de remédios concebidos negocialmente e operados fora do processo judicial, sem que nenhuma desumanidade ou prepotência se configure.

Descobriu a ordem jurídica uma zona cinzenta entre o inadimplemento e a execução forçada na qual se depara com espaço propício ao exercício dos poderes negociais. Por meio, então, desses poderes é evidente que "devedor e credor podem acordar em torno de limitar ou excluir a operatividade das normas de execução coativa, regulando com modalidade alternativa a fase de satisfação do interesse creditório", como adverte FOLLIERI, em lição de grande atualidade. Ou seja: "o tema – que por longo

---

23 BIANCA, Cesare Massimo di. *Op. cit., loc. cit.*

24 A autotutela é vista como "solução vedada, como regra, nos ordenamentos jurídicos civilizados. É conduta tipificada como crime: exercício arbitrário das próprias razões (se for um particular) e exercício arbitrário ou abuso do poder (se for o Estado). Como mecanismo de solução de conflitos, entretanto, aindavige em alguns pontos de ordenamento. Como hipótese excepcional, diz Niceto Alcalá- Zamora y Castillo,a autodefesa é um conceito negativo ou por exclusão" (DIDIER Jr., Fredie. *Curso de direito processual civil.* 18ª ed. Salvador: JusPodivm, 2016, v. I, p. 166).

tempo permaneceu negligenciado na literatura jurídica privatística – merece hoje nova atenção e propõe novas perspectivas de interesse, em face mesmo das luzes das recentíssimas linhas evolutivas do sistema normativo"[25].

É cada vez maior a consagração de que na atual visão do ordenamento jurídico prestigiadora da autonomia negocial dos titulares dos direitos individuais, é indiscutível o reconhecimento, dentro dessa manifestação de liberdade, da presença do poder também dos particulares de criar, em concurso com outras fontes, regras objetivas de conduta ou, se se preferir, *regras (normas) jurídicas*[26]. E se inexiste no direito positivo vigente a norma de inderrogabilidade da expropriação forçada jurisdicional, "a autonomia privada é livre para convencionar regras mais convenientes" às suas relações obrigacionais. Portanto, ressalva BONGIORNO, "uma tutela direta do próprio interesse pelas vias extrajudiciais é configurável, a par da específica previsão legislativa, quando uma norma não a vete, e na verdade a consinta implicitamente"[27].

---

25 FOLLIERI, Luigi. *Esecuzione forzata e autonomia privata.* Torino: G. Giappichelli, 2016, p. 4. Para LEPORE, a propósito da adoção da executividade negocial no direito contemporâneo, seja por via doutrinaria, jurisprudencial ou legislativa, "sono evidenti, infatti, i passi compiuti in questa direzione dal sistema normativo, il quale há introdotto molteplici fattispecie di autotutela convenzionale executiva"; afinal, conclui: "l'apertura a forme di autotutela convenzionale executiva, in Italia e in Europa, é evidente" (LEPORE, Andrea. *Autotutela e autonomia negoziale.* Napoli: Edizione Scientifiche italiane, 2019, pp. 21, 187 e 144).

26 CRISCUOLO, Fabrizio. *Autonomia negoziale e autonomia contrattuale.* Napoli: Edizione Scientifiche Italiane, 2008, p. 3.

27 BONGIORNO, Girolano. Profili sistematici e prospettiva dell'esecuzione forzata in autotutela. *Rivista Trimestrale di Diritto e Procedura Civile.* Milano: Giuffrè, anno XLII, nº 2, p. 481, 1988. Cf. também LEPORE, Andrea (*Autotutela e autonomia negoziale cit.,* p. 45): "L'autotutela, anche non espressamente prevista dalla legge (dunque, atipica), va ammessa se conforme ai principi, se è funzionale ad attuarli nel caso concreto. Non è peregrino ritenere che diverse possono essere le forme entro le quali si può realizzare: con accordi tipici, atipici o con negozi indiretti".

5. Formas de convencionar a autotutela

Ao lado das formas atípicas criadas convencionalmente em cláusulas contratuais pelas próprias partes, a autotutela já se faz presente, em forma típica adotada pelo legislador italiano na regulamentação de diversos negócios jurídicos, como, *v.g*, no Texto Único das Leis em Matéria Bancária (T.U.B.); no Decreto legislativo nº 72/2016, no âmbito do crédito imobiliário; e pelo decreto legislativo nº 59/2016, convertido depois na Lei nº 119/2016, no âmbito do crédito para empresas.

Nessas hipóteses, a lei deu cobertura ao *pacto marciano,* afastando qualquer objeção que se pretendesse fazer com invocação do veto legal ao *pacto comissório,* e, dessa forma, autorizou o banco financiador, em caso de inadimplemento do mutuário, a adquirir o imóvel dado em garantia da operação creditícia, promovendo assim a satisfação coativa de seu crédito, com a obrigação de repassar ao mutuário eventual valor excedente do bem em relação ao montante do crédito satisfeito.

É bom lembrar que o *pacto comissório* – autorização ao credor para se apropriar do bem dado em garantia real do seu crédito – era medida lícita no período clássico do direito romano e que se prestava a substituir o *ius vendendi* do credor. Foi uma constituição do imperador Constantino, emanada por volta do ano 324 d.c. que vetou esse tipo de convenção, veto esse mantido pelo direito codificado por Justiniano, no século VI da Era Cristã. Nesse meio tempo, entretanto, o jurista Elio Marciano, que viveu entre o segundo e terceiro século d.c,, já havia efetuado um corretivo da *Lex comissoria,* para suprimir o excesso inconveniente de seu texto original, com o qual se passou a prever o direito do devedor de recuperar do credor o eventual excesso entre o crédito e o valor maior do bem dado em garantia[28]; e assim teria sido afastada a censura imposta ao instituto, situada justamente na usura e no locupletamento injusto que se ocultava no pacto comissório original.

A partir, portanto, da ressalva histórica efetuada pelo pacto marciano aos excessos do primitivo pacto comissório, o moderno direito italiano soube incorporar a autotutela executiva, hoje amplamente acolhida pelo legislador, pela doutrina e pela jurisprudência que não veem incompatibilidade alguma entre essa modalidade satisfativa e a garantia constitucional de acesso à justiça. É apenas a centralização da tutela, em caráter monopolista, nas mãos do Estado, que não mais se justifica. Não se nega que o art. 24 da Constituição assegura que "todos podem agir em juízo pela tutela dos próprios direitos e interesses legítimos"; e nesse sentido as formas de autotutela (legais ou convencionais, típicas ou atípicas que sejam) "não derrogam de maneira alguma tal princípio, mas apenas admitem alternativas, as quais quando se mostrarem, na prática, operadas de maneira inadequada, poderão ser impugnadas pela parte lesada perante a autoridade judiciária competente, em pleno respeito ao comando constitucional"[29];

Na verdade, a admissão da tutela dos direitos também fora da justiça estatal "significa conferir um poder, útil à comunidade e ao sistema jurídico, sem eliminar os meios de reparar os eventuais abusos", já que, na lição de LEPORE, o sistema estatal de tutela ju-

28 LUMINOSO, Angelo. Patto comissorio, patto marciano e nuovi strumenti di autotutela executiva. *Rivistadi Diritto Civile,* Padova: CEDAM, anno LXIII, nº 1, pp. 10-32, 2017. Cf. THEODORO JÚNIOR, Humberto; ANDRADE, Érico. Novas perspectivas para a atuação da tutela executiva no direito brasileiro:Autotutela executiva e "desjudicialização" da execução. *Revista de Processo,* São Paulo, v. 315, pp. 109 a 158, mai. 2021.

29 LEPORE, Andrea. *Autotutela e autonomia negoziale, cit.,* pp. 38-39

risdicional continuará sempre ao alcance do interessado, em seu papel fundamental de garantia[30].

Em suma, pode-se reconhecer que na atualidade italiana, o acolhimento do pacto marciano se apresenta como importante forma de autotutela executiva, apta a afastar a pesada tutela judicial/processual executiva, longa e recheada de dificuldades, simplificando e acelerando a tutela efetiva do crédito, de modo até mesmo a permitir maior acesso geral ao crédito, na medida em que fornece ao mercado garantia real e flexível mais eficiente e menos onerosa[31].

6. Autotutela executiva no direito positivo brasileiro

Fácil é divisar no direito brasileiro a possibilidade de convencionar tanto medidas típicas como atípicas de autotutela executiva, ou seja, medidas executivas promovidas diretamente pelo credor insatisfeito, de forma extrajudicial. Contribuem para isso, tanto a postura doutrinária favorável à superação do veto clássico ao pacto comissório, como a largueza com que o legislador vem criando no direito positivo casos típicos de autotutela executiva, apoiados na sistemática do pacto marciano, tal como vem também ocorrendo no direito italiano[32].

---

30 LEPORE, Andrea. *Op. cit.*, pp. 40 e 48.

31 ZOPPINI, Andrea. L'effettività *in-vece* del processo. *Rivista di Diritto Processuale*, Padova, anno LXXIV, nº 3, p. 680, 2019. Cf. também D'AMICO, Giovanni; PAGLIANTINI, Stefano; PIRAINO, Fabrizio; RUMI, Tiziana. *I nuovi marciani*. Torino: G. Giappichelli, 2017, pp. 8-9.

32 "A desjudicialização de atividades antes restritas ao monopólio do Poder Judiciário não é novidade no panorama atual" (CASTRO, Daniel Penteado de. Atividades extrajudiciais antes delegadas ao Poder Judiciário: breves comentários em confronto as iniciativas de desjudicialização da execução civil. *In:* MEDEIROS NETO, Elias Marques de; RIBEIRO, Flávia Pereira (coords.). *Reflexões sobre a desjudicialização da execução civil*. Curitiba: Juruá Editora, 2020, p. 110).

Com efeito, os vícios do pacto comissório, singelamente repudiado pelo art. 1.428 do Código Civil, por razões ligadas ao risco de usura e abuso da fraqueza do devedor diante das exigências do credor, não foram empecilho a que, desde o velho Código Comercial até o vigente Código Civil, se reconhecesse validade à cláusula negocial que, no caso do penhor (mercantil ou civil), autorizasse a venda extrajudicial, pelo credor, do bem dado em garantia real do mútuo, para realização imediata da obrigação inadimplida (Cód. Com., arts. 275 e 279; Cód. Civil, art. 1.433).

A par disso, o legislador, premido pelas necessidades do mercado, tanto mobiliário como imobiliário, passou a criar, fora do Código, múltiplos mecanismos de garantia real, todos permissivos da autotutela executiva, ou seja, da realização compulsória da garantia por obra do próprio credor, sem depender da intervenção da justiça estatal[33].

Dois casos dessa natureza são emblemáticos: *(i)* o do Dec. Lei nº 70/1966, que, nos financiamentos do SFH, autoriza a venda do imóvel hipotecado, por iniciativa do agente financeiro, em leilão extrajudicial, se o débito não for resgatado no devido tempo; e *(ii)* o Dec. Lei nº 911/1969, com as alterações da Lei nº 13.043/2014, que prevê também, a venda extrajudicial, pelo credor, do bem móvel gravado de alienação fiduciária em garantia, alienação que nem mesmo necessita de leilão para consumar-se.

Importa destacar que essas duas modalidades legais de autotutela executiva já foram solenemente havidas como não contami-

33 "O Decreto-Lei 70/1966, ao tratar, dentre outras providências, da cédula hipotecária, também serviu como grande estímulo ao financiamento da casa própria por meio do Governo Federal, o chamado sistemafinanceiro de habitação. Em contrapartida, foi necessária a previsão de mecanismo mais célere para, ocorrendo o inadimplemento, permitisse ao credor imobiliário executar extrajudicialmente a garantia prestada para pagamento da dívida por meio de hipoteca" (CASTRO, Daniel Penteado de. *Op. cit.*, p. 110

nadas de inconstitucionalidade, pelo Supremo Tribunal Federal, a saber: *(i)* a venda extrajudicial do Dec. Lei nº 911/69 e sucessivas alterações, através de tese fixada no julgamento do RE 382.928/MG (ac. 22.09.2020, Pleno, *DJe* 13.10.2020); e *(ii)* o procedimento de execução hipotecária extrajudicial do Dec. Lei nº 70/66, através de tese fixada no julgamento do RE 627.106/SP e do RE 556.520/SP (ac. 08.04.2021, *DJe* 14.06.2021)[34].

Além desses exemplos legislativos de autotutela executiva, há ainda outros igualmente significativos como: *(i)* o do penhor de direitos e títulos de crédito (Cód. Civil, arts. 1.459, IV, e, 1.455, parágrafo único); *(ii)* o da alienação fiduciária em garantia de bem imóvel (Lei 9.514/1997, arts. 24, VI, e, 26, §§ 3º, 3º-A, 3º-B, e 4º); o do compromisso de compra e venda a prestações de terrenos loteados (Lei nº 6.766/1979, arts. 26 e 32); e *(iii)* o de aquisição de unidades de edifícios sob regime de incorporação (Lei nº 4.591/1964, art. 63, § 1º); todos ensejadores de satisfação dos direitos e interesses do credor pelas vias extrajudiciais.

Mais recentemente, a Lei nº 14.382/2022 alterou a Lei nº 6.015/1973, acrescentando-lhe o art. 216-B, para permitir, nas promessas de compra e venda de bens imóveis e nas cessões de direito, que a adjudicação compulsória em favor do adquirente seja efetivada extrajudicialmente perante o Oficial do Registro de Imóveis, por iniciativa do promissário comprador, independentemente de assentimento do alienante, desde que inexista litígio

34 Igual entendimento prevalece no STJ: "(...) 3. A constitucionalidade da execução extrajudicial de cédulahipotecária pressupõe a possibilidade de controle judicial de sua tramitação nos moldes legais, de sorte que,quanto mais ampla for a garantia de defesa dos direitos do devedor, maior será a efetividade da norma constitucional precursora do devido processo legal e da ampla defesa" (STJ, 3ª T., REsp 1.302.777/SP, Rel.Min. Nancy Andrighi, ac. 13.08.2013, *DJe* 27.08.2013).

pendente sobre o contrato. É mais um exemplo de autotutela executiva expressamente consagrada pelo direito positivo brasileiro.

Diante desse amplo panorama legislativo, a velha repulsa ao pacto comissório esmoreceu e a mais atualizada doutrina está acorde em que:

> "... as diferenças entre o pacto comissório e o pacto marciano são marcantes. As razões que justificam a nulidade do primeiro – a desnaturação da função desempenhada pela garantia e a proteção do devedor vulnerável diante de acordo potencialmente lesivo aos seus interesses – não se aplicam ao segundo. Afinal, sendo a coisa transmitida pelo seu valor justo e tendo o credor o dever de entregar ao garantidor a eventual diferença entre esse valor e o do crédito, o resultado alcançado por meio do ajuste em caso de inadimplemento do devedor é rigorosamente equivalente ao que o credor teria obtido por meio do adimplemento"[35].

Aliás, é bom lembrar mais uma vez que até dentro do procedimento executivo judicial as formas preferenciais de expropriação são a adjudicação, em favor do exequente, do bem penhorado pelo

35 TEPEDINO, Gustavo; MONTEIRO FILHO, Carlos Edison do Rêgo; RENTERIA, Pablo. *Fundamentosdo direito civil.* Rio de Janeiro: Forense, 2020, v. 5, p. 424. O pacto comissório proibido pelo art. 1.428 doCódigo Civil não é a convenção que permite ao credor vender extrajudicialmente a garantia real, mas sim "a cláusula que autoriza o credor pignoratício, anticrético ou hipotecário a ficar com o objeto da garantia, se a dívida não for paga no vencimento". O pacto marciano que, nas relações paritárias, não afronta o art. 1.428 do Código Civil, é a "cláusula contratual que autoriza que o credor se torne proprietário da coisa objeto da garantia mediante aferição de seu justo valor e restituição do supérfluo (valor do bem em garantiaque excede o da dívida" (Cf. Enunciado nº 626 – VIII Jornadas CEJ, 2018; MELO, Marco Aurélio Bezerrade. *Direito Civil – Coisas.* 3ª ed. Rio de Janeiro: Forense, 2019, pp. 430-431). É, pois, algo assemelhado à adjudicação do bem penhorado prevista no art. 876 do CPC, que se pratica pelo justo valor do bem adjudicado e com respeito ao direito do devedor àquilo que exceder ao crédito do adjudicatário.

preço mínimo da avaliação (CPC, art. 876) e a sua venda por iniciativa do próprio credor (art. 880), tudo, portanto, fora da tradicional venda judicial em hasta pública (art. 881).

De outra parte - destacam TEPEDINO, MONTEIRO FILHO e RENTERIA - "a utilidade social do pacto marciano vem sendo reconhecida de toda parte, inclusive em outros ordenamentos jurídicos, haja vista consubstanciar expediente destinado a proporcionar às partes meio eficiente de execução da garantia - poupando-os da morosidade e dos custos usualmente associados à venda do bem - sem, no entanto, sacrificar os interesses do devedor. Nesse sentido, na doutrina italiana, UGO CARNEVALI destaca que o pacto marciano se mostra 'não apenas admissível como também *vantajoso para o devedor*, na medida em que o valor alcançado por meio da expropriação e da alienação coativa se mostra, via de regra, inferior ao efetivo valor do bem'"[36].

7. Dado histórico relevante

Como objeto de negócio jurídico, o direito positivo brasileiro, historicamente, primeiro acolheu a autotutela executiva no âmbito do direito privado material. E o fez ao disciplinar as garantias reais do penhor e da anticrese, dando permissão a que se pudesse convencionar a realização forçada de tais garantias, sem depender do procedimento judicial (Cód. Comercial de 1850, art. 275 e Códigos Civis de 1916 e 2002, art. 802, IV e art. 1.433, IV,

36 TEPEDINO, Gustavo; MONTEIRO FILHO, Carlos Edison do Rêgo; RENTERIA, Pablo. *Op. cit.*, pp. 424-425. No mesmo sentido é a lição de CAIO MÁRIO DA SILVA PEREIRA atualizada por Carlos Edisondo Rêgo Monteiro Filho: "Nada impede, todavia, que se reconheça a validade do acordo pelo qual o credor se apropria do bem dado em garantia mediante a devolução do montante que sobejar a quantia devida (...). Denomina-se tal expediente como pacto marciano" (*Instituições de direito civil: Direitos reais.* 26ª ed. Riode Janeiro: Forense, 2018, v. IV, nº 348, p. 291).

respectivamente). Depois, a legislação processual incorporou ao procedimento da execução judicial, em caráter preferencial, a adjudicação e a venda particular dos bens penhorados, por iniciativa do próprio credor (Lei de Execução Fiscal de 1980, art. 24, I e os Códigos de Processo Civil de 1973, e 2015, art. 685-A e art. 876, *caput,* respectivamente).

Assim, a doutrina, tanto substancial como processual, pôde assimilar a legitimidade do pacto marciano em nosso direito. A evidência desse posicionamento é revelada pelos enunciados aprovados por meio de recentes Jornadas promovidas pelo Conselho de Estudos Judiciários da Justiça Federal, tanto a respeito do Código Civil como do Código de Processo Civil, quais sejam:

a) "Não afronta o art. 1.428 do Código Civil, em relações paritárias, o pacto marciano, cláusula contratual que autoriza que o credor se torne proprietário da coisa objeto da garantia, mediante aferição de seu justo valor e restituição do supérfluo (valor do bem em garantia, que excede o da dívida)" (Enunciado nº 626- VIII Jornadas de Direito Civil-

CEJ/2018); e

b) "A autorização para que o credor aliene extrajudicialmente o objeto dado em garantia de seu crédito deve constar do respectivo contrato que também determinará: *(i)* o preço mínimo para alienação, ou a necessidade de avaliação prévia do bem, a ser feita em conjunto pelas partes ou avaliador por eles escolhido; e, *(ii)* a restituição ao devedor do excesso obtido com a venda, após quitação integral do débito, sempre assegurado aos contratantes o direito de questionamento em juízo" (Enunciado aprovado nas III Jornadas de Direito Processual Civil- CEJ/agosto-2021)

8. Negócio jurídico processual e autotutela executiva

Quando se pensa em autotutela executiva, sob inspiração de lei ou de cláusula contratual, vem à baila a forte tendência presente no direito positivo atual de valorização da *autonomia privada* (ou, mais propriamente, da *autonomia negocial),* seja no plano do direito substancial, seja do direito processual.

Significativa, em direito material, é a proclamação de princípios contida na Lei nº 13.874/2019, rotulada de "Declaração de Direitos de Liberdade Econômica" e que levou à inclusão do parágrafo único no art. 421 do Código Civil, com o claro objetivo de assentar a superioridade da autonomia negocial e a prevalência do princípio da intervenção mínima do Estado nas relações contratuais privadas, autonomia essa praticável, inclusive, no estabelecimento de parâmetros objetivos para a interpretação de cláusulas negociais e de seus pressupostos de revisão ou de resolução, deixando claro que a revisão contratual pelas vias judiciais somente poderá ocorrer de maneira excepcional e limitada (art. 421, parágrafo único do Cód. Civil, acrescido pela Lei nº 13.874/2019; e art. 421-A, I, II e III, também acrescido pela mesma Lei).

Na mesma política de prestigiar, sempre que possível, a autonomia privada, quando em jogo direitos econômicos disponíveis, o CPC/2015, previu a licitude da negociação entre as partes capazes para estipular mudanças no procedimento para ajustá-lo às especificidades da causa e convencionar sobre os seus ônus, poderes, faculdades e deveres processuais, antes ou durante o processo (art. 190, *caput*)[37].

37 "No direito brasileiro, considerando a atual disposição inserida no art. 190 do CPC/15, no sentido de admitir ampla gama de negócios jurídicos processuais atípicos, além de vários negócios típicos, inclusive no processo de execução, vislumbra-se a possibilidade não só de negócios envolvendo os procedimentos no âmbito

Da defesa que a lei material e processual faz da autonomia negocial, dando-lhe dimensão de princípio atuante inclusive na esfera das técnicas processuais de tutela jurídica, parece a boa parte da doutrina que a negocialidade assume dimensões gerais de modo a compreender tanto as atividades de natureza cognitiva como as executivas.

Assim, nem sequer se exige cogitar de delegação de jurisdição para justificar certas formas de desjudicalização da execução, como as que se procedem através da autotutela convencional. O fundamento legitimante desse expediente que busca afastar a judicialidade da execução, com efeito, "não passa pela reafirmação da função jurisdicional estatal mas, pelo contrário, pela *reafirmação da autonomia privada* e pela fórmula hoje já aceita da justiça multiportas" (g.n.)[38].

Dessa forma, para YARSHELL e RODRIGUES, "assumindo-se que a autonomia da vontade, como força propulsora dos negócios jurídicos processuais, pode ser exercida quanto aos poderes de execução, sem que se levantem barreiras constitucionais a isso, a

da execução judicial, inclusive na linha de realização de atos executivos fora da justiça, mas também a possibilidade de se realizar a perspectiva negocial de execução extrajudicial, de modo que tal perspectiva não deixa de apresentar vários pontos de contato com a autotutela executiva de cunho negocial,que, por isso, pode encontrar também ponto de apoio nos negócios processuais" (THEODORO JÚNIOR, Humberto; ANDRADE, Érico. *Op. cit.*, p. 129; cf. também DIDIER JÚNIOR, Fredie; CABRAL, Antôniodo Passo. Negócios jurídicos processuais atípicos e execução. *Revista de Processo,* São Paulo, v. 275, pp. 193-228, jan. 2018; YARSHELL, Flávio Luiz; RODRIGUES, Viviane Siqueira. Desjudicialização da execução civil: uma solução útil e factível entre nós? *In:* MEDEIROS NETO, Elias Marques: RIBEIRO, Flávia Pereira (coords.). *Reflexão sobre a desjudicialização da execução civil.* Curitiba: Juruá Editora, 2020, pp. 368-369).

38 YARSHELL, Flávio Luiz; RODRIGUES, Viviane Siqueira. Desjudicialização da execução civil: uma solução útil e factível entre nós? *In:* MEDEIROS NETO, Elias Marques; RIBEIRO, Flávia Pereira (coords.). *Reflexões sobre a desjudicalização da execução civil.* Curitiba: Juruá Editora, 2020, p. 368

via da execução extrajudicial se afigura factível entre nós e pode se tornar uma desejável solução dentro de uma fórmula de justiça multiportas, a partir da qual são oferecidas alternativas de acesso à justiça, adequadas a cada tipo de conflito"[39].

Nessa mesma linha, entende DIDIER JÚNIOR que é certo que "a criação de procedimentos especiais executivos por *convenção* das partes é totalmente admissível". Tanto a criação de um procedimento especial convencional, quanto a previsão de técnicas executivas especiais embutidas no procedimento comum executivo são possíveis. E mesmo, fora do procedimento jurisdicional, é possível criar meio executivo convencional[40].

Por isso, é de acolher-se, por exemplo, como legítima a convenção instituidora de autotutela executiva para certo crédito, adotando-se, por meio de negócio jurídico processual, o procedimento previsto no Dec. Lei nº 911/1969, ou na Lei nº 9.514/1997[41], relativo à alienação fiduciária em garantia de móveis ou imóveis, respectivamente.

Em resumo, o direito positivo brasileiro proíbe, nos contratos garantidos por penhor, hipoteca e anticrese, a convenção do *pacto comissório* (Cód. Civil, art. 1.428, *caput*), que consiste na simples autorização para o credor apropriar-se da garantia no caso de inadimplemento da obrigação. Não proíbe, porém, o *pacto marciano,* que consiste na cláusula autorizadora da aquisição, pelo credor, do objeto da garantia pelo seu justo valor e com a necessária

---

39 YARSHELL, Flávio Luiz; RODRIGUES, Viviane Siqueira. *Op. cit.*, p. 371..

40 DIDIER JÚNIOR, Friedie. *Ensaio sobre os negócios jurídicos processuais,* Salvador: Ed. JusPodivm, 2018, p., 87.

41 DI SPIRITO, Marco Paulo Denucci. O negócio processual: um novo capítulo no direito das garantias: oexemplo da propriedade fiduciária. *In:* EHRHARDT Júnior, Marcos; MAZZEI, Rodrigo (coords.). *Repercussões do novo CPC: direito civil.* Salvador: Ed. JusPodivm, 2017, pp., 691-752; DIDIER JÚNIOR,Fredie. *Op. cit., loc. cit.*

restituição ao devedor daquilo que exceder o débito inadimplido. A doutrina mais atualizada, como já vimos, também adota esse entendimento, aqui e na Europa (ver, item anterior).

O próprio Código Civil, que veda o *pacto comissório,* permite de forma expressa a *autotutela executiva* no art. 1.433, legitimando a cláusula que autoriza o credor pignoratício a vender extrajudicialmente o bem empenhado para satisfação de seu crédito (art. 1.433, IV), e ainda a apropriação dos frutos do referido bem enquanto mantido em seu poder (art. 1.433, V). Igual autorização é dada em relação aos frutos do imóvel objeto de anticrese (arts. 1.506, *caput,* e 1.507, *caput*). Também, no caso da alienação fiduciária em garantia, o Código permite ao credor, após o vencimento da dívida, vender extrajudicialmente o bem gravado e aplicar o preço no pagamento de seu crédito, entregando ao devedor o saldo, quando houver (art. 1.364).

Portanto, longe de proibir o pacto marciano e outros instrumentos de autotutela executiva, nosso Código Civil os aprova e disciplina em largas proporções, ensejando aos contratantes ajustá-los nos negócios jurídicos, segundo seus interesses e conveniências, e, assim, furtar-se da notória ineficiência da execução judicial.

Por último, é importante lembrar que, no processo judicial executivo, o próprio CPC, trata como preferencial o meio expropriatório dos bens penhorados consistente na sua adjudicação ao exequente, e, sucessivamente, na sua venda por iniciativa particular do credor; e, só por último, recorre à alienação judicial em leilão público, medida apenas tomada quando o credor não se interessa pela adjudicação ou pela venda por iniciativa particular (CPC, arts. 876, 880 e 881). Nosso direito codificado, material e processual, como se vê, acolhe com simpatia, e até estimula a expropriação executiva por obra ou iniciativa do próprio credor.

9. Duas novidades relevantes

Na Itália, legislação bancária *especial* recente (2016) introduziu no direito positivo a previsão, em contratos de mútuo bancário, ajustáveis com empresários e até nas operações de "crédito imobiliário aos consumidores", da "autotutela executiva" que nada mais é do que a convenção do "pacto marciano" (arts. 120-*quinquies* a 120- *noviesdecies*- TUB; e art. 48- *bis*- TUB). E no plano geral, fora das operações bancárias, o referido pacto tem sido acatado, além de ampla doutrina, pela jurisprudência da Corte de Cassação, independentemente de previsão no Código Civil[42].

Para escapar da vedação do pacto comissório (CC, art. 2.744), a nova lei italiana exige que ao credor seja imposta a obrigação de restituir ao devedor o eventual excesso do valor do bem alienado em relação ao montante do crédito[43].

No Brasil, merece registro o estabelecimento pelo Ministério da Economia de um Grupo de Estudos Temáticos- GET que concluiu a elaboração de um Anteprojeto de Lei para reforma de nossa legislação sobre garantias reais, no qual, entre outros, se propõem dispositivos novos para o Código Civil, no âmbito do pacto comis-

42 *Cass. 28 gennaio 2015, nº 1625; Cass. 9 maggio 2013, nº 10986; Cass. 21 gennaio 2005, nº 1273. Apud* LUMINOSO, Angelo. Patto Marciano e sottotipi. *Rivista di Diritto Civile*, anno MCCCXCVIII, nº 6, nota38, 2017. Registra D'Amico que na decisão da Corte de Cassação de 2015 (nº 1625) ficou assentado que no exemplo do *lease back* se encontra uma espécie de pacto marciano que afasta a vedação legal do pacto comissório, com escopo de garantia. O julgado é considerado interessante porque confirma os múltiplos e reiterados esforços para demonstrar a existência no ordenamento positivo de uma rede de disposições na qual a realização (coativa) dos direitos do credor é autorizada explicitamente pela via da *autotutela* (pacto marciano) (D'AMICO, Giovanni. La resistibile ascesa del patto marciano. *In:* D'AMIGO, Giovanni; PAGLIANTINI, Stefano; PIRAIANO, Fabrizio; RUMI, Tiziana (coords.). *I nuovi marciani*. Torino: G. Giappichelli Editore, 2017, pp. 1 e 2.

43 LUMINOSO, Angelo. Patto Marciano e sottotipi, *cit.*

sório e do pacto marciano. Eis o novo texto sugerido para o art. 1.428 e seus parágrafos:

> "Art. 1.428. É nula a cláusula que autoriza o credor a ficar com o objeto da garantia, se a dívida não for paga no vencimento.
>
> §1º Após o vencimento, poderá o devedor, com aquiescência do credor, dar o bem ou direito em pagamento da dívida, desde que não o faça em prejuízo dos demais credores.
>
> §2º É lícita a cláusula que autoriza o credor a ficar com o bem ou direito objeto da garantia, se a dívida não for paga no vencimento, desde que o valor da dívida seja igual ou superior ao valor do bem; ou, sendo inferior, que haja a restituição do excedente.
>
> §3º. O bem ou direito de que trata o parágrafo anterior será apropriado pelo credor pelo valor justo, apurado com pelo menos cento e oitenta dias de antecedência por profissional designado por acordo ou judicialmente.
>
> §4º. Aplicam-se, na hipótese do §2º deste artigo, as exceções previstas no §2º do artigo precedente". (NR)

Segundo o relatório do GET, entre os pilares da reforma proposta, figura a instituição de **Nova regra unificada para modalidades de excussão de garantias reais.** Assim, o Anteprojeto "determina regra geral para excussão de garantias reais, podendo o contrato estabelecer as modalidades de (a) execução judicial; (b) excussão extrajudicial perante o serviço de registro de bem (a exemplo da L. 9.514/97); **(c) venda direta pelo credor munido de mandato; ou (d) apropriação direta pelo credor, com a devolução do valor excedente (pacto marciano).** As hipóteses *c* e *d* não seriam aplicáveis aos imóveis classificados como *bem de família*".

10. Conclusões

As estatísticas levantadas pelo Conselho Nacional de Justiça (CNJ) retratam bem a falência da tutela judicial executiva que compromete profundamente a garantia de acesso pleno e efetivo à justiça, no ponto culminante da prestação jurisdicional que é o da execução ou satisfação do direito do credor descumprido pelo devedor.

Repensa-se, no meio jurídico e legislativo, nossa sistemática executiva, impulsionando reformas sintonizadas com as alternativas atuais postas em prática no direito europeu, no sentido de incrementar as vias de desjudicialização da execução civil. Com sucesso, esse movimento renovador implantou, ou está implantando, em toda a Europa, o sistema de agentes extrajudiciais de execução. Entre nós, já existem projetos legislativos em tramitação no Congresso Nacional com idêntico propósito. Tratando-se de importação de sistema estranho às tradições locais, não é de se esperar que a novidade venha logo a se concretizar, e muito menos que, implantada, logre resultados significativos na eliminação imediata e completa das mazelas atualmente vividas no terreno da execução forçada civil.

De nosso lado – conforme já expusemos em outro estudo –, "é possível apontar, no direito brasileiro atual, ampla valorização da autonomia negocial, inclusive para se admitir a realização direta do direito material pelo próprio credor, pela via da autotutela executiva"[44].

---

44 THEODORO JÚNIOR, Humberto; ANDRADE, Érico. Novas perspectivas para atuação da tutela executiva no direito brasileiro: autotutela executiva e "desjudicialização" da execução, *cit.*, p. 128 ".pode-se reiterar, aqui a provocação da doutrina italiana no sentido de que, na atualidade, se faz necessária reflexão sistematizada em torno dessas novas ferramentas chamadas de *autotutela executiva,* em que o próprio direito material, com base na *autonomia negocial* das partes, admite sua realização direta, fora do campo tradicional e tido como excepcional de autotutela (como é o caso, *v.g.,* do desforço possessório imediato, da legítima defesa da pos-

É de larga aceitação que "os meios executivos, em regra, admitem negociação pelos sujeitos processuais"[45], principalmente em face dos termos amplos com que o CPC de 2015 admite o negócio jurídico processual no seu art. 190. Nessa linha, que contempla explicitamente a possibilidade de reforçar o poder executivo jurisdicional com medidas atípicas de coerção e sub-rogação, é fácil compreender que tais medidas "existem justamente para as hipóteses em que os comandos tipificados falharam ou quando as partes pretendam uma configuração diversa mais adequada a elas"[46].

Por isso, vozes abalizadas se voltam para a promoção da autotutela executiva, praticável de plano, sem depender de qualquer reforma do direito positivo em vigor. Com efeito, cláusulas contratuais como o pacto marciano e outras convenções que permitem ao próprio credor superar o inadimplemento de seu crédito mediante apropriação da respectiva garantia e sua consequente alienação extrajudicial, são meios ágeis e econômicos de realização dos direitos creditórios, muito mais eficientes que qualquer outro só praticável pelas vias da justiça estatal[47].

se, do estado de necessidade/legítima defesa, da apropriação dos frutos da coisa empenhada, da homologação extrajudicial do penhor legal), diante do surgimento de importantes novos casos de autotutela executiva, mediante a previsão de formas contratuais de realização direta do direito pelo credor, em caso de inadimplemento do devedor, especialmente na execução extrajudicial de garantias instituídas no próprio negócio jurídico".

45 MINAMI, Marcos Youji. Prescrição e coerção na execução e uma breve conversa com J.J. Calmon de Passos. *Revista de Processo*, São Paulo, v. 319, p. 201, set. 2021.

46 MINAMI, Marcos Youji. *Op. cit.*, p. 202.

47 "Na esteira do direito italiano, a autotutela executiva no direito brasileiro, pode permitir, no caso de inadimplemento do devedor, satisfação mais rápida, efetiva e barata do crédito e pode incentivar até mesmomaior acesso ao crédito ou ao financiamento" (THEODORO JÚNIOR, Humberto; ANDRADE, Érico. Novas perspectivas, *cit.* p 129; cf., também, LAMEGO, Nelson Luiz Machado. Recuperação de crédito: evitando a excussão judicial de garantias. *Revista dos Tribunais*, São Paulo, v. 891, pp. 9-28, jan. 2010)

A propósito, merece registro que a efervescência das discussões e debates sobre os contornos atuais da vedação do pacto comissório e seu corretivo, o pacto marciano, vividos, por exemplo, nos direitos italiano e francês neste século XXI, começa a reverberar no direito brasileiro quando, por exemplo, o Governo Federal, por meio da Secretaria de Acompanhamento Econômico - SEAE do Ministério da Economia, constituiu, em 2021, grupo de estudos temático para propor ampla reforma do regime de garantias de crédito no país, e que veio a elaborar "Anteprojeto de Lei de Reforma das Garantias Reais"[48], submetido a consulta pública no período de 09.08.2021 a 09.09.2021, conforme Consulta Pública SEAE nº 03/2021, na qual se apresenta a íntegra do Anteprojeto[49].

Relevante é o prestígio dispensado à tese em questão pelos Enunciados do Conselho de Estudos Judiciários da Justiça Federal-CEJ, tanto no âmbito do direito material quanto no processual (VIII Jornadas de Direito Civil/2018 e III Jornadas de Direito Processual Civil/2021). Caminha no mesmo sentido o recente Anteprojeto de Lei para reforma de nossa legislação sobre garantias reais, elaborado sob os auspícios do Ministério da Economia[50], sob inspiração

48 A doutrina, como, por exemplo, MILAGRES, Marcelo. *Manual de direito das coisas.* 3ª ed. Belo Horizonte: Editora D'Plácido, 2022, pp. 412-413, também noticia a existência das discussões em relação aoAnteprojeto de Lei para Reforma das Garantias Reais, especialmente no âmbito do Código Civil.

49 *In* https://www.gov.br/participamaisbrasil/projeto-reforma-garantias. Acesso em 12.06.2023.

50 No diagnóstico da realidade brasileira apresentada no anteprojeto destaca-se que, no indicador "obtençãode crédito" da classificação do Banco Mundial denominada *Doing Business*, "o Brasil está abaixo da 100ªcolocação mundial no ranking de 2020, ocupando a 104ª posição entre 190 economias" e um dos pontosfracos do Brasil encontra-se justamente no quesito "falta de garantias ou exigências de garantias muito elevadas" o que "é um impeditivo para a obtenção de crédito por empresas de todos os portes" (Cf. Relatóriodo Anteprojeto de Leide Reforma das Garantias Reais,p. 3, *in* https://www.irib.org.br/app/webroot/files/downloads/files/get--garantias-relatorio-e-anteprojeto- 582021.pdf). Acesso em 12.06.2023.

do diagnóstico da realidade do mercado de crédito brasileiro levantada pelo Banco Mundial[51].

Reconhece-se, no âmbito do "Anteprojeto de Reforma das Garantias Reais"[52], que o Código Civil de 2002 pouco inovou no campo das garantias em relação ao Código Civil de 1916 e, mesmo com o advento do novo Código Civil a extensão legislação extravagante sobre o tema das garantias permaneceu fora da atual codificação civil, cenário causador de ampla insegurança jurídica, agravada pelo casuísmo legislativo e jurisprudencial, prejudicando "a obtenção de crédito privado, especialmente por pequenas e médias empresas, e por empreendedores individuais, e, ademais, refletem negativamente na avaliação do Brasil por organismos internacionais"[53].

Acolhe, por exemplo, o "Anteprojeto de Reforma das Garantias Reais", de forma expressa o pacto marciano[54], que vem, na estei-

51 Diante de tal diagnóstico, o objetivo declarado do anteprojeto foi "atualizar a legislação brasileira aos padrões reconhecidos pelo Banco Mundial, de forma a tanto inserir melhorias no mercado de crédito" e, para tanto, apresentou "a revisão, a modernização e a adequação aos padrões internacionais das normas relacionadas às garantias reais no Direito Brasileiro, mediante reforma do Código Civil, especialmente o Título X do Livro II da sua Parte Especial, composto pelos artigos 1.419 a 1.510, e as demais normas correlacionadas do Código (privilégios, propriedade fiduciária, cessão de créditos)" (*In* https://www.gov.br/participamaisbrasil/projeto-reforma-garantias). Acesso em 12.06.2023.

52 A íntegra do Relatório do Anteprojeto de Lei de Reforma das Garantias Reais pode ser encontrada, porexemplo, no *site* do Instituto de Registro Imobiliário do Brasil – IRIB *in*https://www.irib.org.br/app/webroot/files/downloads/files/get--garantias-relatorio-e-anteprojeto- 582021.pdf. Acesso em 12.06.2023

53 Cf. Relatório do Anteprojeto de Lei de Reforma das Garantias Reais, pp. 6/7, *in* https://www.irib.org.br/app/webroot/files/downloads/files/get-garantias-relatorio-e-anteprojeto- 582021.pdf. Acesso em 12.06.2023. O anteprojeto inspirou-se, por exemplo, nas recentes inovações dosdireitos francês e italiano, além da padronização internacional apresentada por organismos internacionais,como UNCITRAL e UNIDROIT, tendo vários pilares tais como generalização do penhor não possessório,garantias flutuantes e recarregáveis, simplificação das regras de constituição, flexibilização das obrigações garantidas.

54 MILAGRES, Marcelo. *Manual de direito das coisas.* 3ª ed. Belo Horizonte: Editora D'Plácido, 2022, p.413, destaca no "anteprojeto de Lei de Reforma das Garantias Reais, a possibilidade do pacto marciano, ouseja, a possibilidade de o credor ficar com a coisa dada em garantia".

ra do direito francês, introduzida em via geral no Código Civil, ou seja, de forma generalizada com exclusão apenas do imóvel de morada[55], sendo prevista genericamente no art. 1.427-A, §1º[56], e, em seguida, no próprio art. 1.428 do Código Civil, no qual se introduzem os §§ 2º a 4º, sem embargo de manter-se a vedação do pacto comissório no *caput*.

Elogiável, de tal sorte, são os esforços que já se registram em boa parte da doutrina nacional tanto civilista como processualista, em prol dos efeitos promissores que se podem alcançar pela valorização e maior utilização na prática negocial dos expedientes convencionais asseguradores da autotutela executiva, que hoje já podem encontrar legitimação no direito positivo vigente, reforçado pelas perspectivas das largas reformas projetadas pelo Ministério da Economia.

55 Cf. Relatório do Anteprojeto de Lei de Reforma das Garantias Reais, p. 30, *in* https://www.irib.org.br/app/webroot/files/downloads/files/get-garantias-relatorio-e-anteprojeto- 582021.pdf. Acesso em 12.06.2023: "Para os demais bens, à exceção do imóvel de moradia, haverá importante incremento na velocidade e no custo da retomada. As modalidades extrajudiciais de venda direta e de pacto marciano vêm sendo adotadas em diversas reformas internacionais. Essas modalidades, também previstas na Lei Modelo da ONU sobre garantias reais, são expressamente recomendadas no Relatório Doing Business, do Banco Mundial".

56 Cf. redação do art. 1.427-A, §1º, do Relatório do Anteprojeto de Lei de Reforma das Garantias Reais, p. 32, *in* https://www.irib.org.br/app/webroot/files/downloads/files/get-garantias-relatorio-e-anteprojeto- 582021.pdf. Acesso em 12.06.2023: "Art. 1.427-A. A execução das garantias é feita no legítimo interesse do credor. §1º Quando previstas no contrato, poderão ser adotadas as seguintes formas de execução extrajudicial: I – Venda direta do bem pelo credor, nos termos do art. 1.427-C; II – Apropriação direta do bem pelo credor, nos termos do art. 1.428; III – Execução realizada perante o Registro Público, na forma da lei especial".

Bibliografia

BIANCA, Cesare Massimo di. Voce Autotutela (dir. priv.). *In*: *Enciclopedia del Diritto.* Milano: Giuffrè, 2000.

Verbete Autotutela (dir. priv.), *in* Enciclopedia del Diritto. Milano: Giuffrè, v. IV (agg.).

BONGIORNO, Girolamo. Profili sistematice e prospettiva dell' esecuzione forzata in autotutela. *Rivista Trimestrale di Diritto e Procedura Civile,* Milano: Giuffrè, anno XLII, nº 2, 1988.

BRANCO, Gerson Luiz Carlos; OLIVEIRA, Gilvar Paim de; OLIVEIRA, Lucas Terres de. A utilização do *dispute board* na recuperação judicial. *Revista dos Tribunais,* São Paulo, v. 1.030, ago. 2021.

CALZOLAIO, Ermanno. Riforma del processo di cassazione e precedente giudiziale: riflessioni nella prospettiva della comparazione "civil law-common law". *Rivista trimestrale di diritto e procedura civile,* Milano, anno MMIX, nº 3, 2009.

CASTRO, Daniel Penteado de. Atividades extrajudiciais antes delegadas ao Poder Judiciário: breves comentários em confronto as iniciativas de desjudicialização da execução civil. *In:* MEDEIROS NETO, Elias Marques de; RIBEIRO, Flávia Pereira (coords.). *Reflexões sobre a desjudicialização da execução civil.* Curitiba: Juruá Editora, 2020. Consulta Pública SEAE nº 03/2021. *In:* https://www.gov.br/participamaisbrasil/projeto- reforma-garantias. Acesso em 12.06.2023.

COSTANTINO, Giorgio. Degiurisdizionalizzazione della espropriazione immobiliare. *Rivista Trimestrale di Diritto e Procedura Civile,* Milano, anno XLVII, 1993. CRISCUOLO, Fabrizio. *Autonomia negoziale e autonomia contrattuale.* Napoli: Edizione Scientifiche Italiane, 2008.

D'AMICO, Giovanni; PAGLIANTINI, Stefano; PIRAINO, Fabrizio; RUMI, Tiziana. *I nuovi marciani*. Torino: G. Giappichelli Editore, 2017.

D'AMICO, Giovanni. La resistibile ascesa del patto marciano. *In:* D'AMIGO, Giovanni; PAGLIANTINI, Stefano; PIRAIANO, Fabrizio; RUMI, Tiziana (coords.). *I nuovi marciani*. Torino: G. Giappichelli Editore, 2017.

DIDIER JR., Fredie; CUNHA, Leonardo Carneiro da; BRAGA, Paula Sarno; OLIVEIRA, Rafael Alexandria de. *Curso de Direito Processual Civil*. 7ª ed. Salvador: JusPodivm, 2017.

DIDIER JR., Fredie; CABRAL, Antonio do Passo. Negócios jurídicos processuais atípicos e execução. *Revista de Processo*, São Paulo, v. 275, jan. 2018.

DIDIER JÚNIOR, Friedie. *Ensaio sobre os negócios jurídicos processuais*, Salvador: Ed. JusPodivm, 2018.

DIDIER Jr., Fredie. *Curso de direito processual civil*. 18ª ed. Salvador: JusPodivm, 2016, v. I.

DI SPIRITO, Marco Paulo Denucci. O negócio processual: um novo capítulo no direito das garantias: o exemplo da propriedade fiduciária. *In:* EHRHARDT Júnior, Marcos; MAZZEI, Rodrigo (coords.). *Repercussões do novo CPC: direito civil*. Salvador: Ed. JusPodivm, 2017.

FOLLIERI, Luigi. *Esecuzione forzata e autonomia privata*. Torino: G. Giappichelli, 2016.

GABRIELLI, Enrico. Nuovi modelli di garanzie patrimoniali – una garanzia reale senza possesso. In: *Giurisprudenza Italiana*, Torino, nº 7, 2017.

Pegno "non possessorio" e teoria dele garanzie mobiliari. *Rivista del Diritto Commerciale e del Diritto Generale delle ob-*

bligazioni, Padova: Piccin, anno CXV, 2017. *Justiça em números.* Brasília: CNJ, 2019, p. 126. Disponível em: [www.cnj.jus.br/wp- content/uploads/conteudo/arquivo/2019/08/justica_em_numeros20190919.pdf]. Acesso em: 29.09.2020.

LAMEGO, Nelson Luiz Machado. Recuperação de crédito: evitando a excussão judicial de garantias. *Revista dos Tribunais,* São Paulo, v. 891, jan. 2010.

LEPORE, Andrea. *Autotutela e autonomia negoziale.* Napoli: Edizioni Scientifiche Italiane, 2019.

LUMINOSO, Angelo. Patto comissorio, patto marciano e nuovi strumenti di autotutela executiva. *Rivista di Diritto Civile,* Padova: CEDAN, anno LXIII, nº 1, 2017.

LUMINOSO, Angelo. Patto Marciano e sottotipi. *Rivista di Diritto Civile,* 2017, 6, 1398. LUPOI, Michele Angelo. *Tra flessibilità e semplificazione* – Un embrione di case management all'italiana? Bologna: Bononia University Press, 2018.

MELO, Marco Aurélio Bezerra de. *Direito Civil – Coisas.* 3ª ed. Rio de Janeiro: Forense, 2019.

MILAGRES, Marcelo. *Manual de direito das coisas.* 3ª ed. Belo Horizonte: Editora D'Plácido, 2022.

MINAMI, Marcos Youji. Prescrição e coerção na execução e uma breve conversa com

J.J. Calmon de Passos. *Revista de Processo,* São Paulo, v. 319, set. 2021. PAGLIANTINI, Stefano; PIRAIANO, Fabrizio; RUMI, Tiziana (coords.). *I nuovi marciani.* Torino: G. Giappichelli Editore, 2017.

PEREIRA, Caio Mário da Silva. *Instituições de direito civil: Direitos reais.* 26ª ed. Rio de Janeiro: Forense, 2018, v. IV.

PICARDI, Nicola. *La giurisdizione all'alba del terzo millenio.* Milano: Giuffrè, 2007. Projeto de Lei Nº 4257, de 2019. (https://legis.senado.leg.br/sdleg- getter/documento?dm=7984784&ts=1594035701857&disposition=inline). Acesso em: 29.09.2020.

PUNZI, Carmine. Dalla crisi del monopolio statale della giurisdizione al superamento dell'alternativa contrattualità-giurisdizionalità dell'arbitrato. *In: Rivista di Diritto Processuale,* Padova: CEDAM, anno LXIX, 2014.

REALE, Miguel. *Estudos de filosofia e ciência do direito.* São Paulo: Saraiva, 1978.

Fontes e modelos de direito: para um novo paradigma hermenêutico. São Paulo: Saraiva, 1994. Relatório do Anteprojeto de Lei de Reforma das Garantias Reais, I*n:* https://www.irib.org.br/app/webroot/files/downloads/files/get-garantias-relatorio-e- anteprojeto-582021.pdf). Acesso em 12.06.2023.

TEPEDINO, Gustavo; MONTEIRO FILHO, Carlos Edison do Rêgo; RENTERIA, Pablo. *Fundamentos do direito civil.* Rio de Janeiro: Forense, 2020, v. 5.

THEODORO JÚNIOR, Humberto; ANDRADE, Érico. Impactos da Constituição Federal na evolução do processo civil. In: MORAES, Guilherme Peña de (Org.). *30 Anos da Constituição Federal e o direito brasileiro.* Rio de Janeiro: Forense, 2018.

THEODORO JÚNIOR, Humberto; ANDRADE, Érico. Novas perspectivas para a atuação da tutela executiva no direito brasileiro: Autotutela executiva e "desjudicialização" da execução. *Revista de Processo,* São Paulo, v. 315, mai. 2021.

YARSHELL, Flávio Luiz; RODRIGUES, Viviane Siqueira. Desjudicialização da execução civil: uma solução útil e factível entre nós? *In*: MEDEIROS NETO, Elias Marques; RIBEIRO, Flávia Pereira (coords.). *Reflexões sobre a desjudicialização da execução civil*. Curitiba: Juruá Editora, 2020.

ZOPPINI, Andrea. L'effettività *in-vece* del processo. *Rivista di Diritto Processuale,* Padova: CEDAN, anno LXXIV, nº 3, 2019.

SUPREMO: UMA PROPOSTA

José Paulo Cavalcanti Fº

O primeiro problema (entre muitos) do Supremo Tribunal Federal é o excesso de processos. As Cortes Constitucionais importantes do Primeiro Mundo têm números entre si próximos e muito diferentes dos nossos. Nas últimas estatísticas anuais disponíveis julgaram, Estados Unidos, 80 casos; França, 80; Inglaterra, 82; Alemanha, 90. No Canadá, a Suprema Corte se reúne em janeiro, abril e outubro, para julgar apenas causas revestidas de "public importance" – segundo Gentili (*Protective Rights in a Worldwide Rights Culture*), na faixa de 60 por ano. Enquanto nós tivemos, apenas em 2022, o total de 89.738 casos julgados, ainda com um estoque de 21.899 processos em tramitação – segundo o CNJ, números agora de dezembro. É insensato.

Outro problema sério é que, por conta deste cenário, o Supremo acaba com seus Ministros decidindo (quase) sempre sozinhos. Não se trata de algo transitório, que possa vir a se ajustar com o tempo. Medidas paliativas até vem sendo tentadas; como anúncio feito neste fim de ano pela presidente do Supremo, Rosa Weber, de que vai editar Emenda Regimental estabelecendo limites temporais à permanência de processos com vista para Ministros. Além de outras medidas. Não vai resolver, perdão. Que se trata de algo mais profundo, estrutural. Veja-se a última estatística que divulgou o Supremo, em fins de 2020, com 81.356 decisões monocráticas em 99.569 processos julgados. Quase o mesmo dos anos anteriores. São números pantagruélicos. Inaceitáveis.

Pior é que o Supremo deseja ir ainda mais longe. Faz pouco, por exemplo, via ofício encaminhado a todos os tribunais, recomendou que, nos feitos representativos de controvérsia, ainda que se vislumbre questão meramente infraconstitucional, seja admitido o Recurso Extraordinário. A fim de permitir o pronunciamento do Supremo sobre a existência, ou não, de matéria constitucional em cada caso. Eventualmente, de repercussão geral.

Fosse pouco, há também outros problemas. Como o espiral de um poder supremo que passou a habitar o mais íntimo dos Ministros, convertendo o tribunal a ser um conglomerado formado por 11 capitanias hereditárias independentes, com cada Ministro decidindo o que quiser, como quiser e sem nenhum limite. Até invadindo, e faz isso cada vez mais, a competência privativa dos outros poderes. Num crescendo. Virou regra. Com todos protegidos pelo corporativismo, onde nenhum Ministro admite questionar decisões dos demais. Garantindo, assim, que suas próprias decisões também não o sejam.

Mas o que fazer para retomar mínimos de funcionalidade no Supremo?, eis a questão. Antes de seguir no tema é preciso recusar, veementemente, proposta (que vem sendo apresentada por alguns grupos) de fechar o órgão, recorrendo à força, o que nenhum espírito democrático deve admitir. Pois nada pode ser pior que a volta da Ditadura. A questão, então, é buscar uma solução adequada, madura e democrática, para o Brasil de hoje. E o curioso é que ela existe – fazer com que o Supremo seja semelhante a todas as demais cortes constitucionais. Simples assim. O que nos remete somente a dois pontos que deveriam ser alterados:

1. O Supremo passa a ser apenas uma Corte Constitucional. Como os demais tribunais similares, no mundo. Julgando menos casos, por deixar de ser instância revisora de outros tribunais. Convertido em uma Corte assim, última instância das causas infraconstitucionais passa a ser o STJ. Inclusive nos Habeas Corpus. Com enormes vantagens para o funciona-

mento da Justiça, no país. Inclusive reduzindo uma instância, para início do cumprimento das penas. E, sobretudo, tornando mais rápidos os processos. Permitindo que o Supremo passe a se ocupar apenas da Constituição, função típica de uma Corte Constitucional.

2. Não mais serão aceitas decisões monocráticas, no Supremo. Para lembrar, ditas decisões monocráticas, em tribunais constitucionais como os que conhecemos no mundo, simplesmente não existem. Só no Brasil. Nesse campo, cumpre apenas lembrar um ponto que vale a pena explicar. Nos Estados Unidos e na Grã Bretanha, em situações de extrema gravidade, quando não esteja reunida a corte, até pode um ministro decidir. Mas essa decisão fica suspensa, requerendo seja convocado o plenário, em regime de urgência, para deliberar a respeito. E, para valer, a maioria (ou a totalidade) da Corte deve aprovar. Ninguém decide sozinho, pois, essa é a regra de ouro com todos os tribunais (menos em nosso Supremo). Por não fazer sentido, numa Democracia moderna, tanto poder concentrado em apenas uma pessoa. Devendo as decisões serem todas, sempre, coletivas. Não de um Ministro, apenas, mas do tribunal.

Agora, em 2023, teremos um novo Congresso. E mudanças como essas aqui propostas, para funcionar, requerem apenas alteração da Constituição (PEC). Com vontade política, pode ser feita sem maiores problemas. Ainda quando os poderosos Ministros do Supremo não gostem, e tentem trazer para seu curul (aquela poltrona em que sentam) alguns partidos políticos que se acostumaram a lhes usar nas suas demandas. Que, contra egos, o interesse coletivo deve prevalecer. Em resumo, pode ser feita. E deve. Por ser o melhor, para nosso Brasil.

* * *

FERNANDO LYRA, *ministro da Justiça.* Essa historinha foi contada pelo próprio. E segue agora porque tem relação com o momento atual do Brasil, com levas de pretendentes (nem sempre qualificados) a cargos públicos. Nomeado presidente da Fundação Joaquim Nabuco, já no dia seguinte à posse o presidente do PT de Pernambuco foi visitá-lo. Trazia, com ele, relação de 77 sindicalistas que deveriam ocupar todos os 77 cargos em comissão da FUNDAJ. Político experiente, o amigo Lyra concordou. E, dia seguinte, mandou especificações para cada um dos cargos pretendidos. A partir dos nomes que ele próprio escolhera, para cada um desses cargos. Só um exemplo, no mais cobiçado (por ser o de maior remuneração):

– Para Museólogo Chefe é necessário: 1. Ser formado em museologia. 2. Ter mestrado. 3. Ter doutorado, de preferência em Paris. 4. Ter, pelo menos, 8 anos de estágio no Museu do Vaticano.

E por aí foi, com todos os outros cargos. Uma semana depois, nada, e ele mandou esse bilhete:

– Como ainda não indicaram os companheiros, vou nomear ocupantes provisórios. Só até chegar as indicações de vocês.

Resultado, acabou sua gestão e nenhum dos cabos eleitorais da relação original chegou a ser nomeado. Saudades de um tempo em que a política, longe da selvageria de hoje, ainda se fazia com engenho e arte.

PS. A todos e cada um desejo um futuro esplendoroso. Feliz Ano Novo, pois. E agora os netos, o "mar salgado" (Pessoa, em *Mensagem*), a rede e os livros me esperam. Razão pela qual encerro, por breve tempo, essa participação aqui. Para voltar a escrever só depois do Carnaval, se Deus quiser.

EVOLUÇÃO DO PROCESSO CIVIL BRASILEIRO NOS 200 ANOS DE INDEPENDÊNCIA

José Rogério Cruz e Tucci[1]

1. Introdução

No Brasil, enquanto colônia do reino unido de Portugal, o processo civil era naturalmente regrado pelas leis lusitanas.

Após a Independência, continuou a vigorar em nosso território, por força de lei, aprovada pela Assembleia Constituinte e Legislativa, em 20 de outubro de 1823, toda a legislação (ordenações, leis, regimentos, alvarás, decretos e resoluções) promulgada pelos monarcas portugueses, "*e pelas quais o Brasil se governava até o dia vinte e cinco de abril de mil oitocentos e vinte e um, em que Sua Majestade Fidelíssima, atual Rei de Portugal e Algarves, se ausentou desta Corte; e todas as que foram promulgadas daquela data em diante pelo Senhor Dom Pedro de Alcântara, como Regente do Brasil, enquanto Reino; e como Imperador Constitucional dele, des-*

1 Professor Titular Sênior da Faculdade de Direito da USP. Ex-Presidente da Associação dos Advogados de São Paulo. Membro da Academia Brasileira de Letras Jurídicas. Advogado.

de que se erigiu em Império, ficam em inteiro vigor na parte em que não tiverem sido revogadas; para por elas se regularem negócios do interior deste Império, enquanto não se organizar um novo Código, ou não forem especialmente alteradas...".

E, a despeito da abalizada opinião de Braga da Cruz[2], no sentido de que o ordenamento jurídico pátrio sofreu, de modo considerável, a influência de um acentuado condicionamento histórico, é certo que não seria possível, de um dia para o outro, a elaboração de uma codificação genuinamente brasileira.

Assim, diante do supra transcrito texto legal, as regras de processo civil, de modo particular, contempladas no livro III das Ordenações Filipinas e na legislação posterior, restaram inalteradas.

Esse, na verdade, o motivo pelo qual ficamos mais apegados à tradição jurídica de Portugal do que os seus próprios juristas.

Se, com o passar do tempo, o nosso legislador foi recolhendo subsídios da experiência jurídica estrangeira, não deixou de preocupar-se, principalmente, em consolidar, de forma mais científica, a obra do passado; expurgando preceitos já obsoletos; lenta e sabiamente foi sendo erguida uma estrutura capaz de atender aos anseios da nação nova, constituindo o produto do esforço conjugado e harmonioso dos órgãos legislativos, da doutrina e da jurisprudência.

Aduza-se que, em atendimento ao art. 163 da Constituição Política do Império do Brasil, de 1824, o Supremo Tribunal de Justiça foi organizado pela lei de 18 de setembro de 1828, então composto por 17 juízes letrados, escolhidos entre desembargadores dos Tribunais da Relação, "por suas antiguidades".

---

2 *A formação histórica do moderno direito privado português e brasileiro*, p. 65. Cf. Cruz e Tucci e Azevedo, *Liçõesde história do processo civil lusitano*, ns. 11 e 12, pp. 177 ss., parcialmente aqui resumidos. Consulte-se, ainda, Handel Martins Dias, *Condicionamento histórico do processo civil brasileiro: o legado do direito lusitano.*

2. Primeiras leis atinentes ao Processo Civil

Resistindo então à ruptura abrupta dos laços políticos entre Portugal e Brasil, somente quase 10 anos depois da emancipação política é que o nosso direito processual sofreria inovações.

Promulgado em 1832, o Código do Processo Criminal do Império - que marcou época em razão da primorosa redação e de seu conteúdo liberal - trazia como título à parte (título único) a *Disposição provisória acerca da administração da justiça civil.*

O escopo dessa disposição, como se infere de seus 27 artigos, era o de transformar o processo civil num instrumento menos complicado e mais flexível, eliminando atos e formalismos desnecessários e recursos excessivos, tudo para favorecer uma prestação jurisdicional mais racional e célere e menos dispendiosa; por exemplo, nas causas em que as partes não podiam transigir, dispensava-se a conciliação; nas demais, se infrutífera, tomavam-se desde logo as providências para que o feito prosseguisse; o juiz adotava uma atitude mais dinâmica ao desenvolvimento da causa, reperguntando as testemunhas ou determinando qualquer outra diligência que lhe parecesse oportuna.

Como as leis em matéria de organização judiciária e de processo civil, promulgadas após a Independência, eram insuficientes para alcançar os seus objetivos, foi nomeada uma comissão de juristas e magistrados, em 3 de outubro de 1833, para proceder à revisão da legislação.

Esclarece Lobo da Costa que, após a declaração da maioridade do Imperador D. Pedro II, o Partido Conservador assumiu o governo e opôs grande resistência contra algumas das novidades introduzidas pela Disposição provisória, mediante a edição da Lei 261, de 3 de dezembro de 1841, e seu Regulamento 143, de 15 de março de 1842: "nestes dois diplomas legais foram atingidos justamente os dois pontos fundamentais da reforma de 1832, que se destinavam a desembaraçar a marcha do processo para possibilitar maior brevidade no julgamento das causas: o princípio da eventualidade e o da irrecorribilidade em separado das interlocutórias".[3]

2.1. Regulamento 737 (1850)

2.1.1. Considerações prévias

Alguns anos mais tarde, em 25 de novembro de 1850, foi promulgado o Regulamento 737, que disciplinou o processo das causas de natureza comercial.

À vista do aperfeiçoamento do sistema processual introduzido por esse diploma legal, após a proclamação da República, o Governo Provisório, pelo Decreto 763, de 19 de setembro de 1890, estendeu a sua aplicação, com algumas modificações, ao processo das causas cíveis.

O Regulamento é elogiado por alguns e criticado por outros processualistas. Lobo da Costa assevera que deve ele ser considerado nos quadrantes de seu tempo e no cenário da mentalidade brasileira à época de sua elaboração e respectiva promulgação... Colocado em confronto com o Código Napoleônico (1806) que adotara orientação nova, "rompendo com as fórmulas tradicionais, o velho Regulamento não lhe fica a dever muito, quanto à distribuição das matérias, precisão dos conceitos, clareza dos dispositivos e simplificação de atos e termos processuais. No tocante ao Regulamento 737, afirmou Liebman: "neste se mantém substancialmente inalterada a estrutura fundamental do processo, mas

3 Lobo da Costa, *Breve notícia histórica do direito processual civil brasileiro e de sua literatura*, pp. 10-11.

foram introduzidas regras com grande clareza, em breve e precisas disposições, segundo a técnica legislativa moderna".[4] O exame comparativo do Regulamento com os códigos italiano, português e espanhol, que lhe são posteriores, revela a superioridade daquele, na forma de ordenar o processo, sobretudo no que concerne à economia e simplificação dos atos e das formas do procedimento.[5]

Por outro lado, além da aguda crítica formulada por Pontes de Miranda contra o Regulamento 737, aduz Frederico Marques que tal diploma "não passava de uma adaptação brasileira, simples, sintética e muito bem elaborada do livro III das Ordenações Filipinas..."; revelava, ademais, "a pobreza de nosso processo civil à época em que foi promulgado. Todavia, força é reconhecer que se apresenta primoroso quanto à redação e clareza dos dispositivos nele contidos...".[6]

2.1.2. Estrutura

O Regulamento 737, que contém 743 artigos, é estruturado em 3 partes: 1ª parte: *Do processo comercial*; 2ª parte: *Da execução*; e 3ª parte: *Dos recursos e das nulidades*. E, ainda, no final, um título único, intitulado *Das disposições gerais*.

O procedimento ordinário vinha disciplinado no tít. 2 da 1ª parte, sob a rubrica *Da ordem do juízo*, cujos principais atos e fases, eram os seguintes:

a) Cap. 1 – arts. 23 a 38: obrigatoriedade da tentativa de conciliação na maioria das demandas, excetuando-se algumas em

4 *Istituti del diritto comune nel processo civile brasiliano*, Problemi del processo civile, p. 500.

5 Lobo da Costa, *Breve notícia histórica do direito processual civil brasileiro e de sua literatura*, pp. 32-33.

6 *O direito processual em São Paulo*, p. 6

razão da natureza do objeto do processo ou da qualidade das partes. Mesmo sem a existência de processo, os interessados poderiam apresentar-se perante o juiz de paz e requerer a assinatura do órgão judicial para que o respectivo termo tivesse eficácia executiva – art. 36;

b) Cap. 2 – arts. 39 a 59: espécies e requisitos da citação (por mandado, por precatória, por edital ou por hora certa – podia ser feita pelo escrivão do feito ou pelo oficial de justiça);

c) Cap. 3 – arts. 60 a 64: competência (a regra era o foro do domicílio do réu);

d) Cap. 4 – arts. 65 a 73: ação ordinária (na hipótese de não haver previsão para ação sumária, especial ou executiva), petição inicial (que deveria ser apresentada na audiência para a qual o réu foi citado) e respectivo ajuizamento (em audiência, com o deferimento de 10 dias para o réu apresentar contestação);

e) Cap. 5 – arts. 74 a 95: exceções (de incompetência e suspeição, ilegitimidade de parte, litispendência e coisa julgada – as outras, dilatórias ou peremptórias, constituíam matéria de defesa e deveriam ser arguidas na contestação);

f) Cap. 6 – arts. 96 a 102: contestação (a arguição de nulidade do processo deveria preceder a matéria de defesa);

g) Cap. 7 – arts. 103 a 110: reconvenção (com decisão *in simultaneus processus*);

h) Cap. 8 – arts. 111 a 117: autoria (natureza de denunciação da lide);

i) Cap. 9 – arts. 118 a 122: oposição (não havia necessidade de citação das partes originárias);

j) Cap. 10 - arts. 123 a 126: assistência (exigência de demonstração de "interesse aparente que tem na causa");

l) Cap. 11 - arts. 127 a 137: dilação probatória (prazo de 20 dias para a produção das provas);

m) Cap. 12 - arts. 138 a 222: meios de prova (documentos público e particular, confissão judicial e extrajudicial, juramento supletório, juramento *in litem*, testemunhas, presunções, arbitramento, depoimento da parte e vistoria). Observa-se aqui acentuada influência do direito canônico, seja no tocante às espécies de juramento, seja no que concerne à prova tarifada (*prova plena absoluta* art. 140 e *prova plena relativa* - art. 141);

n) Cap. 13 - arts. 223 a 229: alegações finais (10 dias, sucessivamente, para cada um dos litigantes);

o) Cap. 14 - arts. 230 a 235: sentença definitiva (impunha o art. 232 a motivação da sentença). A sentença era publicada "em mão do escrivão", sendo que somente era eficaz após a intimação das partes ou de seus procuradores (art. 234), ou "em audiência" (art. 235).

Infere-se, sem qualquer dificuldade, que a ordem do juízo traçada pelo Regulamento 737 era abrangente e continha rigor lógico.

Dentre muitos avanços e aspectos interessantes, que poderiam ser objeto de comentário, vale salientar que, diferentemente da praxe que se evidenciou em época moderna, da entrega simultânea de memoriais, em flagrante afronta à regra do *caput* do art. 454 do CPC/1973, o art. 223 do Regulamento 737 dispunha, com invejável redação, que: "*Na mesma audiência em que se derem por findas as dilações e requerimento das partes, se assinarão dez dias a cada uma delas para dizerem, afinal, por seu advogado,* dizendo primeiro o autor e depois o réu". Explicava, a propósito, Paula Baptista que: "findas as dilações *probatórias* seguem-se as *razões finais*, que são uma dissertação que cada uma das partes faz, sustentando seu direito com argumentos fundados nas provas dos autos e na lei, e refutando as provas e argumentos *contrários*. São um ótimo meio de discussão; mas não ato substancial... Deve o autor arrazoar primeiro que o réu, guardada a regra: *Reus in exceptione actor est*".[7]

Além do procedimento ordinário, previa o Regulamento 737, para causas menos complexas ou de menor valor, o procedimento sumário (*Das acções summarias* – art. 236 e segs.), bem mais simplificado e semi-escrito, que poderia ser encerrado ao ensejo da realização de uma única audiência.

Os procedimentos especiais (*Das acções especiais* arts. 246 e segs.) eram reservados para cinco demandas específicas.

No que se refere ao processo de execução (art. 308 e segs.), depois de eventual liquidação da sentença, o executado era citado para pagar ou nomear bens à penhora em 24 horas após a citação.

Não pagando e não nomeando bens, ou ainda quando os nomeasse sem atender às regras estabelecidas no art. 508, o patrimônio do executado ficava sujeito à penhora, em tantos bens quantos fossem suficientes para o pagamento da totalidade do débito (principal, juros e encargos do processo), a ser efetuada sobre dinheiro, ouro, prata, pedras preciosas, títulos da dívida pública, móveis e semoventes, bens de raiz ou imóveis, direitos ou ações, cumprindo-se o ato nessa ordem de preferências (arts. 510 e 512).

---

7 *Compendio de theoria e pratica do processo civil comparado com o commercial*, p. 164

Os arts. 517 e 525 previam a prisão para aquele que resistisse à ordem judicial, escondesse os bens, ou que, com dolo, deixasse de possuí-los.

As exceções à penhorabilidade repetiam, em linhas gerais, aquelas que já constavam da legislação reinol; mas o Regulamento acrescentava outras, que haviam sido introduzidas com a promulgação do Código Comercial (1850): assim, não podiam ser penhorados os fundos sociais, pelas dívidas particulares dos sócios (art. 529, § 10º); sob impenhorabilidade relativa, ficavam os fundos líquidos que o executado possuísse na companhia ou sociedade comercial a que pertencera (art. 530, § 6º); outra inovação era o resguardo do vestuário que os empregados públicos usavam no exercício de suas funções (art. 530, § 2º).

Efetuada a constrição, outra não se realizava, a não ser que a primeira fosse nula; ou o produto dos bens não atendesse ao valor do débito; ou, ainda, se o exequente dela desistisse, porque alcançara bens litigiosos, embargados, ou de terceiros (arts. 518 e 519).

Quanto aos recursos, o Regulamento continuava prevendo o cabimento dos embargos de declaração, de restituição de menores e de nulidade e infringentes do julgado (arts. 639 a 645), da apelação (arts. 646 a 664), e dos agravos de petição e de instrumento (arts. 668 a 670).

Foram extintos os agravos ordinário e no auto do processo (art. 668); restabeleceram- se as cartas testemunháveis (art. 671); e restringiu-se o ajuizamento da revista à hipótese de nulidade do processo ou da sentença (art. 667), não sendo contemplado o tradicional fundamento "da injustiça notória da sentença".

2.2. Consolidação Ribas (1878)

Por incumbência do Governo Imperial, em atendimento ao § 14 do art. 29 da Lei 2.033, de 20 de setembro de 1871 (chamada *Lei da reforma judiciária*), Antonio Joaquim Ribas ultimou, em 1878, a elaboração da *Consolidação das leis do processo civil*. Essa obra foi dividida em duas partes, trazendo ainda, em apêndice, o decreto de 25 de outubro de 1875, que deu força de lei, no Império, aos assentos da Casa da Suplicação de Lisboa e estabeleceu a prerrogativa do Supremo Tribunal de Justiça para editar assentos.

A primeira parte da Consolidação traçava as diretrizes da organização judiciária. A segunda parte tratava do processo em geral, do processo das ações ordinárias, do processo das ações especiais, da execução das sentenças e dos recursos. No título do processo em geral, abrange a jurisdição e competência, a conciliação, a citação e contumácia, a instância, a contestação da lide, a autoria, a oposição, a assistência, as dilações e férias, as provas, a conclusão e a sentença, e as custas. No título do processo das ações especiais, compreende o processo sumário (em geral, das causas de valor reduzido, das causas de liberdade, da assinação de 10 dias, das possessórias, de preceito cominatório ou embargos à primeira, do despejo de casas, de depósito convencional, de alimentos, de soldadas, juramento d'alma, reforma de autos, inventário, partilha e divisão, demarcação, arbitral, preparatória, incidente e administrativa), o processo sumaríssimo (em geral, de valor ínfimo, de locação de serviço) e o processo executivo (ações executivas em geral, fiscais, desapropriação, de custas, honorários, aluguéis, foros, depósito judicial, de penhor convencional). No título da execução de sentença abrange a carta de sentença e citação do executado, os juízes e partes competentes, da liquidação, penhora, avaliação, editais e pregões, arrematação, adjudicação, embargos do executado, de terceiro e das preferências. No título dos recursos, alinha os agravos, os embargos, a apelação e a revista.

A *ação de assinação de 10 dias* ou *decendiária*, na tradição do direito luso-brasileiro, é o ancestral da denominada "ação monitória". Almeida Oliveira, na monografia específica sobre o tema[8], conclui que a *ação decendiária* é criação genuína do foro português, sendo que, em momento posterior, a experiência da praxe brasileira a conservou em seu sistema processual. Com efeito, o Regulamento 737 previa, dentre as *ações especiais*, a *assinação de 10 dias*, dispondo, no art. 246, que: "*Consiste esta ação na assinação judicial de dez dias para o réu pagar, ou dentro deles alegar e provar os embargos que tiver*". Escrevendo sob a égide desse diploma processual, assevera Alberto Antonio de Moraes Carvalho que a *assinação de 10 dias* "é ação sumária, mas, se os embargos se recebem, torna-se ordinária".[9] Do Regulamento 737 a *ação decendiária* passou para *a Consolidação Ribas.*

Na edição comentada de 1880, auxiliado pelo filho Júlio A. Ribas, o Conselheiro Ribas esclareceu na "Prefação" da 3ª ed. (de 1915), que a Consolidação foi entendida necessária para preencher "o fim que teve em vista o legislador: regularizar e uniformizar a nossa praxe judiciária, e banir do foro as numerosas corruptelas que n'elle se tem introduzido".

Cumpre aduzir que, na Consolidação, Ribas expendeu sua opinião, teórica e, muitas vezes, prática, sobre todos aqueles institutos acima referidos. Lastreou-se, dentre outras, nas doutrinas de Valasco, Mello Freire, Gama, Paula Baptista e Pereira e Sousa. Apenas para registrar a segurança demonstrada por Ribas no trato

---

8 *A assignação de dez dias no foro commercial e civil*, p. 16-7.

9 Praxe forense ou directorio prático do processo civil brasileiro, p. 229.

de questões de natureza processual, verifica-se que no comentário ao art. 261 da Consolidação, referente à oposição de exceção peremptória pelo demandado, escreveu o Conselheiro que: "A grave questão tão debatida por Strick e outros praxistas, se a oposição de exceção de solução, prescrição ou qualquer outra peremptória, importa, ou não, a confissão da ação, acha-se resolvida pela Ordenação 3.50.1, que diz: '*Porém, se o réu na exceção peremptória confessar a ação do autor, haverá o dito julgador por provada pela confissão, e receberá a exceção, se for posta em forma que seja de receber, e dará lugar à prova d'ella*'. Portanto, se o réu confessar que contraiu a obrigação, mas com certa condição, que a solveu, ou que prescreveu ou articular qualquer outra exceção peremptória, deverá provar a sua exceção; e se o não fizer deverá ser condenado pela sua confissão".

Sobre a motivação das decisões judiciais, ao comentar o art. 487 da Consolidação, asseverava Ribas: "Os juízes quer da primeira, quer da segunda instancia ou do Supremo Tribunal de Justiça, são obrigados a expor especificamente os fundamentos das sentenças que proferem...".

Enfocando a proibição de apelar imposta, pelo art. 1.529, § 5º, ao *revel verdadeiro*, Ribas tece aguda crítica, observando que tal regra encerra "um arbítrio indiscreto, e é injusta porque ataca o direito de defesa".[10]

2.3. Literatura processual da época

Atribuindo mérito ao Regulamento 737 por ter propiciado a produção de inúmeros estudos doutrinários sobre o processo civil, Lobo da Costa se deu ao detido trabalho de inventariar e tecer

10 *Consolidação das leis do processo civil*, p. 164, 270 e 713-714.

breve comentário acerca da literatura da segunda metade do séc. XIX. Seguindo então, em apertado resumo, a exposição do saudoso processualista, pode-se anotar que, dentre muitos outros estudos, merecem alusão os dos seguintes juristas:

Francisco de Paula Baptista, que escreveu o *Compendio de teoria e prática do processo civil comparado com o comercial*, foi o mais destacado intérprete do Regulamento 737. Este notável jurista, adiantando-se no tempo, afirmava que a ação há de ser definida como direito autônomo, distinto do direito subjetivo; dirige-se contra o Estado e não contra o réu; visa a obtenção de uma sentença de mérito; e é direito abstrato e não concreto. Independentemente do requerimento da parte, o juiz pode e deve mandar proceder as diligências tendentes a esclarecer sua consciência antes de proferir sentença.[11]

O Conselheiro Barão de Ramalho, professor e, por muitos anos, diretor da Faculdade de Direito do Largo de São Francisco, escreveu duas obras de inegável valor científico: *Prática civil e comercial* e *Praxe brasileira*.

Teixeira de Freitas acomodou ao foro brasileiro as *Primeiras linhas* de Pereira e Sousa; J. J. Pereira da Silva Ramos, revendo anterior edição, adequou ao nosso foro o livro *Doutrina das ações* de José Homem Correia Telles; e Antônio Fernandes Trigo de Loureiro anotou o *Manual de apelações e agravos* de Gouvêa Pinto.

A. de Almeida Oliveira escreveu três monografias: *A lei de execuções*, sobre a Lei 3.272, de 5 de outubro de 1885; *Assinação de dez dias no foro commercial e civil*; e *O benefício da "restituição in integrum"*.

11 *Compendio de theoria e pratica do processo civil comparado com o commercial*, p. 37 e 67.

3. Período da dualidade processual (1890-1934)

Após a proclamação da República, o Decreto 763, de 19 de setembro de 1890, ampliou o âmbito de incidência do Regulamento 737, que passou a ser aplicado no processo das causas cíveis em geral.

Ademais, como consequência do regime federalista desenhado pela primeira Constituição republicana de 1891, foi instituída pelo Governo Provisório a Justiça Federal nos moldes do direito argentino e do direito dos Estados Unidos da América.

Em atendimento aos arts. 55 e 56 da Lei Maior, o Decreto 848, de autoria de Campos Salles, editado em 11 de novembro de 1890, cria, no Rio de Janeiro, o Supremo Tribunal Federal, a ser então composto por 15 Ministros.

A instalação do Supremo Tribunal Federal ocorreu em 28 de fevereiro de 1891, ao ensejo de sua primeira sessão plenária, sob a presidência interina do Ministro Sayão Lobato (Visconde de Sabará), que, até então, presidira o Supremo Tribunal de Justiça. Em tal ocasião foi eleito o primeiro presidente da Corte, Ministro Freitas Henriques (natural da Bahia).

Foi o mesmo Decreto 848 que, no art. 9º, par. único, instituiu um recurso contra as sentenças definitivas proferidas pelos tribunais estaduais. Mais tarde, no Regimento Interno do Supremo Tribunal Federal, de 8 de agosto de 1891, é que esse meio de impugnação foi denominado *recurso extraordinário*.

Esse recurso, consoante esclarece João Mendes de Almeida Júnior[12], que tem sido chamado de *recurso extraordinário*, "é um recurso tão ordinário como o antigo 'agravo ordinário' e, como este,

12 *A uniformidade, a simplicidade e a economia do nosso processo forense*, pp. 17-19.

constitui uma nova instância, visto que, nos termos do art. 59, § 1º, da Constituição da República, o Supremo Tribunal Federal fatalmente conhecerá da causa como ficou fixada na contestação da lide. *Instantia est existencia fluens, id est, identitas mobilis aut quaedam unitas ducta in numerum prioris et posterioris* (= Instância é uma existência fluente, isto é, a identidade do móvel ou uma certa unidade no número anterior e do posterior). Ora, o 'móvel', no processo judiciário, é a 'causa', isto é, a relação litigiosa entre o direto e o fato individuado; este 'móvel' permanece em fluente litígio no Supremo Tribunal Federal, em circunstâncias idênticas às que anteriormente ficaram fixadas na contestação da lide. O nome lídimo deste recurso é 'suplicação', diz Strikio, 3, Diss. 24.4.36: 'foi introduzida em lugar da apelação, não só por causa da eminência do juiz recorrido, como porque era um recurso de recurso, visto que o juiz recorrido já funcionara em segunda instância (D. *de off. Praefect. Praet.*, Nº 119.5.1)'. *Supplicatio*, de *plicare*, dobrar, repetir, e *supra*, para cima. Em suma, o atual denominado 'recurso extraordinário' para o Supremo Tribunal Federal é idêntico ao antigo 'agravo ordinário' ou 'suplicação'; entretanto, não falta quem vá buscar analogia com o 'writ of error' dos ingleses e norte-americanos, aliás tão mal definidos que, na Inglaterra, desde os 'act' de 5-8-1873 e 11-8-1875, foram suprimidos e equiparados às apelações (v. *Annuaire de legisl. étrangére*, de 1874, pp. 67 ss, e de 1875, pp. 120 e 160, com as notas de Ribot e George Louis). Quem prestar atenção ao que era instituído nas Ord. Fil. (1.5.6, 6.pr; 3.84) e comparar tudo isso com o que está instituído no art. 59, § 1º, da Constituição da República, verá que o nosso Supremo, em relação às Justiças dos Estados, é, *na essência*, uma Casa de Suplicação; pois, as diferenças, na constituição do organismo e no funcionamento, se limitam a acidentes que não alteram, quer a 'natureza da instituição', quer a 'natureza do recurso'. Esta é a realidade que há de ser reconhecida e afirmada por quem quiser ver e dizer a coisa como a coisa é...".

Prevaleceu outrossim a ideia de que se a organização judiciária era atribuição dos Estados-membros, a estes deveria também caber a respectiva legislação processual. Com efeito, como bem esclareceu Lobo da Costa, em decorrência da equivocada compreensão da estrutura federativa, a Constituição de 1891 acabou contemplando o entendimento defendido por Campos Salles, no sentido de se outorgar aos novos Estados da Federação a competência para legislar sobre matéria processual, reservando-se ao legislativo federal de fazê-lo no que concernia ao processo da Justiça Federal.

A teor do art. 34, nº 23, c.c. o art. 65, nº 2, da Constituição Federal, os Estados- membros passaram a ter a prerrogativa de editar diplomas estaduais para regulamentar o respectivo processo judicial (civil e penal).

Foi veemente a crítica que Almeida Júnior teceu sobre essa nova orientação: "não é verdade que tivesse ficado assentada pela Constituição da República a competência 'privativa' dos Estados federados para legislar sobre o processo nas jurisdições estaduais..., ao contrário essa 'simples faculdade' importa exatamente a negação de uma competência 'privativa', tanto mais quanto o art. 65, nº 2, diz que: 'É facultado aos Estados todo e qualquer poder e direito que lhes não for negado por 'cláusula expressa' ou 'implicitamente' contida nas cláusula expressa da Constituição...'. Finalmente, para os Estados federados, nada pode haver de mais seguro do que a consolidação das leis nacionais ou gerais do processo; e, quando muito, se quiserem usar de uma autonomia supervacua, poderão eles declará-las 'incorporadas' à respectiva legislação estadual. Não queremos dizer que os Estados federados não possam legislar sobre o procedimento, especialmente em relação aos termos dependentes das distâncias e meios de comunicação e em relação a estilos exorbitantes das regras de direito e que afetarem a normalidade da administração da justiça...".[13]

Como anotam, a propósito, Lobo da Costa e Mendonça Lima, os Estados não cumpriram de imediato a importante tarefa. Enquanto o tempo passava, o processo continuou sendo regrado pelo velho Regulamento 737, o qual, ademais, serviu de inspiração e modelo aos legisladores estaduais.

As primeiras tentativas foram envidadas pelos Estados do Paraná e de São Paulo.

O pioneiro diploma regional sobre o processo civil foi o Regulamento Processual Civil e Comercial do Estado do Pará, aprovado pelo Decreto 1.380, de 22 de junho de 1905. Contudo, segundo escreveu Mendonça Lima, "não tinha ele o nome nem a sistemática técnica de um Código".[14] Na verdade, o Rio Grande do Sul é que editou o primeiro Código de Processo Civil e Comercial, promulgado pela Lei 65, de 16 de janeiro de 1908.

Seguiram-se a este o Código de Processo Civil e Comercial do Estado do Maranhão (1909); o do Distrito Federal (1910, cuja vigência restou suspensa); o do Espírito Santo (1914, substituído, por outro, em 1915); o da Bahia (1915); o do Rio de Janeiro (1919); o do Paraná (1920); o do Piauí (1920); o do Sergipe (1920); o do Ceará (1921); o de Minas Gerais (1922); o do Rio Grande do Norte (1922); o de Pernambuco (1924); o do Distrito Federal (1924); o de Santa Catarina (1928); o de São Paulo (1930); outro do Espírito Santo (1930); e, por fim, o da Paraíba (1930).

---

13 *A uniformidade, a simplicidade e a economia do nosso processo forense*, pp. 3-10.

14 *A primazia do Código de Processo Civil e Comercial do Rio Grande do Sul*, pp. 301 ss.

Os Estados de Alagoas, do Amazonas, do Mato Grosso e de Goiás não chegaram a promulgar seus próprios Códigos.

Com algumas exceções, o exame do conteúdo dos diplomas aprovados revela, a um só tempo, o espírito conservador dos juristas da época e a enorme influência do Regulamento 737. Prevaleceu, no dizer de Mendonça Lima, "a lei do menor esforço"...

Resulta, assim, notória a influência do direito processual lusitano na estrutura dos diplomas estaduais. A atividade forense, consequentemente, também se mostrava dominada pelo praxismo do foro lusitano. "Os Códigos da Bahia, de Minas e de São Paulo passam por ser os mais aperfeiçoados, segundo os cânones das novas doutrinas processuais que começavam a se difundir nos meios jurídicos do país. Mas, mesmo assim, afora o aprimoramento técnico e o apuro de linguagem, de maior rigor científico na conceituação dos institutos e dos atos processuais, foram poucas as contribuições originais que trouxeram para o aperfeiçoamento do processo civil brasileiro".[15]

4. Unificação do direito processual (1934-1938)

O denominado sistema da dualidade processual foi extinto pela Constituição Federal de 16 de julho de 1934, passando a União, pela primeira vez sob o regime republicano, a ter competência legislativa exclusiva em matéria processual (art. 5º, XIX, *a*). Cabia, pois, à União, elaborar o CPC e o CPP, de âmbito federal, fazendo, destarte, desaparecer os diplomas regionais.

Considerando-se as vicissitudes políticas que ocorreram em meados da década de 30, o projeto de Código de Processo Civil

15 Lobo da Costa, *Breve notícia histórica do direito processual civil brasileiro e de sua literatura*, p. 70

e Comercial não teve tempo de ser apreciado pelo Congresso Nacional.

A nova Constituição de 1937 (conhecida como "a polaca") não alterou a competência privativa da União para legislar sobre direito processual (art. 16, XVI).

4.1. Literatura processual da época

Valendo-nos, igualmente, do minucioso levantamento feito por Lobo da Costa, para o período pós-republicano até a promulgação do Código de 1939, devem ser mencionadas as seguintes obras, dispostas em ordem cronológica:

- João Monteiro, *Programa do curso de processo civil,* São Paulo, 1899; *Teoria do processo civil e comercial,* 1º vol., São Paulo, 1899; 2º vol., São Paulo, 1901;

- João Mendes de Almeida Júnior, *Programa do curso de direito judiciário,* São Paulo, 1910 (reed. no Rio de Janeiro, em 1918);

- Manoel Aureliano de Gusmão, *Cousa julgada,* São Paulo, 1914; *Processo civil e comercial,* 1º vol., São Paulo, 1921; 2º vol., São Paulo, 1924;

- Otaviano Brandão, *Citação no direito brasileiro,* 1916;

- Álvaro Bittencourt Berford, *Da intervenção de terceiros na instância,* Rio de Janeiro, 1919;

- Jorge Americano, *Estudo teórico e prático da ação rescisória,* 1922; *Da ação pauliana,* 1923;

Do abuso do direito no exercício da demanda, 1923; *Processo civil e comercial,* São Paulo, 1925;

- Antônio Luiz da Câmara Leal, *Do depoimento pessoal,* 1923; *Código de Processo Civil e Comercial do Estado de São Paulo comentado,* 5 vols., São Paulo, 1930-33;

- Manoel Inácio Carvalho de Mendonça, *Da ação rescisória das sentenças e julgados*, Rio de Janeiro, 1916 e reeditado em 1940.

5. CPC de 1939

Resultado da nova ordem política, segundo tudo indica, foi a iniciativa do governo de, por meio da reforma processual, solucionar o problema que os anteriores regimes foram incapazes de resolver: o do acesso a uma justiça rápida!

Apesar do empenho demonstrado por Francisco Campos, então Ministro da Justiça, a comissão por ele nomeada para a elaboração do anteprojeto do CPC teve de ser dissolvida em razão do incontornável conflito de ideias reinante entre os seus respectivos membros.

Aproveitando a ocasião, Pedro Batista Martins, advogado e jurista mineiro, que havia integrado aquela comissão, apresentou trabalho próprio, que foi aceito por Francisco Campos como projeto preliminar e publicado no Diário Oficial de 4 de fevereiro de 1939.

Depois de examinadas e amplamente discutidas as inúmeras sugestões que foram formuladas, o primeiro CPC brasileiro foi promulgado pelo Decreto-lei 1.608, de 18 de setembro de 1939, a vigorar a partir de 1º de fevereiro de 1940, data prorrogada para 1º de março seguinte (Decreto-lei 1.965, de 16-1-1940).

Informa, a propósito, Lobo da Costa, que o projeto recebeu "cerca de quatro mil sugestões, resultantes da ampla discussão a que foi submetido por advogados, juízes, institutos e associações, muitas das quais incluídas entre as emendas ao texto original. No trabalho de revisão do anteprojeto, a que se dedicou pessoalmente, o Ministro Francisco Campos foi auxiliado por Guilherme Estellita, magistrado e processualista, e pelo Professor Abgar Renault na sua redação final".[16]

Na defesa que Pedro Batista Martins fez do anteprojeto do Código de Processo Civil vem expresso o desejo de imprimir maior celeridade ao procedimento. Dentre os pontos mais destacados para atender a tal imperativo observa-se que o Código de 1939 prestigiou a oralidade e suprimiu a recorribilidade das decisões interlocutórias: "entre os princípios que concorrem para a solução do problema da rapidez avultam o da concentração do trato da causa num período único e o da irrecorribilidade das decisões interlocutórias".[17]

Nota-se aí que, neste particular, o legislador rompe com as tradições do processo lusitano.

Sob o ponto de vista técnico, a legislação codificada, em linhas gerais, era informada pelos seguintes princípios: *a*) dispositivo; *b*) da iniciativa das partes; *c*) da concentração; *d*) da oralidade; *e*) da imediatidade; *f*) do livre convencimento do juiz; *g*) da publicidade; *h*) da relevância das formas processuais; *i*) da pretensão processual dirigida ao Estado; e *j*) da preclusão.

Sobrelevando as funções atribuídas ao juiz na direção do processo, extrai-se da Exposição de Motivos do Código de 1939, subscrita pelo Ministro da Justiça Francisco Campos, que em seu texto prevaleceu, como importante diretriz, "a chamada concepção publicística do processo. Foi o mérito dessa doutrina, a propósito da qual deve ser lembrado o nome de Giuseppe Chiovenda, o ter destacado com nitidez a finalidade do processo, que é a atuação da

16 *Breve notícia histórica do direito processual civil brasileiro e de sua literatura*, p. 99.

17 *Sobre o Código de Processo Civil*, p. 21.

vontade da lei num caso determinado. Tal concepção nos dá, a um tempo, não só o caráter público do direito processual, como a verdadeira perspectiva sob que devemos considerar a cena judiciária, em que avulta a figura do julgador. O juiz é o Estado administrando a justiça; não é um registo passivo e mecânico de fatos, em relação aos quais não o anima nenhum interesse de natureza vital. Não lhe pode ser indiferente o interesse da justiça. Este é o interesse da comunidade, do povo, do Estado, e é no juiz que um tal interesse se representa e personifica".

Enquanto a primeira parte do CPC, atinente ao processo de declaração, mereceu elogios da doutrina, porque elaborada segundo a dogmática mais moderna da ciência do processo, com inspiração nos diplomas da Áustria, da Alemanha e de Portugal, e, ainda, na literatura italiana; as outras três partes, dedicadas, respectivamente, às ações especiais, aos recursos e ao processo de execução, receberam acentuadas críticas, uma vez que se mantiveram extremamente apegadas à tradição do velho sistema do direito reinol, com a introdução de diminutas e inexpressivas alterações.

O livro II, nos arts. 153 a 290, disciplinava o "procedimento único", regrando os respectivos atos e fases processuais, também aplicáveis aos "processos especiais".

Importa observar que as leis extravagantes, que regiam o processo de ações especiais não reguladas pelo novo diploma (dentre outras: renovatória de locação, execução fiscal, desapropriação etc.), continuaram vigentes. A partir de 1939, a ação decendiária deixou de ser contemplada no direito brasileiro.

O regime de impugnações, embora mais aperfeiçoado, continuou a admitir várias modalidades de embargos e de agravos.

No que se refere aos embargos de nulidade e infringentes, o autor do anteprojeto realçava que deveria prevalecer o bom senso, porquanto estes só se justificavam na hipótese em que não havia unanimidade no acórdão que reformava a sentença. Nesse caso, "a sentença do juiz que sentiu direta, e, pois, mais vivamente a prova, que ouviu as testemunhas e observou a atitude das partes, e que tem por si a autoridade de um outro sufrágio, não deverá ser cancelada sem que, antes, seja objeto de novo exame e de mais larga discussão. No sistema atual, a opinião do juiz que proferiu a sentença recorrida não tem qualquer influência sobre os efeitos da decisão superior. E é natural que assim seja, porque o prolator da sentença só teve conhecimento das provas e das próprias controvérsias jurídicas ao lhe serem conclusos os autos para proferir o julgamento. No sistema do código atual, todavia, a sentença do juiz de primeira instância assume importância tal, que não seria prudente que o acórdão do tribunal superior lhe apagasse todas as consequências, mesmo quando um voto a confirmasse. Por isso, o art. 883 admite embargos de nulidade e infringentes do julgado quando não for unânime o acórdão que, em grau de apelação, houver reformado a sentença". [18]

No CPC de 1939, o tratamento dispensado à execução seguiu, em linhas gerais, o sistema tradicional, oriundo do direito luso-brasileiro anterior.

Distinguiam-se as ações executivas, das ações executórias; ambas, abrindo caminho à execução forçada: a primeira tinha por fundamento o título executivo, ao qual a lei conferia taxativamente esta qualidade (art. 298); a segunda, fundada em sentença condenatória proferida em processo de conhecimento anterior (art. 882). As duas davam ensejo à penhora; não obstante, enquanto na

18 Pedro Batista Martins, *Sobre o Código de Processo Civil*, p. 21; *Em defesa do anteprojeto de Código de Processo Civil*, pp. 225 ss.

primeira o réu contestava a ação, na segunda, a defesa era exercida por meio dos embargos do executado.[19]

6. CPC de 1973

Foi somente durante o breve governo de Jânio Quadros, no ano de 1961, que o Professor Alfredo Buzaid foi convidado pelo Ministro da Justiça Oscar Pedroso Horta a elaborar um anteprojeto de reforma do CPC. Três anos depois, no início de 1964, o trabalho foi submetido à análise do Poder Executivo. Para a respectiva revisão o Ministro da Justiça Abelardo de Araújo Jurema, nomeou comissão composta por Guilherme Estellita (mais tarde sucedido por José Frederico Marques), Luis Machado Guimarães e pelo próprio Alfredo Buzaid. Em momento posterior, a comissão foi ampliada, com a participação de Luis Antônio de Andrade.

O velho diploma de 1939 acabou sendo substituído por aquele que se encontrava vigente até 17 de maio de 2016, então promulgado pela Lei 5.869, de 11 de janeiro de 1973.

O CPC de 1973 passou a vigorar a partir de 1º de janeiro de 1974, tendo se baseado no anteprojeto de 1964 de autoria do Professor Alfredo Buzaid, que, posteriormente, como Ministro da Justiça do governo do Presidente Emílio G. Médici, encaminhou o Projeto 810, de 1972, ao Congresso Nacional.

O procedimento comum se subdivida em ordinário e sumaríssimo, passando este, mais tarde, a ser denominado sumário, que deveria prevalecer em razão da matéria ou do valor. O livro IV disciplinava os procedimentos especiais.

19 Luiz Carlos de Azevedo, *Da penhora*, p. 102.

Além da legislação extravagante que, em grande parte, continuou regendo inúmeras ações de procedimento comum ou especial, vários outros procedimentos, por força do art. 1.218, continuaram sendo disciplinados pelo Código de 1939, "até serem incorporados nas leis especiais".

Forçoso é reconhecer que o referido diploma processual representou, inegavelmente, o ponto culminante da evolução científica do direito processual civil no Brasil. Em tudo superior ao estatuto revogado, o *Código de 1973*, como é comumente denominado, foi, em larga medida idealizado tendo como paradigma inúmeras legislações modernas da Europa continental, então reverenciadas, há várias décadas, pelos mais insignes especialistas.

Anote-se que, apesar desse irrefutável avanço, o processo civil lusitano ainda deixou a sua marca no Código, seja no rígido sistema de preclusões, seja na estrutura recursal.

A despeito do individualismo que plasma a integralidade de seu texto, a exemplo, aliás, dos diplomas que lhe serviram de paradigma, e não obstante a existência de aspectos criticáveis concernentes à falta de rigor terminológico e, de certo modo, sistemático, a verdade é que, paradoxalmente, muitas das novidades que somente em época bem mais recente foram adotadas, *v. g.*, pelo processo civil italiano, já haviam sido consagradas no revogado CPC, evidenciando, de um lado, a conspicuidade científica do estatuto brasileiro, e, de outro, que o intolerável problema da morosidade da justiça civil não decorre simplesmente de circunstâncias de natureza técnica, mas, sim, de vetores de ordem política, administrativa, econômica e cultural.

Aduza-se, outrossim, que "várias das leis processuais latino-americanas dos dois últimos decênios deixaram-se influenciar, com maior ou menor intensidade, pelo CPC de 1973. Não é difícil identificar, por exemplo, no *Código de Procedimiento Civil* boliviano de 1975, no *Código Judicial* panamenho de 1984, no *Código de Procedimiento Civil* venezuelano de 1985, no *Código Procesal Civil* paraguaio de 1988 e, sobretudo, no *Código Procesal Civil* costa- riquense de 1989, certo número de disposições que se inspiraram no estatuto brasileiro, ou que o tomaram por modelo, às vezes com rigorosa fidelidade. Em nenhum se descobre, contudo, influência tão grande como no *Código Procesal Civil* do Peru, promulgado em 29 de fevereiro de 1992". [20]

7. Linhas gerais do CPC de 2015

Exaltado quando aprovado, o CPC de 1973, nas quatro décadas em que vigorou, prestou-se, de um lado, a reger precipuamente o processo contencioso de forma segura e eficiente e, de outro, a servir de base para a construção de consistente doutrina e sólida jurisprudência acerca de institutos e mecanismos que marcaram a nossa experiência jurídica.

Um dos mitos que se exige desfazer é o de que o CPC fora o responsável pela morosidade crônica da prestação jurisdicional. A crua realidade é bem outra: a ineficiência da administração da justiça ainda hoje tem como causas primordiais a ausência de um serviço judiciário aparelhado e a banalização das demandas judiciais. No Brasil, litiga-se, em todo território nacional, por tudo. É absolutamente surpreendente e intolerável a judicialização dos conflitos individuais sobre questões que poderiam ser dirimidas fora do ambiente forense (por exemplo: acesso a medicamentos, inserção abusiva do devedor nos cadastros de proteção ao crédito, extravio de bagagem, atraso

20 Barbosa Moreira, *A influência do CPC brasileiro no novo Código peruano*, pp. 7 ss.

de voo, cobrança de débitos condominiais, má prestação de serviços em geral etc.).

Com o passar do tempo, no entanto, diante de um número crescente e alarmante de demandas pendentes, devido, sobretudo, aos referidos fatores, o diploma processual revogado sofreu sucessivas intervenções legislativas, que acabaram fragmentando demasiadamente a sua estrutura original. Ressalte-se, outrossim, que, acompanhando as tendências de vanguarda da ciência processual, diferentes paradigmas foram sendo assimilados e aperfeiçoados pelos operadores do direito.

Assim, toda essa natural evolução recomendava, de modo inexorável, a elaboração de um novel CPC.

Apresentado ao Senado, o anteprojeto que se transformou no Projeto 166/2010, do CPC em vigor, caracterizou-se por uma tramitação legislativa cuidadosa e participativa, imbuída de inequívoco espírito republicano, inclusive na Câmara dos Deputados (PL 8.046/2010). Na verdade, nos cinco anos de preparação e trâmite legislativo, em reiteradas oportunidades, toda a comunidade jurídica foi convidada a oferecer críticas e sugestões à sua respectiva elaboração.

É, sem dúvida, empenho hercúleo a construção de nova codificação, qualquer que seja o seu objeto.

No tocante ao processo civil, colocando em destaque essa evidente dificuldade, Carnelutti (incumbido, há mais de 80 anos, de elaborar um anteprojeto do CPC italiano, engavetado pela ascensão do regime fascista) chamava a atenção para a diferença entre a arquitetura científica e a arquitetura legislativa, sendo certo que esta última não deve desprezar os valores conquistados pela dogmática jurídica.

A tal propósito, nota-se, de logo, que o texto legal, finalmente sancionado em 16 de março de 2015 - Lei 13.105 -, não descurou a moderna linha principiológica que advém do nosso texto constitucional. Pelo contrário, destacam-se em sua redação inúmeras regras que, a todo o momento, procuram assegurar o devido processo legal aos litigantes. Até porque os fundamentos de um CPC devem se nortear, em primeiro lugar, pelas diretrizes traçadas na Constituição Federal.

E, assim, num exame de conjunto, é possível afirmar que a legislação processual em vigor desde 18 de março de 2016 merece os maiores encômios. Passado mais de um lustro de vigência, observa-se que é menos difícil advogar e judicar pelo atual CPC, uma vez que se apresenta bem mais simplificado e seguro. Igualmente, devo dizer que não me preocupa, nem um pouco, a possível dilatação dos poderes do juiz, visto que freado pelo constante - e às vezes até redundante - respeito ao contraditório.

Embora passível de inúmeras críticas pontuais, o CPC de 2015 encerra um modelo processual governado pelas garantias do *due process of law* e pela flexibilização do procedimento a ser estruturado mediante cooperação das partes, na moldura de uma visão moderna, bem mais participativa.

Saliente-se, por outro lado, que a disciplina legal em vigor, em vários dispositivos, fomenta a solução consensual das controvérsias, em particular por meio da conciliação e da mediação. Não é preciso registrar que, à luz desta nova perspectiva que se descortina sob a égide do diploma processual vigente, os aludidos protagonistas do foro não devem medir esforços na direção da composição amigável do litígio.

Importa ressaltar, por outro lado, apenas como exemplo, que, reafirmando o crescente protagonismo dos tribunais superiores na sociedade brasileira contemporânea e a consequente importância de seus respectivos pronunciamentos judiciais, o CPC procura valorizar a jurisprudência, no capítulo introdutório do título que disciplina a ordem dos processos nos tribunais (arts. 926 a 928).

Vale observar que tais regras destacam, com clareza, a louvável preocupação do legislador com o aspecto pedagógico no trato da matéria, sobretudo no que respeita à função institucional que é atribuída aos tribunais, visando à uniformização da interpretação e da aplicação do ordenamento jurídico.

Ademais, o legislador adotou importantes novidades, mas sempre com a devida cautela, em prol da efetividade do princípio da duração razoável do processo, inclusive no que se refere à atividade satisfativa.

As alterações processuais se projetam para a sociedade. É a melhor distribuição de justiça que, em tese, objetiva-se com a reforma. O processo judicial constitui a rota segura para fazer com que o império do direito seja restabelecido, e a paz social prevaleça, com a solução mais segura e efetiva dos litígios interpessoais.

É evidente que, para se alcançar a celeridade na tramitação das demandas e para que as decisões proferidas sejam tecnicamente mais acertadas e socialmente mais justas, torna-se necessário conjugar a reforma processual introduzida em nosso sistema legal com um adequado desenho da estrutura judiciária, municiada dos meios materiais disponíveis em época contemporânea.

Feito este singelo diagnóstico, deve ser frisado que não há motivo para qualquer desconforto, visto que, com o passar do tempo, contando com o preparo adequado e o esforço dos profissionais, creio que será superado o exagerado pessimismo de alguns céticos, que ainda criticam o diploma de 2015 apenas pelo sabor da crítica.

Como tudo na vida, não se deve sofrer por antecipação.

Tomando como meu o vaticínio do processualista português Miguel Teixeira de Sousa, pode-se afirmar que somente depois da entrada em vigor de um novo CPC é que começam as verdadeiras dificuldades. Um prazo razoável, pelo menos de 10 anos, deve ser considerado para a sua assimilação num país extenso como o Brasil.

Antes de tudo, é o próprio diploma que deve conquistar os operadores do direito para o regime processual que passou a vigorar, convencendo-os de suas vantagens; depois, as entidades de classe dos juízes, dos advogados e do Ministério Público têm o dever institucional de preparar e treinar os respectivos profissionais; simultaneamente, o Poder Judiciário não poderá medir esforços para aparelhar de modo minimamente consistente a máquina do serviço judiciário; e, finalmente – é preciso insistir -, há que se esperar que, na praxe forense, o CPC em vigor garanta efetivamente uma melhor gestão da justiça: segura, tempestiva e eficiente!

8. Conclusão: autonomia e maturidade da ciência processual brasileira

Transcorridos dois centenários de nossa independência política do reino de Portugal, verifica-se que efetivamente a dogmática do processo civil brasileiro, construída ao longo do tempo, em várias etapas sucessivas, chegou ao seu apogeu nos dias que correm.

Com efeito, revelando-se autônoma e suficientemente madura, a nossa ciência processual distanciou-se do condicionamento histórico que a caracterizou durante considerável período histórico.

Não é preciso dizer, por fim, que vários institutos processuais, como por exemplo, a sistemática da intervenção de terceiros, a tutela de urgência, a proteção dos direitos transindividuais, somada à inegável qualidade da nossa literatura especializada, têm se prestado a servir de modelo a muitas legislações da América Latina e da Europa continental.

Bibliografia

ALMEIDA JÚNIOR, João Mendes de. *A uniformidade, a simplicidade e a economia do nosso processo forense*, São Paulo, Siqueira, Nagel & Cia., 1915.

AZEVEDO, Luiz Carlos de. *Da penhora*, São Paulo, FIEO-Resenha Tributária, 1994.

BARBOSA MOREIRA, José Carlos. *A influência do CPC brasileiro no novo Código peruano*, Revista do Advogado da AASP, São Paulo, nº 40, julho de 1993.

BRAGA DA CRUZ, Guilherme. *A formação histórica do moderno direito privado português e brasileiro*, Revista da Faculdade de Direito da USP, 50, 1955.

CARVALHO, Alberto Antonio de Moraes. *Praxe forense ou directorio prático do processo civil brasileiro*, 3ª ed., Rio de Janeiro, Ribeiro dos Santos, 1910.

CRUZ E TUCCI, José Rogério e Azevedo, Luiz Carlos de. *Lições de história do processo civil lusitano*, Coimbra-São Paulo, Coimbra Ed.-Ed. RT, 2009.

DIAS, Handel Martins. *Condicionamento histórico do processo civil brasileiro: o legado do direito lusitano*, tese de doutorado, Faculdade de Direito da USP, 2015.

LIEBMAN, Enrico Tullio. *Istituti del diritto comune nel processo civile brasiliano*, Problemi del processo civile, Napoli, Morano, s/d.

LOBO DA COSTA, Moacyr. *Breve notícia histórica do direito processual civil brasileiro e de sua literatura*, São Paulo, Ed. RT-Edusp, 1970.

MARQUES, José Frederico. *O direito processual em São Paulo*, São Paulo, Saraiva, 1977.

MARTINS, Pedro Batista. *Em defesa do ante-projeto de Código de Processo Civil*, Processo oral, São Paulo, Ed. RT, 1940.

MARTINS, Pedro Batista. *Sobre o Código de Processo Civil*, Revista Forense, 81, 1940.

MENDONÇA LIMA, Alcides de. *A primazia do Código de Processo Civil e Comercial do Rio Grande do Sul*, Direito processual civil, São Paulo, JB Ed., 1977.

OLIVEIRA, A. de Almeida. *A assignação de dez dias no foro commercial e civil*, 2ª ed., Rio de Janeiro, Garnier, 1883.

PAULA BAPTISTA, Francisco de. *Compendio de theoria e pratica do processo civil comparado com o commercial*, 7ª ed., Lisboa, Livr. Clássica Ed., 1910.

REFLEXÕES SOBRE A FUNÇÃO CONSTITUCIONAL DO SUPREMO TRIBUNAL FEDERAL

Luiz Fux[1]

Antonio Ali Brito[2]

1. Introdução: a concepção das cortes constitucionais

Não são novas as discussões sobre o papel das Cortes Constitucionais na estrutura institucional dos seus respectivos Estados. A sua construção, aliás, foi concebida a partir do magistério do Professor alemão Georg Jellinek.

No ano de 1885, publicou um opúsculo, no qual defendia a criação de um Tribunal Constitucional para a Áustria, cuja implementação implicaria na superação da ideia das Cortes Imperiais, que ainda possuíam ingerência na formação da cultura política da Europa Ocidental no século XIX. [3]

Deveras, pensou o exercício da guarda e garantia da Constituição como componente fundamental para a consolidação de um Estado Constitucional naquele país, influenciando a formação de diversos juristas que seguiam o seu pensamento, podendo-se destacar, dentre estes, um antigo discípulo e ex-aluno em Heidelberg: Hans Kelsen.

1 Ministro do Supremo Tribunal Federal (STF). Ex-Presidente do Tribunal Superior Eleitoral (TSE). Professor Titular de Direito Processual Civil da Universidade do Estado do Rio de Janeiro (UERJ). Doutor e Livre-Docente em Direito Processual Civil pela Universidade do Estado do Rio de Janeiro (UERJ). Membro da Academia Brasileira de Letras Jurídicas. Membro da Academia Brasileira de Filosofia.

2 Acadêmico de Direito no Instituto Brasileiro de Ensino, Desenvolvimento e Pesquisa (IDP). Estagiário em Gabinete de Ministro do Supremo Tribunal Federal (STF).

3 JELLINEK, Georg. **Ein Verfassungsgerichstof für Österreich**. Wien: Hölder, 1885.

Kelsen foi responsável por encampar a ideia da formação de uma Corte Constitucional durante os trabalhos constituintes na Áustria, por delegação do então Chanceler austríaco Karl Renner, que, também, defendia a criação de um órgão responsável, única e exclusivamente, pela guarda daquela Constituição que estava sendo construída. Esta concepção inicial, de fato, veio a ser transposta para a Constituição Austríaca de 1920, concretizando-se em seus artigos 137 até 148. [4]

Tal ideia, qual seja, a da separação de um órgão específico para tratar de questões jurídicas relacionadas ao controle de constitucionalidade, ganhou prestígio entre os juristas da época, sendo, assim, aplicada na criação de diversos sistemas de justiça constitucional ao redor do mundo.

São exemplos alguns países como Alemanha, Espanha, Itália, Portugal, México e o Brasil, cuja Corte Constitucional, o Supremo Tribunal Federal, será objeto do presente estudo. [5]

A peculiaridade da estrutura e organização da justiça constitucional brasileira é produto de longa evolução histórica, construída através de um amplo leque de debates institucionais[6], que refletem a ascensão do Poder Judiciário nas democracias contemporâneas.

---

4 "uma centralização da revisão judicial da legislação era altamente desejável no interesse da autoridade da Constituição. A Constituição austríaca de 1920, nos seus artigos 137- 48, estabeleceu tal centralização ao reservar a revisão judicial da legislação a uma corte especial, a assim-chamada Corte Constitucional (Verfassungsgerichtshof). Ao mesmo tempo, a Constituição conferiu a essa corte o poder de anular a lei que considerasse inconstitucional": KELSEN, Hans. KELSEN, Hans. **Jurisdição constitucional**. 3ª ed. São Paulo, WMF Martins Fontes, 2013., p. 304, 305.

5 A evolução histórica acima descrita é uma versão adaptada do que pode ser encontrado em: BRITO, Antonio Ali Iossef Paranhos de. **Digitalização das cortes constitucionais: o caso do Supremo Tribunal Federal**. Brasília: Instituto Brasileiro de Ensino, Desenvolvimento e Pesquisa (IDP), 2023.

6 Nas palavras de Luís Roberto Barroso, "Há causas de naturezas diversas para o fenômeno. A primeira delas é o reconhecimento da importância de um Judiciário forte e independente, como elemento essencial para as democracias modernas.

Esses debates estão inseridos num contexto de grande ampliação das competências do Supremo Tribunal Federal, decorrentes de fenômenos como a constitucionalização do Direito e a abertura procedimental na jurisdição constitucional, característicos do pós-positivismo, que ganhou força com o advento da Constituição Federal de 1988.

O presente artigo busca, desse modo, formular reflexões sobre a conformação do Tribunal e sua sistemática decisória, com vistas à racionalização e o aperfeiçoamento de seus trabalhos, circunstância imposta pela necessidade de adaptação aos fenômenos acima narrados.

Assim, as reflexões desenvolvidas neste estudo encontram-se divididas em três partes: (i) inicialmente, será realizado um levantamento bibliográfico sobre a função institucional exercida pelo Supremo Tribunal Federal ao longo de sua história; (ii) posteriormente, serão tratadas as bases teóricas do papel constitucional da Corte na atividade jurisdicional; (iii) e, por fim, serão realizados alguns apontamentos e perspectivas para o futuro,

---

Como consequência, operou-se uma vertiginosa ascensão institucional de juízes e tribunais, assim na Europa como em países da América Latina, particularmente no Brasil. A segunda causa envolve certa desilusão com a política majoritária, em razão da crise de representatividade e de funcionalidade dos parlamentos em geral. Há uma terceira: atores políticos, muitas vezes, preferem que o Judiciário seja a instância decisória de certas questões polêmicas, em relação às quais exista desacordo moral razoável na sociedade. Com isso, evitam o próprio desgaste na deliberação de temas divisivos, como uniões homoafetivas, interrupção de gestação ou demarcação de terras indígenas. No Brasil, o fenômeno assumiu proporção ainda maior, em razão da constitucionalização abrangente e analítica – constitucionalizar é, em última análise, retirar um tema do debate político e trazê-lo para o universo das pretensões judicializáveis – e do sistema de controle de constitucionalidade vigente entre nós, em que é amplo o acesso ao Supremo Tribunal Federal por via de ações diretas." BARROSO, Luís Roberto. **Curso de direito constitucional contemporâneo: os conceitos fundamentais e a construção do novo modelo**. 11 ed. São Paulo: Editora Saraiva, 2023, p. 162.

levando em conta o surgimento de novas ferramentas decisórias nos trabalhos do Tribunal.

2. O Supremo Tribunal Federal e a sua função Constitucional

2.1. Papel institucional

Cumpre, inicialmente, destacar a importância do papel institucional exercido pelo Supremo Tribunal Federal para a preservação e manutenção da conformação estatal brasileira, tal como implantado pela Constituição, observando os valores fundamentais por ela parametrizados.

Frise-se que, ainda em seu germinar, o S.T.F. foi determinante para a estabilidade institucional e democrática do Brasil, conforme ressalta Aliomar Baleeiro[7] em seu seminal "*O Supremo Tribunal Federal, esse outro desconhecido*", em que demonstra a consolidação do Tribunal após um período de grande tensão entre poderes, protagonizada por figuras como os Presidentes Floriano Peixoto e Prudente de Morais.

Deveras, compreender a função institucional do Supremo implica em reconhecer que a sua atuação não pode ser dissocia-

7 "Liberto de preocupações cronológicas, todavia pontuo que a afirmação prática do Supremo Tribunal Federal, como defensor da Constituição e das liberdades públicas, coincide exatamente com os primeiros 40 anos dos seus 75 de vida. Já vimos como o primeiro decênio se marcou pelos episódios dramáticos da guerra civil de 1893 e das crises da fase inicial da República, desde a impregnação do militarismo no período presidencial de FLORIANO e da difícil consolidação do poder civil com PRUDENTE DE MORAIS (1894-1898), até que o regime se estabilizou e produziu melhores furtos com CAMPOS SALES e RODRIGUES ALVES (1898-1906). Afastados pela aposentadoria os Ministros herdados do antigo Supremo Tribunal de Justiça da Monarquia, os novos, integrantes da geração republicana, tomaram em mãos com denodo o poder de revisão judicial das leis, conferindo-as com a Constituição e declarando-as inconstitucionais, se contrárias a ela." BALEEIRO, Aliomar. **O Supremo Tribunal Federal, êsse outro desconhecido**. Rio de Janeiro, Forense, 1968, pp. 58 e 59.

da do fenômeno político que está inserido, como bem salienta Josaphat Marinho [8]:

> Decerto, qualquer que seja a especificidade da regra de direito, não há como separá-la do fato político, em que se insere a organização superior de mando na sociedade. As normas constitucionais, entretanto, delineando a estrutura e o funcionamento do Estado, assim como as relações deste com o indivíduo e seus direitos e deveres, prendem-se à política de modo mais acentuado que os domínios restantes do mundo jurídico. Se as formulações teóricas resumem o pensamento dos estudiosos, e muitas vezes consubstanciam tendências coletivas, e se os princípios estabelecidos exprimem o juízo prevalecente ou resultante de conciliação, em realidade, umas e outros refletem aspirações políticas. Podem não traduzi-las em ideia de forma linear, porque a política, revestida de espírito polêmico, exacerba a controvérsia inerente ao Direito. Mas, se os estilos das concepções e das normas confere dimensão variável ao Direito constitucional, doutrinário e positivo, não lhe extrai a substância política.

A atuação do STF, do ponto de vista institucional, pode ser compreendida, em suma, a partir dos ensinamentos de Tércio Sampaio Ferraz Jr., em brilhante abordagem sobre os procedimentos interpretativos utilizados pela Corte na busca pela legitimação das aspirações sociais:

> "o que entra em pauta é um problema de como captar o sentido das constituições no momento em que, concebidas es-

8 MARINHO, Josaphat. **Estudos Constitucionais: Da Constituição de 1946 à de 1988**. Salvador, Centro de Estudos Baianos: Universidade Federal da Bahia, 1989, p. 176.

> tas como sistemas de valores, a hermenêutica se transforma num instrumento de realização política, com base na qual a legislação procurará concretizar princípios e programas implicitamente agasalhados pelo texto constitucional. Ou seja, a questão hermenêutica deixa de ser um problema de correta subsunção do fato à norma — com sua carga lógica, histórica, sistemática, teleológica e valorativa — para tornar-se um problema de conformação política dos fatos, isto é, de suas transformações conforme um projeto ideológico." [9]

Deveras, lembramos que a classificação tradicional das funções do STF restringe-se à sua natureza jurisdicional. Anteriormente, já enumeramos, como suas funções: (i) a de *Tribunal Constitucional*, por exemplo, devendo processar e julgar originariamente a ação direta de inconstitucionalidade de lei ou ato normativo federal ou estadual e a ação declaratória de constitucionalidade de lei ou ato normativo federal, com fulcro no art. 102, I, "a", da Carta Política; (ii) a função de *Foro Especializado*, no processamento de Ações Penais Originárias, cujos réus são as mais altas autoridades do sistema político brasileiro, competência esta atribuída pelas alíneas "b", "c" e "d" do artigo 102, I; e (iii) a *função de tribunal último de apelação*, ao julgar os recursos extraordinários relativos às causas decididas em única ou última instância, com base nos critérios estabelecidos pelas alíneas do artigo 102, III. [10]

Não esqueçamos, entretanto, o seu importante papel na condição de Poder da República, como parte das instituições democrá-

9 FERRAZ JR., Tercio Sampaio *et al.* **Constituição de 1988: legitimidade, vigência e eficácia, supremacia.** São Paulo: Atlas, 1989, pg. 11.

10 Originalmente em: FUX, Luiz. Cortes constitucionais e democracia: o Supremo Tribunal Federal sob a Constituição de 1988. In: **30 Anos da Constituição Brasileira: Democracia, Direitos Fundamentais e Instituições**. José Antonio Dias Toffoli (Org.). Rio de Janeiro: Forense, 2018, p. 265.

ticas, assumindo, nesta, uma conformação política, utilizando-se dos referidos procedimentos interpretativos de legitimação das aspirações sociais.

Também já dissemos, anteriormente, que a interpretação constitucional tem se apresentado como um espaço público de deliberação e uma verdadeira arena de decisão. Nesse sentido, as relações comunicativas entre o STF e a sociedade têm conduzido a um reconhecimento de sua legitimidade pelos demais partícipes da comunidade política. O resultado desses esforços é o estabelecimento de uma jurisdição constitucional democrática, participativa e inclusiva. Se é comum reconhecer o STF como detentor do "monopólio da interpretação exigível",[11] é necessário perceber também que o Tribunal tem primado pela abertura à população, aproximando-se do ideal de Peter Häberle de uma "sociedade aberta dos intérpretes da constituição". [12-13]

2.2. Poderes e atribuições: o ideal da corte de teses

Convencionou-se dizer que o Supremo Tribunal Federal — a quem cabe a guarda precípua da Carta Magna — é o titular da jurisdição constitucional no Brasil.

11 FALCÃO, Joaquim; OLIVEIRA, Fabiana Luci de. **O STF e a Agenda Pública Nacional: de outro desconhecido a Supremo protagonista?** Lua Nova, São Paulo, n. 88, 2013, p. 431.

12 HÄBERLE, Peter. Hermenêutica constitucional. A sociedade aberta dos intérpretes da Constituição: Contribuição para interpretação pluralista e "procedimental" da Constituição. In: **Revista Direito Público**, Brasília, v. 11, n. 60, 2014.

13 Originalmente em: FUX, Luiz. Cortes constitucionais e democracia: o Supremo Tribunal Federal sob a Constituição de 1988. In: **30 Anos da Constituição Brasileira: Democracia, Direitos Fundamentais e Instituições**. José Antonio Dias Toffoli (Org.). Rio de Janeiro: Forense, 2018, p. 267.

Mas, que vem a ser a jurisdição constitucional?

Deveras, pode-se conceituar a jurisdição constitucional como "um sistema de providências judiciais específicas e técnico-jurídicas, com fundamento na Constituição, que objetiva garantir o exercício regular das funções estatais." [14]

Não foi outro o entendimento do já mencionado Hans Kelsen, quando da sua exposição na sessão de outubro de 1928, no Instituto Internacional de Direito Público, onde defendeu a jurisdição constitucional justamente como o instrumento pelo qual se realiza a garantia jurisdicional da Constituição [15], realizando incursões sobre seu papel para assegurar o referido exercício das funções estatais, as quais definiu como atos jurídicos.

Atribuindo tal sentido, cuidou de classificar estas funções (atos jurídicos) em atos de criação do direito, englobando a lei e as ações que compreendem a sua produção; e em atos de execução de direito criado, englobando a aplicação de normas jurídicas já estabelecidas.

Desse modo, partiu, incialmente, da concepção de uma ordem jurídica hierarquizada, para embasar a sua teorização sobre

---

14 BRITO, Edvaldo. Jurisdição constitucional. In: **Revista Erga Omnes**, ano 5, nº 7. Salvador: agosto/2013, p. 36.

15 "A ideia de regularidade se aplica cada grau, na medida em que é aplicação ou reprodução do direito. Porque a regularidade nada mais é que a relação de correspondência de um grau inferior com um grau superior da ordem jurídica. Não é apenas na relação entre os atos de execução material e as normas individuais — decisão administrativa e sentença —, ou também entre os atos de execução e as normas legais ou regulamentares gerais, que podem ser postuladas a regularidade e as garantias técnicas apropriadas para assegurá-la, mas também nas relações entre o decreto e a lei, e entre a lei e a Constituição. Assim, as garantias da legalidade dos decretos e da constitucionalidade das leis são tão concebíveis quanto as garantias da regularidade dos atos jurídicos individuais. *Garantias da Constituição significam portanto garantia das regras imediatamente subordinadas à Constituição, isto é, essencialmente, garantias da constitucionalidade das leis*": KELSEN, Hans. *Ob cit.*, p. 126.

a primeira classificação realizada (os atos de criação do direito). De acordo com suas ideias, a própria Constituição regularia, essencialmente, as elaborações das leis e, assim, estabeleceria uma relação de conformidade com todas as demais normas (tanto no procedimento a ser observado na produção destas normas, como em seu próprio conteúdo, após serem produzidas), por estar na mais alta posição hierárquica nas chamadas de fases intra-estatais da ordem jurídica de cada Estado.

A segunda classificação diz respeito à garantia da regularidade da aplicação do direito criado, entendendo Kelsen que o juiz, ao realizar tal asseguramento quando aplica a lei em conformidade com a Carta Magna, exerce o papel de legislador negativo.[16] [17]

Trata-se de manifestação da supremacia da Constituição, na medida em que exerce uma função conformadora da ordem jurídi-

16 "É aqui que aparece a distinção entre a elaboração e a simples anulação das leis. A anulação das leis se produz essencialmente como aplicação da Constituição. A livre criação que caracteriza a legislação está aqui quase completamente ausente. Enquanto o legislador só está preso pela Constituição no que concerne ao seu procedimento – e, de forma totalmente excepcional, no que concerne ao conteúdo das leis que deve editar, e mesmo assim, apenas por princípios ou diretivas gerais –, a atividade do legislador negativo, da jurisdição constitucional, é absolutamente determinada pela Constituição. E é precisamente nisso que sua função se parece com a de qualquer outro tribunal em geral: ela é principalmente aplicação e somente em pequena medida criação do direito.": *Ibid.* p. 153

17 Rui Barbosa, no contexto da criação do controle judicial de constitucionalidade no Brasil, explica: "Os Tribunais só revogam sentenças de Tribunais. O que eles fazem aos atos inconstitucionais de outros poderes é coisa tecnicamente diversa. Não os revogam: desconhecem-nos. Deixam-nos subsistir no corpo das leis, ou dos atos do Poder Executivo, mas, a cada indivíduo, por eles agravado, que vem requerer contra eles proteção, ou reparação, que demanda a manutenção de um direito ameaçado, ou a restituição de um direito extorquido, a cada litigante, que usa, com esse fim, do meio judicial, os magistrados, em homenagem à lei, violada pelo Governo, ou à Constituição, violada pela Congresso, têm obrigação de ouvir, e deferir.": BARBOSA, Rui. **Os atos inconstitucionais do Congresso ante a Justiça Federal - Obras completas,** vol. XX, 1893, Tomo V, Ministério da Educação e Cultura – Rio de Janeiro 1958, p. 99.

ca a ela submetida, se diferenciando, assim, de uma lei, consoante exposto por Ferdinand Lassalle. [18]

Em diferente posição, Konrad Hesse sustenta, ainda, que para além da supremacia da Lei Maior e a sua dependência vital em face da realidade social, refletida pelos fatores reais de poder — conforme defendeu Lassalle, — deve ela ter força normativa própria, pregando a necessidade e valor de uma ordem normativa inquebrantável, não dependendo unicamente dos fatos para a sua legitimação, também conquistada mediante o concurso da vontade humana.[19] [20]

Tais ideias incorporaram-se lentamente ao ordenamento jurídico brasileiro, pois, como se sabe, o Supremo Tribunal Federal foi criado com forte inspiração norte-americana, pelo Decreto nº 510, de 22 de junho de 1890, publicando a Constituição que vigoraria provisoriamente, até a conclusão dos trabalhos constituintes que ensejariam na promulgação da Constituição Republicana de 1891, que manteve, com pequenas modificações, o texto do Decreto nº 510.

Note-se que, para além do próprio STF, os competia aos demais juízes e tribunais apreciar "as causas em que alguma das

---

18 São suas palavras: "Qual a diferença entre uma Constituição e uma lei? Ambas, a lei e a Constituição, têm, evidentemente, uma essência genérica em comum. Uma Constituição, para reger, necessita de aprovação legislativa, isto é, tem que ser também lei. Todavia, não é uma lei como as outras, uma simples lei: é mais do que isso. Entre os dois conceitos não existem somente afinidades; há também dessemelhanças. Estas fazem com que a Constituição seja mais do que simples lei". LASSALLE, Ferdinand. **A essência da Constituição**. 6ª ed. Rio de Janeiro: Lumen Juris, 2001, p. 7.

19 HESSE, Konrad. **A força normativa da Constituição**. Porto Alegre: Sergio Antonio Fabris, 2001, p. 17, 18.

20 A explanação conceitual da jurisdição constitucional também pode ser encontrada em: BRITO, Antonio Ali Iossef Paranhos de. **Digitalização das cortes constitucionais: o caso do Supremo Tribunal Federal**. Brasília: Instituto Brasileiro de Ensino, Desenvolvimento e Pesquisa (IDP), 2023.

partes estribar a ação, ou a defesa, em disposição da Constituição Federal" (art. 59 do Dec. nº 510).

O recurso contra essas decisões era de competência do Supremo Tribunal Federal, consoante previsto no art. 58, § 1º do Dec. 510, cabendo-lhe analisar os casos em que "se contestar a validade de leis ou atos dos governos dos Estados em face da Constituição, ou das leis federais e a decisão do tribunal do Estado considerar válidos os atos, ou leis impugnados". O Supremo, então, assumia suas primeiras feições de Corte Constitucional.

Conforme nos ensina o saudoso Ministro Oscar Dias Corrêa, "iniciava-se, assim, o controle de constitucionalidade das leis, clara e objetivamente, no Brasil, controle hoje denominado difuso, culminando no Supremo Tribunal Federal". [21]

Além disso, o Decreto nº 510 e, posteriormente, a Constituição de 1891, atribuíram, também, ao Tribunal, o julgamento, em sede originária, de autoridades, de litígios envolvendo entes federativos ou países distintos, dentre outros.

Desde então, percebemos que foram outorgadas ao Supremo outras tantas competências não relacionadas, especificamente, ao controle de constitucionalidade, fazendo com que tivesse de exercer funções para além da sua atribuição de Corte Constitucional.

Indo um pouco mais à frente na linha do tempo, *e já observando a influência exercida pela ideia dos Tribunais Constitucionais,* encampada por Kelsen e Jellinek, esta temática foi uma das principais linhas de debate na Assembleia Constituinte de 1986-1987, quando foi discutida a repartição de competências entre os órgãos do Poder Judiciário.

21 CORRÊA, Oscar Dias. **O Supremo Tribunal Federal, Corte Constitucional do Brasil.** Rio de Janeiro, Forense, 1987, p. 3.

Pensava-se que um eventual esvaziamento das atribuições da Suprema Corte acabaria por enfraquecê-la e, desse modo, foram conferidas ao S.T.F. diversas funções, listadas no art. 102 da Constituição Federal.

Assim, estabeleceu-se que, também, cabia ao Supremo a apreciação de matéria penal; mandado de segurança contra atos do TCU; litígios de Estado estrangeiro; litígios das entidades da administração indireta; extradições solicitadas por Estado estrangeiro; homologação de sentença estrangeira e a concessão de exequatur às cartas rogatórias; habeas corpus em face Tribunal de 2º grau enquanto coator, dentre outras.[22]

A confusão entre o exercício de diversas funções alheias à jurisdição constitucional acabou por provocar um maior esforço por parte dos Ministros no sentido de conferir uma maior racionalização aos trabalhos da Corte.

O Ministro Carlos Velloso, por exemplo, no bojo da ADI 525/DF, distingue, de forma precisa, as diversas naturezas de que se reveste o Supremo, diante dessas várias funções ocupadas, com destaque para quando está exercendo a função de Corte Constitucional:

> "Já que estamos em sede de jurisdição constitucional concentrada, hoje, estamos representando, na verdade, o grande papel de Corte Constitucional que, nesta posição, põe-se acima do próprio Poder Judiciário. A Corte Constitucional, Supremo Tribunal Federal, decidindo, que o exercício de jurisdição constitucional concentrada, como Corte Constitucional, põe-se acima do próprio Supremo Tribunal Federal como Corte do Poder Judiciário."

22 Para ampla abordagem sobre as competências do Supremo Tribunal Federal consideradas alheias à jurisdição constitucional, ver: VELLOSO, Carlos Mário da Silva. **Temas de Direito Público.** Belo Horizonte: Del Rey, 1994, ps. 112 e segs.

Defende-se, nesse sentido, que haja prevalência dessa função do Tribunal enquanto Corte de Teses, verdadeira Corte Constitucional, porquanto imprescindível o desenvolvimento da sua capacidade institucional para a definição de teses jurídicas, de modo a pautar toda a atividade jurisdicional no país.

Reafirma-se o ideal de que ao Supremo Tribunal Federal não cabe o papel de Corte de Correção, que funcionaria, apenas, como órgão recursal de 4ª instância, além de tantas outras competências que nada se relacionam ao exercício do controle de constitucionalidade.

Ao revés: o exercício da jurisdição constitucional reclama a adoção de medidas racionalizadoras para garantir uma maior uniformização na aplicação do Direito Constitucional pátrio, através da determinação, pelo Tribunal, dos padrões interpretativos que mais se adequam à Carta Magna, conferindo maior segurança jurídica ao cidadão brasileiro.

3. Considerações finais: perspectivas para o futuro

Com o advento da Constituição de 1988, a justiça constitucional brasileira experimentou uma fase de verdadeira abertura procedimental.

Isso se torna claro ao observar, *v.g.*, no controle abstrato de constitucionalidade, o aumento do rol de legitimados para ajuizar as respectivas ações, conforme dispõe o art. 103 da CF88, em contraposição à antiga representação, utilizada antes do advento da Carta Magna, que era advinda, unicamente, do Procurador-Geral da República.[23]

---

23 Já dissemos, anteriormente, que "talvez a mudança mais importante diga respeito ao fim do monopólio do Procurador-Geral da República para propor as ações em

Além disso, a ampliação da jurisdição constitucional, tornando possível o julgamento de mais classes de ações originárias e em grau de recurso, permitiu, consectariamente, uma inegável ampliação no acesso à justiça.

Deveras, *por um lado*, tal extensão no acesso às portas do S.T.F. ensejou na importante democratização do pleito de demandas perante a Suprema Corte, ampliando a legitimidade dos jurisdicionados em suas postulações.

Como já se pôde manifestar no julgamento da ADI 5766, ao lado da eficiência na Justiça brasileira e da isonomia processual, o acesso à justiça se encontra ancorado na universalidade e na gratuidade, razão pela qual é necessário viabilizar aos mais necessitados todos os instrumentos necessários para efetivamente exercitarem o acesso à justiça com paridade de armas. [24] Consectariamente, é essencial a eliminação das (i) barreiras econômicas, das (ii) barreiras sociais e das (iii) barreiras culturais existentes para obstar tal direito.

Por outro lado, também impende salientar que a excessividade de litigância no Tribunal, decorrente desta abertura procedimental, ensejou no que se convencionou chamar de crise numérica do Poder Judiciário. Acentue-se que esta crise da justiça brasileira é

controle concentrado perante o Supremo Tribunal Federal. O art. 103 da Constituição de 1988 expandiu os canais de acesso à jurisdição constitucional e ampliou o rol dos entes legitimados para propor tais ações. Desta forma, esse dispositivo constitucional 'abriu inúmeras portas de entrada para demandas sociais e de minorias políticas na antes restrita agenda do STF'". FUX, Luiz. Cortes constitucionais e democracia: o Supremo Tribunal Federal sob a Constituição de 1988. In: **30 Anos da Constituição Brasileira: Democracia, Direitos Fundamentais e Instituições.** José Antonio Dias Toffoli (Org.). Rio de Janeiro: Forense, 2018, p. 265.

24 CAPPELLETTI, Mauro; GARTH, Bryan. **Acesso à justiça**. Porto Alegre: Sergio Antonio Fabris, 1998, p. 31 e seguintes; SANTOS, Boaventura de Sousa. O Acesso à justiça. In: AMB (org). **Justiça: promessa e realidade: o acesso à justiça em países ibero americanos.** Rio de Janeiro: Nova Fronteira, 1996.

uma velha conhecida, porquanto se trata de problema cuja origem pode se atribuir ao período colonial[25]. Tais problemáticas impõem a indicação de algumas perspectivas para o futuro, com vistas à sua resolução.

Em primeiro lugar, considerando os mencionados fenômenos da constitucionalização do Direito e da abertura procedimental na jurisdição constitucional, o Supremo Tribunal Federal também sofreu grandes impactos no exercício de sua função judicante. Estimava-se, no início dos anos 2000, que o S.T.F. já mantinha um acervo de 100 mil processos, sendo que, dentre estes, por volta de 95% eram representados pelos Recursos Extraordinários e dos Agravos dele decorrentes.

Assim, cabia ao Tribunal apresentar mecanismos para solucionar este grande volume de processos, através de propostas que pudessem racionalizar seus trabalhos, o que se concretizou, *v.g.*, com a criação da repercussão geral. Tal instituto, que tem funcionado como um importante filtro, *é um exemplo de instrumento que desejamos ver como paradigma para o futuro*, porquanto imprescindível para a simplificação na análise de demandas repetitivas, além de conferir maior celeridade, coerência e uniformidade para o julgamento dessas demandas em todo território nacional.

Buscou-se inspiração no funcionamento da Suprema Corte americana, que, no julgamento dos casos pela via recursal, utiliza-se do chamado *writ of certiorari* como forma de filtragem

---

25 "Nada obstante os preceitos constitucionais e legais em favor da expansão do acesso à justiça, a realidade é deveras distinta. A crise da justiça civil brasileira é uma velha conhecida. O historiador Stuart B. Schwartz, da Yale University (EUA), relata problemas relacionados à lentidão da Justiça e ao excesso de trabalho nas Cortes desde a era do Brasil colonial. Ante a falta de dados concretos do Judiciário de então, é difícil dizer se o problema se agravou ou não, mas é indubitável que ele persiste.": FUX, Luiz; BODART, Bruno. **Processo Civil e Análise Econômica**. 2 ed. Rio de Janeiro: Forense, 2020, p. 31, 32.

desta enorme quantidade de processos que eram apresentados. Dentre aproximadamente 8 mil casos apresentados, anualmente, à Suprema Corte dos EUA, são julgados aproximadamente 80.[26]

Em segundo lugar, também se revelou de grande importância para os trabalhos da Corte a implantação do Centro de Soluções Alternativas de Litígios (CESAL), instituído pela Resolução 790, de 29 de dezembro de 2022.

É composto pelo (i) Centro de Mediação de Conciliação, disciplinado pela Resolução n. 697/2020, a quem "compete buscar, mediante mediação ou conciliação, a solução de questões jurídicas sujeitas à competência do STF que, por sua natureza, a lei permita a solução pacífica"; (ii) pelo Centro de Cooperação Judiciária, disciplinado pela Resolução nº 775/2022, que dispõe sobre a cooperação entre o STF e os demais órgãos do Poder Judiciário; (iii) e pelo Centro de Coordenação e Apoio às Demandas Estruturais e Litígios Complexos (CADEC), a quem compete "auxiliar a resolu-

26 Sua funcionalidade pode ser explicada pela Regra n° 10 das Regras da Suprema Corte Americana, ao se prever que a revisão de um writ of certiorari não é uma questão de direito, mas de discricionariedade judicial. Uma petição para um writ of certiorari será concedida apenas por razões imperiosas. Assim, de maneira não exaustiva, a Corte pode considerar os seguintes motivos:
"1. Um tribunal de apelações dos Estados Unidos proferiu uma decisão em conflito com a decisão de outro tribunal de apelações dos Estados Unidos sobre o mesmo assunto importante; decidiu uma importante questão federal de forma que conflita com uma decisão de um tribunal estadual de última instância; ou até agora se desviou do curso aceito e usual dos processos judiciais, ou sancionou tal afastamento por um tribunal inferior, de modo a exigir o exercício do poder de supervisão deste Tribunal;
2. Um tribunal estadual de última instância decidiu uma questão federal importante de forma que conflita com a decisão de outro tribunal estadual de última instância ou de um tribunal de apelações dos Estados Unidos;
3. Um tribunal estadual ou um tribunal de apelações dos Estados Unidos decidiu uma questão importante de lei federal que não foi, mas deveria ser resolvida por esta Corte, ou decidiu uma questão federal importante de uma forma que entra em conflito com decisões relevantes deste Tribunal." – tradução livre. SUPREME COURT OF THE UNITED STATES. **Rules of the Supreme Court of the United States**. Washington DC, adopted april 18, 2019, effective july 1, 2019.

ção das demandas estruturais e dos litígios complexos da competência desta Suprema Corte".[27]

O estímulo à autocomposição é, inclusive, um dos grandes sustentáculos desse novo movimento de racionalização do sistema de justiça, tal como determinado pelo art. 3º, § 2º, do Código de Processo Civil de 2015, ao estabelecer que o "Estado promoverá, sempre que possível, a solução consensual dos conflitos", além de dispor, no § 4º, deste artigo, que "a conciliação, a mediação e outros métodos de solução consensual de conflitos deverão ser estimulados por juízes, advogados, defensores públicos e membros do Ministério Público, inclusive no curso do processo judicial.".

Em terceiro lugar, outra perspectiva interessante para o futuro é a questão da Gestão de Precedentes, importante medida no estímulo ao diálogo entre o Supremo Tribunal Federal e demais tribunais brasileiros. A sistemática dos precedentes é um dos grandes pilares do novo CPC, impondo o seu respeito e observância por todos os tribunais brasileiros, notadamente quando se refere às decisões do Supremo Tribunal Federal, em sede de Recurso Extraordinário, com repercussão geral reconhecida.

---

27 "O arranjo institucional estabelecido pela Resolução nº 790/2022 coloca em relevo três aspectos: a) a solução de problemas estruturais geralmente exige uma abordagem distinta da tradicional, com a realização de atos de cooperação judiciária e a adoção de técnicas de conciliação e mediação; b) a complexidade dos casos submetidos a mediações e conciliações no Supremo Tribunal Federal aconselha, em muitas hipóteses, o emprego de mecanismos de cooperação, inclusive de natureza interinstitucional; c) em processos estruturais, técnicas de conciliação e mediação muitas vezes são necessárias para a realização de uma espécie de negociação para efetivação da decisão estrutural de inconstitucionalidade." DIDIER JR., Fredie; FERNANDEZ, Leandro. A justiça constitucional no sistema brasileiro de justiça multiportas. In: **Revista da Ajuris - Associação dos Juízes do Rio Grande do Sul**, v. 50, 2023, p. 158-159.

Destaca-se, nesse contexto, a Resolução de nº 444, aprovada em fevereiro de 2022, pelo Conselho Nacional de Justiça, que *"institui o Banco Nacional de Precedentes (BNP) para consulta e divulgação por órgãos e pelo público em geral de precedentes judiciais, com ênfase nos pronunciamentos judiciais listados no art. 927 do Código de Processo Civil em todas as suas fases processuais".*

Sob o crivo da Tecnologia da Informação (TI), a Resolução CNJ 444/2022 determinou a centralização e a organização dos dados textuais de milhares de decisões judiciais em um único banco. Esse trabalho de estruturação dos dados não pode passar desapercebido, pois viabiliza a análise de *big data* e o aprendizado de máquina *(machine learning).*

A gradual implementação desta cultura de precedentes permitiu que o Tribunal pudesse otimizar consideravelmente seus processos, possibilitando a quebra de diversos recordes no que diz respeito à diminuição de acervo.

À guisa de conclusão, e no horizonte dessas novas perspectivas, deve-se observar que atenção à mencionada necessidade de racionalização e uniformização é um consectário da vocação do Supremo Tribunal Federal, no sentido de promover a sua abertura ao jurisdicionado em todo o território nacional, porquanto o julgamento de suas demandas terá como fundamento as teses jurídicas adotadas pelo Tribunal.

A Suprema Corte brasileira, nesse sentido, tem se proposto a adotar uma agenda de acompanhamento dos avanços em sua sistemática decisória, que tem sido um dos grandes alicerces na busca da efetivação da prestação jurisdicional.

Referências

BARBOSA, Rui. **Os atos inconstitucionais do Congresso ante a Justiça Federal** - Obras completas, vol. XX, 1893, Tomo V, Ministério da Educação e Cultura – Rio de Janeiro, 1958.

BARROSO, Luís Roberto. **Curso de direito constitucional contemporâneo: os conceitos fundamentais e a construção do novo modelo**. 11 ed. São Paulo: Editora Saraiva, 2023.

BALEEIRO, Aliomar. **O Supremo Tribunal Federal, êsse outro desconhecido**. Rio de Janeiro: Forense, 1968.

BRASIL. **Constituição da República Federativa do Brasil**. Acesso em 19 jun. 2023. Disponível em: https://www.planalto.gov.br/ccivil_03/constituicao/constituicaocompilado.htm

BRASIL. **Decreto nº 510 - de 22 de junho de 1890. Publica a Constituição dos Estados Unidos do Brazil.** Acesso em 19 jun. 2023. Disponível em: https://legis.senado.leg.br/norma/388004/publicacao/15722625.

BRASIL. **Lei nº 13.105, de 16 de março de 2015. Código de Processo Civil.** Acesso em 19 jun. 2023. Disponível em: https://www.planalto.gov.br/ccivil_03/_ato2015-2018/2015/lei/l13105.htm

BRASIL. Conselho Nacional de Justiça. **Resolução nº 444 de 25/02/2022.** Institui o Banco Nacional de Precedentes (BNP) para consulta e divulgação por órgãos e pelo público em geral de precedentes judiciais, com ênfase nos pronunciamentos judiciais listados no art. 927 do Código de Processo Civil em todas as suas fases processuais. Disponível em: https://atos.cnj.jus.br/atos/detalhar/4415.

BRASIL. Supremo Tribunal Federal. **Ação Direta de Inconstitucionalidade nº 525 - DF**. Rel. Min. Sepúlveda Pertence. Julgado em: 12 /06/1991.

BRASIL. Supremo Tribunal Federal. **Ação Direta de Inconstitucionalidade n. 5766 - DF.** Rel. Min. Luís Roberto Barroso. Julgado em: 20/10/2021.

BRASIL. Supremo Tribunal Federal. **Resolução nº 697, de 6 de agosto de 2020.** Dispõe sobre a criação do Centro de Mediação e Conciliação, responsável pela busca e implementação de soluções consensuais no Supremo Tribunal Federal.

BRASIL. Supremo Tribunal Federal. **Resolução nº 775, de 31 de maio de 2022**. Dispõe sobre a cooperação judiciária nacional no âmbito do Supremo Tribunal Federal.

BRASIL. Supremo Tribunal Federal. **Resolução nº 790, de 29 de dezembro de 2022.** Dispõe sobre a criação do Centro de Soluções Alternativas de Litígios do Supremo Tribunal Federal (CESAL/STF) e dá outras providências.

BRITO, Antonio Ali Iossef Paranhos de. **Digitalização das cortes constitucionais: o caso do Supremo Tribunal Federal.** Brasília: Instituto Brasileiro de Ensino, Desenvolvimento e Pesquisa (IDP), 2023.

BRITO, Edvaldo. Jurisdição constitucional. In: **Revista Erga Omnes**, ano 5, nº 7. Salvador: agosto/2013.

CAPPELLETTI, Mauro; GARTH, Bryan. **Acesso à justiça**. Porto Alegre: Sergio Antonio Fabris, 1998.

CORRÊA, Oscar Dias. **O Supremo Tribunal Federal, Corte Constitucional do Brasil.** Rio de Janeiro, Forense, 1987.

DIDIER JR., Fredie; FERNANDEZ, Leandro. A justiça constitucional no sistema brasileiro de justiça multiportas. In: **Revista da Ajuris - Associação dos Juízes do Rio Grande do Sul**, v. 50, 2023.

FALCÃO, Joaquim; OLIVEIRA, Fabiana Luci de. **O STF e a Agenda Pública Nacional: de outro desconhecido a Supremo protagonista?** Lua Nova, São Paulo, n. 88, 2013.

FERRAZ JR., Tercio Sampaio et al. **Constituição de 1988: legitimidade, vigência e eficácia, supremacia**. São Paulo: Atlas, 1989.

FUX, Luiz. Cortes constitucionais e democracia: o Supremo Tribunal Federal sob a Constituição de 1988. In: **30 Anos da Constituição Brasileira: Democracia, Direitos Fundamentais e Instituições**. José Antonio Dias Toffoli (Org.). Rio de Janeiro: Forense, 2018.

FUX, Luiz; BODART, Bruno. **Processo Civil e Análise Econômica**. 2ª ed. Rio de Janeiro: Forense, 2020.

HÄBERLE, Peter. Hermenêutica constitucional. A sociedade aberta dos intérpretes da Constituição: Contribuição para interpretação pluralista e "procedimental" da Constituição. In: **Revista Direito Público**, Brasília, v. 11, nº 60, 2014.

HESSE, Konrad. **A força normativa da Constituição**. Porto Alegre: Sergio Antonio Fabris, 2001.

JELLINEK, Georg. **Ein Verfassungsgerichstof für Österreich.** Wien: Hölder, 1885.

KELSEN, Hans. **Jurisdição constitucional.** 3ª ed. São Paulo, WMF Martins Fontes, 2013.

LASSALLE, Ferdinand. **A essência da Constituição.** 6ª ed. Rio de Janeiro: Lumen Juris, 2001.

MARINHO, Josaphat. **Estudos Constitucionais: da Constituição de 1946 à de 1988.** Salvador, Centro de Estudos Baianos: Universidade Federal da Bahia, 1989.

SANTOS, Boaventura de Sousa. O acesso à justiça. In: AMB (org). **Justiça: promessa e realidade: o acesso à justiça em países ibero americanos**. Rio de Janeiro: Nova Fronteira, 1996.

SUPREME COURT OF THE UNITED STATES. **Rules of the Supreme Court of the United States**. Washington DC, adopted april 18, 2019, effective july 1, 2019.

VELLOSO, Carlos Mário da Silva. **Temas de Direito Público.** Belo Horizonte: Del Rey, 1994.

A NOVA LINDB E O DIREITO ADMINISTRATIVO: O QUE ESPERAR?

Maria Sylvia Zanella Di Pietro[1]

SUMÁRIO: 1. Introdução; **2.** Do princípio da segurança jurídica; **3.** Do princípio da motivação; **4.** Do princípio da proporcionalidade; **5.** Observações finais.

1. Introdução

A Lei nº 13.655, de 25-4-18, que inclui no Decreto-lei nº 4.657, de 4-9-1942 (Lei de Introdução às Normas do Direito Brasileiro) disposições sobre segurança jurídica e eficiência na criação e na aplicação do direito público, resultou da aprovação do Projeto de Lei nº 7.448/2017 (Projeto de Lei do Senado nº 349/2015), de iniciativa do Senador Antonio Augusto Junho Anastasia e aprovado, com alguns vetos, pelo Chefe do Poder Executivo. A redação do anteprojeto foi feita por Carlos Ari Sundfeld e Floriano de Azevedo Marques Neto.

Ainda na fase de tramitação desse projeto de lei, foi publicado pelo Senado Federal um texto intitulado *Segurança Jurídica e Qualidade das Decisões Públicas*, reunindo trabalho de vários juristas contendo comentários a dispositivos do projeto. A Coordenação coube a Flávio Henrique Unes Pereira.

Em sua fase de tramitação, o Projeto recebeu críticas formuladas pela Consultoria Jurídica do Tribunal de Contas da União, em trabalho intitulado "*Análise preliminar do PL 7.448/2017*". Essas críticas foram objeto de análise em texto publicado na Revista

---

1 Membro da Academia Brasileira de Letras Jurídicas

Brasileira da Advocacia – RBA, ano 3, nº 9, abril-junho, 2018, firmado por mais de vinte juristas da área de direito administrativo de diferentes Universidades do país. Conforme afirmado nesse texto, "*o TCU parece ver no PL tentativa de supressão de competências constitucionais do próprio Legislativo e das Cortes de Contas*", acrescentando que "*os questionamentos são fruto de leitura incorreta dos dispositivos do projeto, pois ou não refletem o teor expresso de suas normas ou vislumbram conflitos normativos inexistentes*".

A leitura desse texto publicado pela RBA é importante para bem compreender o sentido das normas contidas na Lei nº 13.655/18, que não têm e não poderiam ter por objetivo afetar, de algum modo, as competências constitucionais do TCU. A Lei traz sensível contribuição para os profissionais do direito relativamente à interpretação e aplicação das leis, especialmente nas matérias afetas à Administração Pública e que são sujeitas à apreciação pelos órgãos de controle. Como se verifica por vários de seus dispositivos, a lei dirige-se à Administração Pública, aos órgãos de controle (externo e interno) e ao Poder Judiciário.

A Lei nº 13.655, de 25-4-2018, veio mudar um pouco a feição da antiga LINDB – Lei de Introdução às Normas do Direito Brasileiro. Essa lei, desde suas origens, continha normas que se inseriam na teoria geral do direito e, portanto, aplicáveis a todos os ramos do direito, público e privado. A Lei nº 13.655 veio estabelecer normas essencialmente voltadas para o direito administrativo, alcançando não só a própria Administração Pública, mas também os órgãos que a controlam, como Tribunais de Contas, Ministério Público e Judiciário, além dos órgãos de controle interno.

Ela estabelece diretrizes que orientam e limitam a atuação desses órgãos no que diz respeito à interpretação e à aplicação do direito.

Nem tudo o que nela se contém constitui inovação, porque a lei agasalha preceitos que já decorrem dos ensinamentos da doutrina ou de teses já aceitas pela jurisprudência, ou que já estão consagradas no próprio direito positivo. Ela tem o mérito de tornar expressos em lei alguns desses preceitos; ela tem também o mérito de definir, ainda que parcialmente, o conteúdo de alguns princípios do direito administrativo. Eu diria que, em alguns casos, ela transforma princípios em regras jurídicas.

As alterações introduzidas na LINDB pela Lei nº 13.655 reforçam e complementam a exigência de determinados princípios já previstos na Constituição, de forma expressa ou implícita, e em leis infraconstitucionais, em especial os da segurança jurídica, motivação, proporcionalidade, consensualidade, transparência, eficiência, interesse público.

Três princípios são especialmente relevantes na lei: o da *segurança jurídica* (que já aparece no preâmbulo), o da *motivação* e o da *proporcionalidade*. Mas é certo dizer que quase todos os princípios e regras contidos na Lei nº 13.655 têm por objetivo último garantir a segurança jurídica na aplicação do direito administrativo, seja na esfera administrativa, seja na esfera de controle, seja na esfera judicial.

2. Do princípio da segurança jurídica

Um dos principais dispositivos que protege a segurança jurídica é o artigo 24, que veda a *retroação de nova orientação geral*. Determina esse dispositivo "*que a revisão, nas esferas administrativa, controladora ou judicial, quanto à validade de ato, contrato, ajuste, processo ou norma administrativa cuja produção já se houver completado levará em conta as orientações gerais da época, sendo vedado que, com base em mudança posterior de orientação geral, se declarem inválidas situações plenamente constituídas*". E o parágrafo único define *orientações gerais* como "*as interpretações e especificações contidas em atos públicos de caráter geral ou em jurisprudência judicial ou administrativa majoritária, e ainda as adotadas por prática administrativa reiterada e de amplo conhecimento público*".

O dispositivo reforça norma que já se continha na Lei de Processo Administrativo federal (Lei nº 9.784, de 29-1-99) que, no artigo 2º, parágrafo único, inciso XIII, proíbe a "*aplicação retroativa de nova interpretação*". Só que o dispositivo da LINDB tem alcance maior que o da Lei nº 9.784, já que esta só se aplica aos processos administrativos, enquanto o dispositivo daquela alcança não só os órgãos administrativos, como também os órgãos de controle, inclusive o Poder Judiciário, em todas as esferas de governo.

Além disso, a norma do artigo 24 completa-se com o preceito contido no artigo 23, pelo qual, em caso de mudança de interpretação ou orientação nova, impondo novo dever ou novo condicionamento de direito, deverá ser previsto *regime de transição* de modo que o novo dever ou condicionamento seja cumprido de modo *proporcional, equânime* e *sem prejuízo aos interesses gerais*.

É muito comum a Administração Pública adotar determinada interpretação com caráter normativo, como acontece na Receita Federal e no âmbito da advocacia pública, cujas leis chegam a prever a elaboração de súmulas de observância obrigatória para todos os órgãos sujeitos à sua área de atuação. Se a Administração Pública posteriormente alterar o seu entendimento e aprovar nova orientação, esta não pode atingir situações plenamente constituídas na vigência da orientação anterior.

É exatamente o mesmo fundamento que deu origem à regra do artigo 5º, inciso XXXVI, da Constituição Federal, pelo qual "*a lei não prejudicará o direito adquirido, o ato jurídico perfeito e a coisa julgada*".

Se a lei não pode retroagir, a toda evidência, não podem retroagir as novas interpretações adotadas nos âmbitos administrativo, controlador e judicial. Essa retroação afronta o princípio da segurança jurídica, inclusive sob o aspecto da proteção à confiança: o cidadão acredita que a sua situação se consolidou com base em orientação adotada à época e não pode ser prejudicado pela mudança dessa orientação.

É importante realçar que o artigo 24 não impede a invalidação de todo e qualquer ato ou contrato administrativo, mas apenas daqueles que foram praticados com base em orientação geral vigente à época. As orientações gerais, por terem alcance normativo, retratando um posicionamento da Administração Pública sobre determinada matéria controvertida, cria a expectativa do administrado no sentido de que a decisão administrativa esteja correta, por ter sido adotada com base na interpretação vigente na esfera administrativa. O objetivo da norma é proteger a boa-fé dos administrados que foram beneficiados com a orientação aprovada em caráter geral. A norma protege a *confiança legítima*, que corresponde ao aspecto subjetivo do princípio da segurança jurídica. E protege também a *estabilidade* das relações jurídicas, que corresponde ao aspecto objetivo da segurança jurídica. Não pode o administrado ficar à mercê das mudanças de interpretação passíveis de afetar situações jurídicas já definitivamente constituídas. Essas mudanças só podem produzir efeitos futuros.

Conforme realçado no texto publicado na RBA, "*ninguém nega que as instituições públicas, na administração, no sistema de con-*

trole ou no Poder Judiciário, possam alterar suas interpretações sobre o Direito. É normal que, com o devido cuidado, o façam, inclusive em decorrência de novas demandas e visões que surgem no passar do tempo. Contudo, as relações jurídicas preexistentes não podem ser ignoradas. Elas seguem existindo e, se for o caso, terão de se adequar às novas interpretações ou orientações. Necessário, então, que seja previsto regime jurídico de transição que lhes dê tempo e meios para que realizem a conformação, segundo parâmetros de razoabilidade e proporcionalidade, tal qual tem se dado em matéria de modulação de efeitos nas declarações de inconstitucionalidade e, mais recentemente, com mera modificação de posição dominante do Supremo Tribunal Federal".

O texto ainda observa que "*o dispositivo, aliás, fortalece os órgãos de controle e aumenta a transparência de sua ação, autorizando-os a negociar formalmente com os destinatários de suas decisões, quando for o caso. Isso, por um lado, supera preconceitos jurídicos arcaicos, segundo os quais as autoridades públicas não poderiam jamais ouvir e dialogar, devendo sempre impor e castigar. De outro lado, a autorização legal formal evita que, na busca de soluções de transição adequadas, essas autoridades tenham, como é comum, de recorrer a artifícios (pedidos de vista, instruções processuais protelatórias, reuniões informais com os interessados, etc). O ganho de transparência fortalece todos os destinatários da norma*".

A norma do artigo 24 se reforça com o preceito contido no artigo 23, pelo qual, em caso de mudança de interpretação ou orientação nova, impondo novo dever ou novo condicionamento de direito, deverá ser previsto *regime de transição* de modo que o novo dever ou condicionamento seja cumprido de modo *proporcional, equânime* e *sem prejuízo aos interesses gerais.*

O Decreto nº 9.830, de 10-6-19, que regulamenta o disposto nos artigos 20 a 30 do Decreto-lei nº 4.657, de 4-99-1942, repete, no artigo 5º, *caput* e § 1º, o preceito já contido no artigo 24 da LINDB. No § 1º determina que "é vedado declarar inválida situação plenamente constituída devido à mudança de orientação geral". E no § 2º estabelece que "*o disposto no § 1º não exclui a possibilidade de suspensão de efeitos futuros de relação em curso*".

3. Do princípio da motivação

No que diz respeito ao *princípio da motivação*, já amplamente defendido pela doutrina e jurisprudência e previsto no direito positivo, a LINDB, com a introdução dos artigos 20 a 22, impõe aos órgãos administrativos, controladores e judiciais, a observância de determinadas exigências que devem ser observadas na motivação de suas decisões.

Normalmente se considera que a motivação (obrigatória tanto para a Administração Pública, como para os órgãos de controle e para o Judiciário) exige indicação dos *fatos* e dos *fundamentos jurídicos* da decisão. Na Lei de Processo Administrativo, o artigo 2º prevê o princípio da motivação entre aqueles a que se sujeita a Administração Pública; e, no parágrafo único, inciso VII, exige "*indicação dos pressupostos de fato e de direito que determinarem a decisão*". Por sua vez, o artigo 50 estabelece que os atos administrativos devem ser motivados, com indicação dos fatos e dos fundamentos jurídicos. Por isso se diz que os motivos podem ser *de fato* e *de direito*.

Os artigos 20 a 22 da LINDB tornaram mais exigente a motivação. Não basta mencionar os fatos e o direito que levaram à prática do ato. É necessário que a decisão, seja administrativa, controladora ou judicial, leve em conta os *efeitos práticos, jurídicos e administrativos* da decisão.

O artigo 20 determina que "*nas esferas administrativa, controladora e judicial, não se decidirá com base em valores jurídicos abstratos sem que sejam consideradas as consequências práticas da decisão.*" O artigo 3º, § 1º, do Decreto nº 9.830/19 define como "*valores jurídicos abstratos aqueles previstos em normas jurídicas com alto grau de indeterminação e abstração*". Não basta mencionar um princípio em que se baseia ou um valor representado por um conceito jurídico indeterminado. Não basta motivar invocando, por exemplo, o princípio do interesse público, sem especificar o seu conteúdo no caso concreto; ou mencionar a moralidade administrativa, sem dizer em que sentido a decisão contraria esse valor. É preciso raciocínio voltado para o futuro, para as consequências do ato. Eu cito no meu livro *Direito Administrativo*[2] o exemplo da invalidação de um contrato que já está em execução: a invalidação obrigará a celebração de outros contratos, inclusive emergenciais, sem licitação; poderá acarretar o dever de indenizar o contratado, se não foi ele que deu causa à ilegalidade; pode levar a uma contratação de maior valor. Esses efeitos decorrem do próprio ordenamento jurídico.

Vale dizer que, ponderando sobre os efeitos da decisão, a autoridade poderá concluir que a invalidação não é a melhor solução.

Isto não constitui novidade no direito brasileiro. De longa data, a doutrina e a jurisprudência defendem a possibilidade de manter atos ou contratos ilegais, se da invalidação resultar prejuízo maior para o interesse público. Desde longa data a doutrina e a jurisprudência defendem a possibilidade de manutenção de atos

2 32ª ed. Rio de Janeiro: Forense, 2023, p. 76.

ou contratos ilegais, se da invalidação resultar prejuízo maior para o interesse público. Isto não significa que o agente público responsável pela ilegalidade não deva responder pelas consequências danosas de seu ato. Uma coisa é manter o ato ilegal. Outra coisa é isentar de responsabilidade o servidor que agiu ilegalmente.

O Regulamento da Lei (Decreto nº 9.830, de 10-6-19) permite que a autoridade module os efeitos de sua decisão de invalidação e permite que sua eficácia se inicie em momento futuro. A modulação também não constitui novidade no direito brasileiro, porque já prevista no artigo 27 da Lei nº 9.868, de 10-11-99, e no artigo 11 da Lei nº 9.882, de 3-12-98, que regulam, respectivamente a ADIN e a ADPF. Essa modulação constitui aplicação do princípio da segurança jurídica, como está expresso nos dispositivos legais citados.

Outra circunstância que deve ser levada em consideração na motivação são os *obstáculos* e as *dificuldades* que o gestor enfrente na gestão pública e no cumprimento de políticas públicas. É o que determina o artigo 22, *caput*, da LINDB, em cujos termos "*na interpretação de normas sobre gestão pública, serão considerados os obstáculos e as dificuldades reais do gestor e as exigências de políticas públicas a seu cargo, sem prejuízo dos direitos dos administrados*".

Por exemplo, devem ser levadas em consideração as limitações financeiras e orçamentárias, inclusive as normas da Lei de Responsabilidade Fiscal (Lei Complementar nº 101, de 4-5-00), a necessidade de adotar medida urgente diante das circunstâncias concretas enfrentadas pelo administrador, a imposição de medidas necessárias para dar cumprimento a políticas públicas.

A respeito do artigo 22 da LINDB (que corresponde ao artigo 21 do Projeto de Lei nº 349/15, do Senado), Alexandre Santos de Aragão[3] observa que "*no Direito Administrativo, muitas vezes as previsões abstratas das normas, e a interpretação que delas fazem alguns órgãos de controle, não possuem maleabilidade suficiente para dar conta de todos os casos concretos com os quais o administrador público se depara em seu dia a dia, colocando-o diante de um difícil dilema: cumprir cegamente a letra da lei e deixar perecer alguma necessidade pública premente ou a implementação eficiente da política pública a seu encargo; ou interpretá-la inteligentemente, à luz dos seus fins sociais, atendendo aos objetivos públicos que estão ao seu encargo, mas não a sua letra fria e isolada, sujeitando--se, por essa razão, a sanções. Sua grande falta teria sido realizar materialmente os objetivos da norma e do direito, mas não cumprido a sua regra abstrata e isolada tal como interpretada, mais ortodoxamente, por alguns órgãos de controle*". O autor cita alguns exemplos concretos para ilustrar o dilema que enfrenta o administrador público e depois acrescenta que "*diante da renitência de alguns* órgãos *de controle em seguir essa visão de uma legalidade mais ampla ou de juridicidade, parece necessário se explicitar para o Direito Administrativo como um todo – já que o problema não é restrito a determinados setores da Administração Pública ou entes federativos – a necessidade de que a sua interpretação deve levar em consideração as exigências práticas com as quais o administrador tem que lidar em cada caso concreto, pois a Administração Pública não se destina apenas a fazer belas subsunções formais, mas a transformar concretamente a realidade de acordo com o programa constitucional*".

3 In: PEREIRA, Flávio Henrique Unes (coordenação). *Segurança jurídica e qualidade das decisões públicas*. Desafios de uma sociedade democrática. Brasília: Senado Federal, 2015, p. 20.

Com efeito, as dificuldades de toda ordem enfrentadas pelo administrador público são muitas e não podem deixar de ser levadas em consideração pelos órgãos de controle. Por isso mesmo, o § 1º do artigo 22 determina que *"em decisão sobre regularidade de conduta ou validade de ato, contrato, ajuste, processo ou norma administrativa, serão consideradas as circunstâncias práticas que houverem imposto, limitado ou condicionado a ação do agente"*.

O artigo 8º do Decreto nº 9.830/19 repete, com outras palavras, a norma do artigo 22 da LINDB. *No § 2º* determina que a decisão sobre a regularidade de conduta ou a validade de atos, contratos, ajustes, processos ou normas administrativas (referida no § 1º), observe *"o disposto nos artigos 2º, 3º ou 4º"*, que são os dispositivos que contêm normas sobre a motivação. Por outras palavras, a decisão sobre a regularidade de conduta ou de vício de ilegalidade, não pode basear-se em valores abstratos, deve levar em conta a situação concreta enfrentada pela autoridade, deve apontar os efeitos da decisão nas esferas administrativa e controladora, deve observar a adequação, proporcionalidade e razoabilidade. A motivação deve observar essas exigências.

4. Do princípio da proporcionalidade

O princípio da motivação deve ser combinado com o da proporcionalidade. A LINDB exige que se demonstre a *necessidade* e *adequação* da medida imposta ou da invalidação decretada, levando em consideração as possíveis alternativas. Lembre-se a lição de Robert Alexy, segundo a qual, para a proporcionalidade, em sentido amplo, se exige demonstração de *adequação, necessidade* e *proporcionalidade em sentido estrito.*

O parágrafo único do artigo 21 da lei, na parte final, proíbe que, para fins de regularização de um ato ou contrato ilegal, se imponham aos sujeitos atingidos ônus ou perdas que, em razão das peculiaridades do caso, sejam *anormais* ou *excessivas*. Trata-se também de aplicação do princípio da proporcionalidade. Aqui também a medida repete, em outros termos, norma que já se contém no artigo 2º, parágrafo único, inciso VI, da Lei de Processo Administrativo federal (Lei nº 9.784/99), o qual exige, nos processos administrativos, se observe a "*adequação entre meios e fins, vedada a imposição de obrigações, restrições e sanções em medida superior* àquelas *estritamente necessárias ao atendimento do interesse público*".

A norma do artigo 21 da LINDB repete-se no artigo 4º, § 2º, do Regulamento. E o § 4º do mesmo dispositivo estabelece a possibilidade de modulação dos efeitos da declaração de invalidade, prevendo a possibilidade, para o administrador, de "*I – restringir os efeitos da declaração; ou II – decidir que sua eficácia se iniciará em momento posteriormente definido*". Pelo § 5º do artigo 4º, "*a modulação dos efeitos da decisão buscará a mitigação dos ônus ou das perdas dos administrados ou da administração pública que sejam anormais ou excessivos em função das peculiaridades do caso*".

Ainda a exigência de proporcionalidade está presente na lei em matéria de aplicação de sanções.

O artigo 22, § 2º, contém norma que repete preceito que aparece de longa data nos estatutos dos funcionários públicos, como é o caso do artigo 128 da Lei nº 8.112/90:

> *Na aplicação de sanções serão consideradas a natureza e a gravidade da infração cometida, os danos que dela provierem para a administração pública, as circunstâncias agravantes ou atenuantes e os antecedentes do agente.*

Tudo isso tem que ser demonstrado na motivação da sanção. E já tem sido aplicado pela jurisprudência. São inúmeras as ações judiciais em que o autor reclama do excesso de punição. Mesmo as pessoas que não são servidoras públicas, como as punidas por agências reguladoras ou outros órgãos que exercem poder de polícia, com muita frequência vão a juízo para alegar os excessos da punição diante da infração praticada. Só que agora não se trata apenas de um princípio, mas de um comando legal. Trata-se de *regra jurídica*.

Ainda sobre a proporcionalidade na aplicação de sanções, o § 3º do artigo 22 da LINDB estabelece que "*as sanções aplicadas ao agente serão levadas em conta na dosimetria das demais sanções de mesma natureza e relativas ao mesmo fato*".

Esse dispositivo é especialmente relevante diante da sobreposição de instâncias sancionadoras, agasalhadas pelo direito positivo. O mesmo fato pode ensejar punição na esfera administrativa, na esfera cível (pela aplicação da lei de improbidade administrativa, ou pela lei anticorrupção), na esfera do Tribunal de Contas, na esfera do CADE, na esfera das agências reguladoras. Muitas vezes, a mesma sanção é prevista em várias leis. Nesse caso, o § 3º do artigo 22 exige que as sanções aplicadas aos agentes, em uma das instâncias seja levada em consideração em outras instâncias, na dosimetria das demais sanções. O objetivo é impedir a cumulação de sanções pela prática da mesma infração. Não há como aplicar, por exemplo, duas vezes a pena de multa ou a proibição de receber incentivos do poder público, ou a declaração de inidoneidade.

O Supremo Tribunal Federal já decidiu que o Tribunal de Contas da União não pode aplicar sanções que já foram levantadas em acordo de leniência.[4]

Por sua vez, o Tribunal de Contas da União[5] realçou o aspecto da *unicidade do sistema de controle.* Ele reconheceu que o acordo de leniência, tendo natureza contratual, só produz efeitos entre as partes. Como o Tribunal não participou do acordo de leniência, ele não poderia ser alcançado pelos seus efeitos. No entanto, entendeu que"

> *"as diversas instâncias de controle devem atuar em prol da unidade do sistema de combate aos ilícitos que são instrumentalizados a perseguir e sancionar. Tomando por base a ideia de um microssistema de tutela da moralidade e da probidade públicas, compreendo que o Tribunal de Contas, o Ministério Público, o Ministério TFC e o CADE devem atuar, nos eventuais espaços de sobreposição, no sentido de cooperar entre si com vistas a maximizar a eficácia de defesa dos referidos bens jurídicos, sob a ótica do Estado como um todo."*

5. Observações finais

Diante dos aspectos da LINDB, apontados nos itens anteriores, ficam algumas indagações: O que esperar? O que exigir?

A lei não é muito fácil de ser entendida e aplicada no dia a dia pelo servidor público, dependendo da categoria em que se insere e do nível de preparo exigido para o cargo ou emprego que ocupa.

4 Medida Cautelar no MS-35.435-DF, Rel. Min. Gilmar Mendes, j. 13-04-2018.

5 Acórdão 1214/2018, relatado pelo Ministro Benjamin Zymller, em 30-05-2018.

A sua compreensão depende, em grande parte, das lições e experiências que o servidor vai vivenciando no exercício de suas funções. Ele pode e deve ser orientado pelos órgãos jurídicos que existem em todos os níveis da Administração Pública. A efetiva aplicação da lei depende em grande parte de sua aceitação pelos órgãos de controle, especialmente do Poder Judiciário.

Embora, aparentemente, a lei apresente, a uma primeira leitura, alguma dificuldade de entendimento, o fato é que ela não contém tantas inovações como pode parecer. Muitos dos preceitos por ela adotados já são aplicados pela jurisprudência dos tribunais, inclusive dos Tribunais de Contas.

O seu descumprimento pela Administração Pública pode ser corrigido nas vias de controle e judiciais.

Além dos textos já citados, contendo comentários sobre a lei, é importante lembrar que, em 14- 6-2019, foi realizado um seminário pelo Instituto Brasileiro de Direito Administrativo – IBDA, reunindo professores de direito administrativo de várias Universidades, no Município de Tiradentes, em Minas Gerais, do qual resultou a aprovação de "Enunciados relativos à interpretação da LINDB e seus impactos no Direito Administrativo". Tais enunciados foram divulgados por meio de artigo de Fabrício Motta, então Presidente daquele Instituto, conforme publicação no CONJUR do dia 11-7- 2019.

Também é relevante lembrar que a Lei nº 14.133/21 vem produzindo frutos no âmbito do direito positivo, uma vez que suas normas se repetem em outras leis. É o caso da Lei nº 14.133, de 1º-4-2021 (lei de licitações e contratos administrativos). No artigo 5º, que dá o elenco dos princípios da licitação, manda, na parte final, sejam observadas as disposições do Decreto-Lei nº 4.657, de 4-9-1942. Por sua vez, o artigo 156, § 1º, inspira-se no artigo 22 da

LINDB, incluído pela Lei nº 13.655, de 25-4-2018, ao determinar que na aplicação das sanções serão considerados a natureza e a gravidade da infração cometida, as peculiaridades do caso concreto, aas circunstâncias agravantes ou atenuantes, os danos que dela provierem para a Administração Pública. Outra norma da Lei nº 14.133 que se inspirou na LINDB é a que se contém no artigo 147, que permite a continuidade de execução do contrato, em caso de irregularidade na licitação ou na execução contratual, na hipótese em que a invalidação não se apresente como a melhor solução para o interesse público.

Do mesmo modo, a Lei nº 8.429, de 2-6-1992, com as alterações introduzidas pela Lei nº 14.230, de 25-10-2021, inspirou-se grandemente na LINDB, como se verifica pela norma do artigo 17-C, que impõe, na elaboração da sentença proferida nas ações de improbidade, a observância de várias exigências, que praticamente repetem disposições já contidas na Lei nº 8.429/02, como as relativas à motivação (que deve considerar as consequências práticas da decisão), aos princípios da razoabilidade e proporcionalidade, a que manda levar em consideração os obstáculos e as dificuldades reais do gestor (inciso III) bem como os vários fatores a serem levados em conta na dosagem da pena (inciso IV), a que impõe a obrigatoriedade de considerar na aplicação das sanções a dosimetria das sanções relativas ao mesmo fato já aplicadas ao agente. Também a exigência de aplicação do princípio do *non bis in idem*, contida no artigo 12, §§ 6º e 7º, da Lei nº 8.429 inspirou-se na norma do artigo 22,

§ 3º, da LINDB. O artigo 17-B, § 2º, da Lei nº 8.429, por sua vez, segue a linha do artigo 22, § 2º, da LINDB, ao determinar que, em qualquer caso, a celebração do acordo de não persecução civil considere a personalidade do agente, a natureza, as circunstâncias, a gravidade e a repercussão social do ato de improbidade, bem como as vantagens, para o interesse público, da rápida solução do caso.

Não há dúvida, portanto, que a LINDB, com as alterações introduzidas pela Lei nº 13.655/2018, refletiu sobre vários institutos do direito administrativo, inaugurando nova fase do regime jurídico a que se submete a Administração Pública.

Bibliografia

DI PIETRO, Maria Sylvia Zanella. *Direito Administrativo*. 36ª ed. Rio de Janeiro: Forense, 2023.

MARQUES NETO, Floriano de Azevedo; SUNDFELD, Carlos Ari; e outros. Resposta aos comentários tecidos pela Consultoria Jurídica do TCU ao PL 7.448/2017. In: *Revista Brasileira da Advocacia*. São Paulo: AASP - Associação dos Advogados de São Paulo; Revista dos Tribunais; ano 3, nº 9, abril-junho, 2018, pp. 289-312.

MOTTA, Fabrício. Pela segurança jurídica, precisamos tratar da interpretação da Lindb. In: Consultor Jurídico, 11-7-2019

PEREIRA, Flávio Henrique Unes (coordenador). *Segurança jurídica e qualidade das decisões públicas*. Desafios de uma sociedade democrática. Brasília: Senado Federal, 2015.

O DIREITO PÚBLICO – 200 ANOS

Sergio de Andréa Ferreira[1]

Dando sequência ao Evento promovido pela ABM, cabe- me, na condição de Presidente desta Mesa, abrir seus trabalhos, em que se tratará, no contexto das comemorações do Bicentenário da Independência do Brasil, do panorama dos 200 anos do Direito Público em nosso País.

Encimado pelo Direito Constitucional, o *ius publicum,* como Direito do Estado, organização político-jurídica da sociedade, é, acima de tudo, o Direito do cidadão, do jurisdicionado, do contribuinte; a que os Poderes Públicos têm de servir.

A ele agrega-se o Direito Social, porquanto este tem, como protagonista seu, o próprio Estado.

A vida político-jurídica, no Brasil, tem sido prenhe de incidentes, episódios e de diferentes estruturas e formas de funcionamento.

O Brasil chegou à sua Independência já com longa história institucional, tendo assumido várias conformações políticas, desde a Colônia, passando a contar com um Governo-Geral, sofrendo a divisão em Estado do Brasil e Estado do Maranhão, tornando-se Vice-Reinado; e assumindo a condição de Reino Unido, para, a seguir, se fazer Império.

Uma curiosidade: nossa primeira Constituição antecedeu o Grito do Ipiranga, datando de 21.04.1821. É que, forçado por motim no Rio de Janeiro, D. João VI adotou a Constituição Espanhola de Cádiz (1812). Vitoriosos, os amotinados foram comemorar e acabaram presos; tendo a revogação da Carta Constitucional tido lugar logo no dia seguinte.

---

1 Cadeira n. 15

A Ciência do Direito Público, em nosso País, foi se desenvolvendo através dos tempos, e várias gerações de doutrinadores têm dado sua preciosa contribuição.

Com a criação dos Cursos Jurídicos, em 11.08.1827, constou, do currículo, a Cadeira de *Direito Público,* Análise da Constituição do Império, Direito das gentes e Diplomacia.

A Cadeira autônoma de Direito Constitucional foi instituída em 1834; e, portanto, no mesmo ano em que se deu sua criação na Faculdade de Direito de Paris.

Na área do Direito Administrativo, cuja *'certidão de nascimento'* é a Lei de 1800, que criou o primeiro órgão do Contencioso Administrativo Francês, a Cátedra, no Brasil, data de 1851. Coube ao Catedrático de Recife, Vicente Pereira do Rego, a autoria do primeiro livro da matéria na América Latina, em 1857.

No curso de sua história, o Brasil tem sido, ora democrático, ora ditatorial; parlamentarista e presidencialista; unitário e federativo; liberal, neoliberal e intervencionista.

Tem atravessado períodos de desenvolvimento econômico e social, e outros de estagnação e retrocesso.

E fases cruéis: de fechamento do Legislativo, cassação de mandatos, limitações aos direitos fundamentais e ao controle jurisdicional; censura, prisões arbitrárias, tortura, mortes.

DARCY RIBEIRO chegou a escrever o livro, *'Aos trancos e barrancos, como o Brasil deu no que deu',* em que afirma:

> *"Desejo apenas que este livro faça algum)ovem pensar que é tempo de tomar esse país nas mãos para construir aqui a beleza que podemos ser. Havemos de ser! Para tanto é indispensável impedir o passado de construir o futuro: quero dizer, tirar da gente que nos regeu e infelicitou através dos séculos o poder de continuar conformando – deformando – nosso destino".*

Subdesenvolvimento, agressão ao meio ambiente, miséria absoluta, fome, inflação, altos juros, carência habitacional, na saúde, na educação, no apoio à cultura, à ciência; a ausência de políticas públicas consistentes.

E voltamos a um cenário de democracia em perigo, em ambiente de tensão, de corrupção, de ódio, de violência, de medo, de intolerância.

Por isso, esforcemo-nos, para que voltem a prevalecer as superiores virtudes da Nação brasileira, fulcrada em sua unidade, formada a partir da pluralidade étnica, cultural, religiosa.

Esta é a base para fazermos do País, como o qualifica a Constituição Federal, um verdadeiro Estado Democrático de Direito, pela asseguração da igualdade, da liberdade, dos direitos individuais e socais, numa ambiência materna, pluralista e sem preconceitos, nos termos do Preâmbulo constitucional; e em que predomine a harmonia entre as instituições e no seio da sociedade.

Existe, assim, uma esperança: a de que, sob um qualificado ordenamento jurídico, com o aprimoramento estatal e o progresso social, venham a preponderar as qualidades de nosso povo, e que são muitas, para que se tornem realidade as palavras de DARCY RIBEIRO, sobre a nossa Nação:

> *"Na verdade das coisas, o que temos é a nova Roma. Uma Roma tardia e tropical. (...) Estamos nos construindo na luta para florescer amanhã como uma nova civilização, mestiço e tropical, orgulhoso de si mesma. Nais alegre, porque é mais sofrida. Melhor, porque incorpora em si mais humanidades. Nais generosa, porque aberta à convivência com todas as raças e todas as culturas e porque assentado na mais bela e luminosa província da Terra."*

Neste painel, contamos com expoente da nova geração: o eminente Professor Gustavo Binenbojm.

Desnecessárias apresentações, em razão do merecido realce que desfruta, pelas obras que têm produzido, pela brilhante atuação profissional e funcional, no magistério, no serviço público, na advocacia.

Recentemente eleito Acadêmico, Gustavo é campeão de concursos: primeiro colocado nos de advogado, Professor Adjunto e Professor Titular de Direito Administrativo da UERJ e no de Procurador do Estado do Rio de Janeiro.

Não mais privemos, porém, a distinta Assembleia, da palestra, rica de conteúdo e sedutora na forma, que, por todos os motivos, já prelibamos; ávidos para haurir a douta lição que nos será proporcionada pelo grande Mestre.

CONTROLE JURISDICIONAL DA CONSTITUCIONALIDADE: UMA BREVE REFLEXÃO SOBRE O PROBLEMA ATUAL DA VALIDADE, DA EFICÁCIA TEMPORAL E DO EFEITO VINCULANTE

Tercio Sampaio Ferraz Junior

1. Generalidade

Para uma configuração mais concreta do problema a discutir em face da consulta, parece interessante uma breve referência aos pronunciamentos ocorridos na ação direta de inconstitucionalidade julgada em 14/06/2007 (ADIn 15 - 2, rel. Min. Sepúlveda Pertence). O Tribunal, por unanimidade, conheceu da ação direta e julgou-a parcialmente procedente, para declarar a inconstitucionalidade dos artigos 8º e 9º da Lei nº 7.689/88, julgando, no mais, improcedentes os pedidos.

Destaco alguns pontos relevantes para o tema em discussão. O Relator, inicialmente, não conheceu da ação quanto ao art. 8º da mencionada Lei, "uma vez que em processo de controle difuso de constitucionalidade, o Plenário declarou a inconstitucionalidade deste artigo (RE 146733, **Moreira Alves**, DJ 6.11.92), que, por meio da Resolução 11 de 1995 (DOU 12.4.95), suspendeu os efeitos desse dispositivo". Justifica o não conhecimento ao sustentar que a "eficácia *erga omnes* concedida pelo Senado e a invalidade - no atual estado da ação direta - do art. 8º, da lei impugnada, impedem o conhecimento da ADIn quanto a este artigo".

Quanto ao art. 9º, que o Pleno havia declarado inconstitucional em sede também de controle difuso, apesar da mensagem ao Senado, o processo de suspensão do dispositivo teria sido arquivado sem a devida resolução. Daí seguia o conhecimento da ação direta quanto a esse artigo e sua declaração de inconstitucionalidade. Mas, à diferença do art. 8º, sustentou o Relator que "os precedentes ocorreram em processos de controle difuso e é o abstrato que vincula – pelo menos em teoria – o concreto, e não este àquele".

Em aparte, o Min. Marco Aurélio percebeu no voto "a problemática da eficácia". Quanto à inconstitucionalidade do art. 8º, para o qual havia resolução do Senado suspendendo-o, entendeu que a expressão "suspender a execução" contaria a partir do momento de sua implementação, ao passo que, declarada a inconstitucionalidade em ação direta, haveria ineficácia *ex tunc*, isto é, "desde o nascedouro" da lei. Em face disso, o Relator retificou seu voto para declarar a inconstitucionalidade também do art. 8º. E, diante de uma observação do Min. Gilmar Mendes a propósito de uma controvérsia sobre o significado daquela suspensão, reconheceu haver "uma disputa quanto a essa eficácia temporal da suspensão". E concluiu, para evitar discussões (sobre o alcance temporal da suspensão pelo Senado), pela declaração de inconstitucionalidade também do art. 8º, julgando a ação improcedente quanto à inconstitucionalidade formal e material do restante da lei.

O relato põe em relevo o tema para discussão. Começo pela questão da *suspensão da eficácia* – "eficácia *erga omnes* concedida pelo Senado – e da invalidade – no atual estado da ação direta", nas palavras do relator (grifei).

Chama a atenção o uso dos conceitos: eficácia suspensa, no controle difuso, invalidade, no controle direto.

A CF veicula regra expressa sobre o tema (art. 52, X: *suspender a execução, no todo ou em parte*). A doutrina, tradicionalmente, veio a entender que aquela "suspensão", por seu caráter definitivo, equivaleria a uma "supressão" da disposição normativa do ordenamento. Havendo "supressão", a norma seria retirada do ordenamento e, nesses termos, perderia sua *validade*.

O dispositivo constitucional, no entanto, fala em "suspender a execução", donde "suprimir" e "perda da validade" serem antes *ilações*[1]. Entende-se, assim, a razão pela qual a competência do Senado para suspender a execução *erga omnes*, que, no Brasil, funcionaria como uma espécie de sucedâneo à falta do mecanismo do *stare decisis*, sempre trouxe problemas de interpretação, até mesmo por sempre se entender que o poder de "suspensão" do Senado seria político e, assim, "discricionário" por presunção (o Senado não estaria "vinculado" à decisão do STF, sem prazo para emitir resolução, podendo negar a suspensão ou efetuá-la em parte)[2].

No modelo original anglo-saxão, que inspirou o brasileiro, todos os tribunais em qualquer nível de jurisdição têm a competência para emitir decisões, com efeito *erga omnes*, em questões constitucionais, sempre, porém, em cada caso, com eficácia *ex nunc*. Os tribunais, assim, ao menos nos mesmos termos em que o fazemos, não declaravam, propriamente, a inconstitucionalidade de uma lei em si mesma. Simplesmente a norma declarada inconstitucional, no caso em julgamento, tornava-se inaplicável. Por sua

---

1 Próprias, aliás, do chamado raciocínio *abdutivo*, uma espécie de inferência, denominada *implicatura*, a favor da *melhor* explicação, em que se utilizam certos dados para chegar a uma conclusão mais ampla. Ver Grice, Paul, "Logic and Conversation", in *Studies in the way of words*, Harvard University Press,1991, pp.22-41. Sobre o raciocínio abdutivo, o *locus classicus* é composto pelos escritos de Peirce, cf. *Collected Papers of Charles Sanders Peirce*, Charles Hartshorne e Paul Weis (Eds.), Cambridge: Harvard University Press, 1931-1958.

2 A doutrina sempre teve entendimentos diversos sobre o tema, ora proclamando uma estrita vinculação (Lúcio Bittencourt: *O controle jurisdicional da constitucionalidade das leis*, Rio de Janeiro, 1945), ora uma vinculação sujeita a uma possibilidade (Buzaid: *Da ação direta de declaração de inconstitucionalidade no direito brasileiro*, São Paulo, 1958), ora sujeita a um poder jurídico de reexame (Celso Bastos: *Perfil* constitucional *da ação direta de declaração de inconstitucionalidade, RDP, 22, 1972*), ora com plena liberdade política (Themístocles Cavalcanti: *Do contrôle da constitucionalidade*, Rio de Janeiro,1966).

vez, embora a norma declarada incompatível com a constituição só se destinasse ao caso julgado, de algum modo, a práxis do *stare decisis* sempre fez com que o precedente se estendesse: a lei inconstitucional era, assim, inaplicável para todos os casos[3]. Essas observações, de Loewenstein, embora feitas em 1959, antes de algumas mudanças importantes posteriormente ocorridas[4], têm o dom de explicitar que a eventual extensão da decisão sobre outros casos não seria uma peculiaridade do controle de inconstitucionalidade, mas uma característica geral do direito anglo-saxão.

Na tradição do *common law*, por força do princípio vinculativo - *stare decisis quieta movere* -, a Suprema Corte, em 1803, no célebre caso *William Marbury vs. James Madison*, criou o precedente de <u>deixar de aplicar</u> qualquer lei infraconstitucional contrária à *Paramount Law* (*cases arising under the constitution*): declaração de inaplicabilidade por incompatibilidade (*in pursuasance of the constitution*). O que permitiu, aliás, à Corte Suprema, pela mão de Marshall, firmar o precedente de <u>*nulidade*</u> (*ex tunc*) da lei que contrariasse a Constituição (*"Um ato do Poder Legislativo contrário à Constituição é nulo"*) e tornar o precedente <u>*obrigatório*</u> não só para a própria Suprema Corte como também para os demais tribunais: força vinculante[5]. Por óbvio isso sempre trouxe o problema

3 Karl Loewenstein, *Verfassungsrecht und Verfassungspraxis der Vereinigten Staaten*, Berlin, Göttingen,Heidelberg, 1959, p. 427.

4 Foi posteriormente que o poder da Suprema Corte passou a estender a verificação da compatibilidade *formal* como também dos aspectos *materiais*, com o que se deixava de aplicar a lei dita desarrazoada por contrariedade aos princípios implícitos que se extraíam do texto da Lei Maior, base do chamado *judge madelaw*.

5 Por conferir, a si e aos demais tribunais, a atribuição de expressar o significado da *Paramount Law*, mediante verificação de compatibilidade - formal - entre ela e as leis ou os atos dos demais Poderes (Legislativo e Executivo), o papel da Corte adquiria o sentido de uma competência para dizer o significadoda Constituição. Foi posteriormente que o poder da Suprema Corte passou a verificar não só a compatibilidade *formal* como também os aspectos *materiais*, com o que se deixava de aplicar a lei dita desarrazoada por contrariedade aos princípios implícitos que se

de como lidar com direitos adquiridos ou obrigações já cumpridas anteriormente ou decisões já tomadas definitivamente, mas a práxis americana do *stare decisis* acabou por resolver o problema a seu modo, ainda que alguma incerteza jurídica fosse o preço a ser pago.

No Brasil, historicamente, a Constituição de 1891 não tinha um mecanismo para lidar com os dois temas: *nulidade* e *força vinculante*. Como se sabe, foi a partir da Constituição de 1934 que eles foram aparecendo. A criação da ação direta de inconstitucionalidade (EC 16/1965) deu azo ao aparecimento do mecanismo da eficácia *erga omnes ex tunc* (em pleno regime militar, com a EC 7/1977). Com a instituição da ação direta de constitucionalidade, a EC nº 3/93 determinaria expressamente que a declaração produz "eficácia contra todos e efeito vinculante".

No entanto, é impossível desconhecer que, na atualidade, a antiga presunção de que *um ato do Poder Legislativo contrário* à *Constituição* é *nulo* está bastante abalada por conta de sensíveis modificações na *"calibração" do sistema constitucional.*

Assim, hoje, a doutrina e o STF reconhecem o efeito *ex tunc* da inconstitucionalidade de uma norma legal, ressalvada a possibilidade de o STF regular os efeitos da declaração de inconstitucionalidade para evitar uma consequência gravosa da anulação completa dos efeitos da norma inconstitucional[6].

Na verdade, a chamada *flexibilização* do efeito *ex tunc* e a possibilidade de *modulação* por força de lei (Lei nº 9.868/99, art. 27)

---

extraíam do texto da Lei Maior, base parao chamado *judge made law*. Cf. *"Marbury vc Madison" – Reflexiones sobre uma sentencia bicentenária,* coordenador: Pablo Luis Manili, Mexico, 2011.

6 Cf. Teori Albino Zavascki, *Eficácia das Sentenças na Jurisdição Constitucional*, RT, São Paulo, 2001.

reabre, de certo modo, em outra sede doutrinária, a antiga polêmica entre *nulidade* e *anulabilidade*.

Com efeito, a noção de modulação explicaria e implicaria uma exigência prática de que uma norma *permaneça no sistema* mesmo quando tenha sido desconstituída por órgão competente (declarada inconstitucional). Trata-se de uma presunção *juris tantum* de impositividade de normas emanadas por órgão competente do sistema (por competência reconhecida pelo ordenamento), presunção pragmática que se sustenta na medida em que a hipótese contrária (presunção de invalidade e nulidade) conduziria a uma disfunção do sistema em face da possibilidade de haver, incontornavelmente, interpretações divergentes entre aplicadores e destinatários e incidências concretamente ocorridas[7].

É essa "impositividade" que precisa ser esclarecida.

O que está em discussão, numa perspectiva histórica, é a assertiva, incorporada ao senso comum jurídico, de Alexander Hamilton ao discutir a competência judicial para *declarar nulos determinados atos do Legislativo*; ao afirmá-la, Hamilton o faz em nome da superioridade da própria Constituição, pois, "*[c]onsequentemente, não será válido qualquer ato legislativo contrário à Constituição*" (O Federalista, 78, UNB, Brasília, 1984, p. 577). A expressão: "*válido*", que se reporta ao latim *valeo*, traduz *valid* – em inglês no sentido de *strong, based on evidence that can be supported*, donde irrefragável, sólido, logicamente irrefutável, mas

7 Isso explicaria também a aparente inconsistência do dispositivo do § 1º do art. 5º da CF (*As normas definidoras dos direitos e garantias fundamentais têm aplicação imediata*) em face de outros dispositivos como o que trata do mandado de injunção à falta de norma regulamentadora que torne *inviável o exercício*de direitos e liberdades individuais.); nesses termos, o dispositivo (art. 5º, §1º), não estaria a garantir *eficácia* (*tornar viável o exercício*), mas expressaria a *imperatividade* (*aplicação* imediata), isto é, a possibilidade de produzir efeitos imediatos, cuja obrigatoriedade antecede qualquer verificação de sua validade (*lex **prima facie** valet*).

também cogente, eficaz, eficiente[8] - cria algumas dificuldades de tradução[9], quando se pensa em termos correlatos como *vigente, em vigor, eficaz, obrigatório.*

A noção de validade, aliás, sempre desperta controvérsia. Por vezes o uso linguístico a identifica com um substantivo: *a norma tem validade*, assim como *a cabeça tem cabelos.* Esse uso, porém, é enganoso, como acontece, aliás, com todos os substantivos derivados de adjetivos e terminados em "ade" (verdade, felicidade, liberdade etc.). Mas é esse uso (designação de uma substância) que leva a pensar em *validade* como *existência* no que diz respeito a *normas.* O próprio Kelsen acaba por dizer que validade (*Geltung*) é o modo como normas *existem*[10].

Mais apropriado seria dizer que o termo *validade* é uma variável de duas funções: Vx,y (válido por força de, em função de). Ou seja, validade exprime uma *relação*, não uma *substância.* Mesmo sem incorporá-la, podemos entender, assim, a explicação kelseniana da validade: uma norma vale em relação a outra norma, que a antecede hierarquicamente. Identificar a validade de uma norma significa, pois, verificar sua relação de subordinação[11] em face de outra norma.

Se, quando dizemos que normas valem, que têm validade, estamos exprimindo relações, então, se entende porque o constitucionalismo tradicional dirá, por exemplo, que uma norma cons-

---

8 Funk & Wagnalls, The Desk Standard Dictionary, London, 1927, verbete *valid.*

9 Alias, experimentadas por Carrió ao traduzir do inglês a obra de Alf Ross: Sobre el Derecho y la Justicia,Buenos Aires, 1970, ver nota à p. 12.

10 *Reine Rechtslehre*, Wien, 1960, p. 9.

11 Em Kelsen, no sentido de relação de competência, não de conteúdo lógico, o que o levará, em sua obra póstuma (*Allgemeine Theorie der Normen*, Wien, 1979, 59. Kapitel), a assumir que normas são produto devontade e, nessa medida, não haveria qualquer regulador (lógico ou moral) no processo de expansão normativa do ordenamento: as decisões dos tribunais como meros atos de vontade

titucional resultante de emenda que contrarie ou o quorum ou a forma federativa não é *válida*.[12] A invalidade resultaria, primeiro, de um vício formal (desrespeito ao quórum mínimo) e, segundo, de um vício material (desrespeito à matéria *forma federativa*). Por consequência, faz sentido afirmar: "Norma inconstitucional é norma *inválida*, por desconformidade com o regramento superior, por desatender os requisitos impostos pela norma maior"[13].

Mas quando pensamos em *invalidade* como *inexistência*, a questão traz algumas complicações. No exemplo, a norma *posta* pela emenda *não seria válida*, não obstante a *competência* do poder derivado para *positivá-la*. Assim Bobbio[14], examinando Kelsen, detalha o raciocínio, discriminando *validade* e *positivação*. Observa que nem toda norma posta é válida. Se um juiz estabelece uma norma, uma sentença, fora de sua competência, houve positivação, mas a norma não é válida. Mas, quando subimos na hierarquia, a distância entre a positividade e a validade vai estreitando-se até chegarmos àquele primeiro ato do poder, por exemplo, o poder constituinte, que, ao *positivar* a norma, já a estabelece como *válida*: não há mais *distância* entre uma coisa e outra. Por isso, a validade de normas constitucionais (constituinte originário) é peculiarmente diferente. Só elas "existem" enquanto *positivações válidas*, numa espécie de sincretismo entre positivar e validar. Todas as demais, porém, mesmo inválidas, têm uma "existência" na sua positivação.

---

12 Constituição de 1988, art. 60: "a Constituição poderá ser emendada mediante proposta: I - de um terço, no mínimo, dos membros da Câmara dos Deputados ou do Senado Federal" e § 4º: "não será objeto de deliberação a proposta de emenda tendente a abolir: I - a forma federativa de Estado"

13 Luís Roberto Barroso, *O controle da constitucionalidade no direito brasileiro*, São Paulo, 2016, p. 35.

14 *Teoria dell'ordinamento giuridico*, Turim, 1960, p. 51.

É essa "existência", podendo contrapor-se à validade, que merece um estatuto próprio. Pois é essa "existência" que implica que uma norma possa ser inválida e, não obstante, ter força de obrigatoriedade ou imperatividade. Ou seja, uma norma seria dotada de imperatividade à medida que se lhe reconhece a capacidade de impor um comportamento, ou seja, *incidir concretamente* independentemente do concurso ou da colaboração do destinatário, portanto, a possibilidade de *incidir*, de produzir efeitos imediatos, inclusive quando a verificação de sua validade o impeça[15].

O que assegura essa força impositiva é a presença de *regras estruturais do sistema*, por exemplo, a da presunção da hierarquia como estrutura do sistema e da presunção da supremacia constitucional. Isso porque o sistema jurídico funciona com base no *princípio de autoridade* (Bobbio)[16], isto é, na presunção de que as normas vêm à existência pelo simples fato de serem postas. A imperatividade qualifica, pois, uma norma como vinculante na medida em que estão meta-reguladas as variações de sua impositividade dentro de um âmbito determinado. O que significa, afinal, reconhecer uma distinção entre validade e imperatividade das normas.

A distinção entre validade e imperatividade[17] pode explicar, aliás, o tema da dos efeitos da declaração de inconstitucionalidade. É, pois, a força de obrigatoriedade decorrente dessa "existência" que traz consigo, numa declaração de inconstitucionalidade, de um lado, o tema da perda de eficácia ou de sua conservação

15 Explorei essa hipótese em meu *Teoria da norma jurídica*, Rio de Janeiro, 1978, 5ª ed. 2016.

16 Sendo normas formas comunicativas que estabelecem "relações de autoridade", a imperatividade dosistema repousa na manutenção dessa *autoridade* como um todo. Cf. meu *Teoria da norma jurídica*, pp. 141 ss.

17 Distinção negada, aliás, por Kelsen, que as identifica – op. cit. p. 196.

parcial em termos de temporalidade (*ex tunc* ou *ex nunc*); donde o problema conceitual de como lidar com a norma declarada inconstitucional, portanto inválida, que, não obstante, pode ter mantido os efeitos antes produzidos, apesar de *perda da validade*[18]. E, de outro, o tema de como lidar com os efeitos de uma norma declarada inconstitucional *incidenter tantum* e, posteriormente, constitucional, em declaração direta; e vice-versa, constitucional, no controle difuso, e inconstitucional, no controle concentrado. Por conseguinte, o tema da suspensão de aplicabilidade mediante resolução do Senado, endereçada aos órgãos aplicadores, nas declarações incidentais de inconstitucionalidade.

Com base nesses pressupostos é possível encontrar uma explicação para essa espécie de enfraquecimento da presunção absoluta de nulidade da norma inconstitucional[19].

Em outras palavras: a admitir-se a modulação, é preciso aceitar, então, que obrigatoriedade (imperatividade) e validade são categorias diferentes, donde segue que invalidade não é igual a inexistência; uma lei promulgada e publicada que passa a viger e ter vigor (força) não é inexistente; tanto que *incide*, é obedecida e aplicada enquanto foi vigente. Quando sua invalidade é declarada em decisão concentrada, seu império permanece mesmo que tenha sido retirada do ordenamento (validade como pertinência). Nesses termos, a decisão concentrada de inconstitucionalidade pode apagar os efeitos *ex tunc* (incidências da norma inconstitucional), mas não necessariamente.

---

18 Em sede de teoria geral do direito o fenômeno é até mais amplo. Já parece, por exemplo, na incorporaçãopelo senso comum jurídico do *tempus regit actum* e, mais explicitamente, no trato doutrinário da *ultratividade* conforme previsto no art. 3º do Código Penal.

19 O questionamento ocorre também na jurisprudência norte-americana. Ver Gilmar Mendes: *Direitosfundamentais e controle da constitucionalidade*, São Paulo, 2014, p. 769.

Veja-se que isso traz uma consequência no plano da lógica. Pois o sentido da declaração de inconstitucionalidade por *incompatibilidade* e a consequente *nulidade* da lei que *contrarie* a Constituição repercute nos tradicionais princípios lógicos. Ou seja, a *incompatibilidade* continua a submeter-se ao princípio da identidade e da não contradição, que pressupõe a ocorrência de contradição lógica, por exemplo, "obrigatório A e obrigatório não A", mas não se sujeita ao princípio lógico da exclusão de terceiro (*tertium non datur*)[20]. A modulação permite que um conjunto normativo declarado inconstitucional não seja impossível, do ponto de vista prático, de ter sido e continuar a ser executado, isto é, torna-se possível aos sujeitos atingidos aproveitarem-se dos direitos ou autorizações a eles já atribuídos, sem, ao mesmo tempo, desrespeitar uma decisão igualmente vinculante de obstar os efeitos da norma declarada inconstitucional. A dicotomia *constitucional/inconstitucional* (ou A ou não A) à exclusão de um terceiro (B) é substituída por *constitucional/inconstitucional*, não obstante *impositiva*.

Com isso todo o controle da constitucionalidade passa a admitir uma série de variações, a par da dicotomia *constitucional/inconstitucional*, refletidas no tratamento divergente de antigos preceitos institucionalizados (como a resolução do Senado), como também no encaminhamento de novas possibilidades institucionais.

A longa discussão sobre o sentido da expressão "*suspender a aplicação*", referente à resolução do Senado (mormente se enten-

---

20 Cf. G.H. von Wright, *Norms Truth and Logic in Pratical Reason*,em *Philosophical Papers*, Oxford, 1983, v. 1; Hilpinen, R. Conflict and Change in Norm Systems, em A. Frandberg y M. van Hoecke (eds.) *The Structure of Law*, Uppsala: 37-49 e Ferraz Jr. *Direito, Retórica e Comunicação*. 3ª ed. São Paulo, 2014, pp.34 e ss.

dida em termos de *retirar a validade*) mostra isso[21], não havendo como ignorar a presença expressa do dispositivo constitucional e a competência do Senado nele prevista.

Isso faz com que, embora a discussão do tema da força *erga omnes* da resolução do Senado não desapareça inteiramente da pauta, nem na doutrina nem na jurisprudência, e, consequentemente, a discussão da sua eficácia *ex tunc* ou *ex nunc*, o tema ganha novas perspectivas.

Recorde-se[22], mesmo num passado não tão distante, de um expediente usado à época do Plano Collor - MP nº 173/90 -, que vedava a concessão de liminar em processos que tratassem de questões relativas ao Plano e que, submetido ao crivo do STF em ADIn (223-DF, RTJ, 132, 1990, pp. 571 ss.), recebeu o entendimento de que não poderia ser simplesmente suspenso na via da ação direta. O Min. Pertence, em seu voto, tocou no tema da "simbiose institucional" entre os dois sistemas (via direta e via incidental), concluindo que a melhor solução estaria no manejo do sistema difuso, porque nele, em cada caso concreto, nenhuma medida provisória poderia subtrair ao juiz da causa um exame da constitucionalidade, inclusive, sob o prisma da razoabilidade, das restrições impostas ao seu próprio poder cautelar para, se entendesse abusiva e inconstitucional a restrição, conceder a liminar vedada.

Foi depois disso que veio a ser instituída a ação direta de *constitucionalidade*, atribuindo *força vinculante* (eficácia *erga omnes*) às declarações na via direta e, posteriormente, o dispositivo

---

21 Kelsen (cit., p. 10) chega a dizer, numa frase um tanto quanto imprecisa, que uma norma sem o mínimode eficácia perde a validade; Hart, em seu *The Concept of Law*, lembra que, na Inglaterra, seria ainda vigenteuma norma mandando punir bruxas e se pergunta se ainda valeriam...

22 Cf. Talamini, p. 252.

constitucional do art. 102, § 2º. No entanto, a conclusão do Min. Pertence não se perdeu no tempo.

Com o aparecimento e a admissão das súmulas vinculantes, destinadas a dar força vinculante ao entendimento externado em reiteradas decisões do STF, é enfraquecida a hipótese de necessidade de resolução do Senado. Fala-se de uma obsolescência do pedido de suspensão[23], dado o poder conferido ao Supremo de dispensá-lo, por prestar-se a súmula justamente a dar força vinculante e eficácia *erga omnes*, ainda que essa pudesse vir a ser alterada.

Assim, sem tocar na questão se *ex nunc* ou *ex tunc*, a discussão da possibilidade de que as decisões do STF em controle incidental tenham automaticamente força vinculante e eficácia *erga omnes*, tem a ver com isso. A hipótese levaria a considerar que o art. 52, X da CF teria sofrido um processo de mutação informal, não mais se destinando a resolução do Senado a *retirar a validade* (*suspender a aplicação definitivamente*), mas apenas a explicitar (tornar pública) uma qualidade imanente da declaração incidental pelo STF por conta da objetivação do recurso extraordinário, dada a hipótese de grande número de decisões em recursos sobre a mesma matéria.

Mas a temática do controle sofreria também uma mutação institucional. Veja- se a Lei nº 9.868/99, que viria a tocar na *força vinculante*, ao atribuí-la igualmente à decisão definitiva declaratória de inconstitucionalidade, inclusive nas hipóteses de interpretação conforme e de declaração parcial sem redução de texto. Na atualidade, assim, em sede de controle direto, só estão despidas de força vinculante as decisões que indeferem medidas cautelares.

23 Cf. Luís Roberto Barroso, *O controle da constitucionalidade no direito brasileiro*, São Paulo, 2016, p.168.

Até porque a competência para declaração incidental nem mesmo se limita a recursos extraordinários (cabe também em mandados de segurança, de injunção de competência originária, recursal ordinária, *habeas corpus*...), sendo que, mesmo em recursos extraordinários posteriores à instituição da repercussão geral, nada impede o aparecimento de questões constitucionais a exigir ponderação no caso concreto[24].

Todas essas transformações põem em xeque os mecanismos de controle, o que conduz parte da doutrina contemporânea a apontar, nessa linha, uma espécie de *mutação informal* da Constituição, mediante o reconhecimento do papel maior da Corte constitucional inclusive no próprio campo do controle de constitucionalidade, de uma transformação na rígida separação de poderes etc.[25]

Na verdade, até mesmo a valorização dos precedentes, inclusive por força dos dispositivos do art. 927 do novo CPC, tende a interferir na situação. Afinal, ainda que diante da relevância adquirida pela ação direta, em todas as suas nuances, para o controle da eficácia da norma declarada inconstitucional, não perde atualidade o controle difuso, até porque, por exemplo, o instituto da repercussão geral assegura para tantos outros temas a importância das decisões incidentais em outras instâncias. Não só: mesmo a tese da extensão da força vinculante e *erga omnes* das declarações incidentais não deixa de ir de encontro com a admissão do instru-

24 Para toda essa discussão, ver Eduardo Talamini, *Novos aspectos da jurisdição constitucional brasileira:repercussão geral, força vinculante, modulação dos efeitos do controle de constitucionalidade e alargamento do objeto do controle direto*, tese de livre-docência, Faculdade de Direito da USP, 2008, pp. 238 ss..

25 Cf, por todos, Gilmar Mendes, *O papel do Senado Federal no controle da constitucionalidade: um casoclássico de mutação constitucional*, em Revista de Informação Legislativa, 162, 2004.

mento da súmula vinculante que parece viabilizar as vinculações reclamadas e necessárias[26].

Por tudo isso exsurge a dificuldade de como estabelecer um critério *a priori* de prevalência abstrata entre os mecanismos de controle de constitucionalidade. E nessa condição parece igualmente temerário presumir a hipótese de uma fórmula abstrata quer para o tema dos efeitos *ex tunc/ex nunc* no manejo dos efeitos de sentença quer para o problema da força *erga omnes* de uma decisão *abstrata* para outra que, em regra, é limitada às partes.

Pois nada indica que seja dispensável o exame das circunstâncias do caso concreto, quer para a manutenção dos efeitos da lei (norma) inconstitucional quer para a supressão dos efeitos da lei (norma) constitucional. E a razão está justamente na dificuldade de se *ponderar* princípios conflitantes *in genere.*

Aliás, a frequência cada vez maior com que o próprio legislador da atualidade usa de princípios como diretivas, isto é, como modo de prescrever, aponta, de fato, para uma normatividade definida no exterior da esfera jurídica (exemplo patente se encontra no direito ambiental), o que acaba fazendo com que eles sejam portadores de conflitos que provêm de determinações divergentes e até antagônicas (como se vê nas divergências entre padrões da ordem política e da ordem econômica). Esses conflitos, na sua generalidade, não têm como ser resolvidos *in abstracto* (como decidir, com base no princípio da proteção à saúde, a constitucionalidade de norma legal que ressalvasse, com base na urgência, critérios de preferência em transplante de órgãos em

26 Ver Rel-4335, Pleno, em Inf. STF 463, 16-20.04.2007 e as discussões entre os Ministros Gilmar Mendes,Sepúlveda Pertence e Joaquim Barbosa.

vista da expectativa de maior tempo restante de vida, em face da proteção aos idosos?)[27].

Frederick Schauer[28] traz uma abordagem esclarecedora desse tipo de tensão e de como lidar com ela. As prescrições normativas (regras) teriam por base generalizações (princípios) acerca de um efeito positivo (um bem) ou um efeito negativo (um mal) que a ação regulada, categoricamente ou em determinada condição, pode causar.

Conflitos entre a regra (por exemplo, o art. 226, § 3º da CF: "*Para efeito de proteção do Estado, é reconhecida a união estável entre o homem e a mulher como entidade familiar, devendo a lei facilitar sua conversão em casamento* "), e sua justificação ("*A família, base da sociedade, tem especial proteção do Estado*") que possuem sentidos distintos, aparecem. Aquela exigência de *a lei facilitar sua conversão em casamento* mostra que o núcleo principiológico de família é definido pelo *casamento*, que a *união estável* não é casamento, mas que, para efeito de proteção da família, é considerada como se casamento fosse.

Ora, por ser uma regra necessariamente *sobre*- ou *sub*-inclusiva com relação a sua justificação, a generalização que a fundamenta (seu *telos* principiológico) pode incluir casos nos quais a ação em questão impediria um objetivo desejado (*sobre*-inclusão) ou pode deixar de incluir casos relevantes, nos quais a ação promove aquele objetivo (*sub*-inclusão).

27 Cf. os lúcidos comentários de Mireille Delmas-Marty (*Por um direito comum*, São Paulo, 2004, pp. 134ss.), sobre o uso de uma lógica inevitavelmente *fuzzy* nesses raciocínios e o aparecimento de "pirâmides inacabadas" no controle constitucional da atualidade (pp. 86 ss.).

28 *Playing by the Rules: A Philosophical Examination of Rule Based Decision-Making in Law and inLife*, Clarendon Press, Oxford, 1991.

Esses conflitos entre regra e sua justificação, chamados por Schauer de "experiências recalcitrantes", não podem ser resolvidos mediante *comparação e escolha entre princípios* (por exemplo: ou *segurança* ou *justiça*), mas à luz de generalizações que especificam melhor as condições de aplicação das regras. Não se trata de criação de regra nova, mas de explicitação da própria regra: daí a possibilidade, mediante princípios (*não discriminação por razões sexuais*), da interpretação extensiva de *união estável* para as uniões *homoafetivas*. Nesses termos diz-se que a condição introduzida mediante procedimento principiológico deve ser relevante com relação à justificação da regra, o que envolve valorações e tomadas de posição que vão depender do contexto sistemático a que se referem.

A interpretação revela-se, assim, como um processo de generalizações progressivas e congruentes mediante qualificações subsequentes. Tais qualificações, por sua vez, não significam um subjetivismo discricionário do intérprete, mas têm limites exigidos por considerações principiológicas (justificações), como **recurso ao princípio de razoabilidade**.

A temática conduz, assim, a outro patamar de reflexão.

2. Controle da constitucionalidade e razoabilidade

As transformações sofridas pelo trato normativo da eficácia no controle da constitucionalidade põem em relevo não só o papel da jurisprudência, mas também da hermenêutica constitucional.

Veja-se que, como regra geral, o efeito *ex tunc* está presumido no art. 27 da Lei nº 9.868/99. Mas admite a exceção, referente à possibilidade de atribuição de efeito *ex nunc*, de significativa importância, como se verá ainda, para o caso específico envolvido na consulta (coisa julgada). Essa regra, conhecida como regra de modulação dos efeitos, contém requisitos que evidenciam um grande relevo posto na interpretação.

Diz o art. 27, daquela Lei:

> *"Art. 27. Ao declarar a inconstitucionalidade de lei ou ato normativo, e tendo em vista razões de segurança jurídica ou de excepcional interesse social, poderá o Supremo Tribunal Federal, por maioria de 2/3 (dois terços) de seus membros, restringir os efeitos daquela declaração ou decidir que ela só tenha eficácia a partir de seu trânsito em julgado ou de outro momento que venha a ser fixado" (grifei).*

A maioria de 2/3 constitui seu *requisito formal*. Chamo a atenção para o *requisito material*: a decisão é tomada tendo em vista *razões de segurança jurídica ou excepcional interesse social*. Não é preciso grande esforço para perceber nessas expressões uma abertura não propriamente para um exercício de competência fundada em razões de conveniência, mas para um recurso a fundamentos constitucionais, inseridos *no modelo de controle da constitucionalidade como um todo*[29].

Pode-se perceber, nessa observação, um inevitável apelo à razoabilidade. Pois *razões de segurança jurídica ou excepcional interesse social* exigem sopesamento e ponderação dos interesses em jogo, isto é, *razoabilidade*.

Nesse sentido, tendo em vista a autonomia dos processos de controle incidental e de controle abstrato, é possível ocorrer um distanciamento temporal entre as decisões proferidas nos respec-

29 Assim já sustentava Gilmar Mendes, *Controle incidental e a aplicação do art. 27 da Lei nº 9.868/1999*, em Repertório de Jurisprudência IOB, 2ª quinzena de junho de 2005, nº 12/2005, Volume I, p. 456.

tivos sistemas (*ex tunc* em decisão incidental anterior versus *ex nunc em decisão in abstracto* posterior). Esse distanciamento exige, por parte de quem decide, um senso de equilíbrio na avaliação das consequências às vezes imprevisíveis da retroatividade sobre as situações anteriores, pelo sopesamento entre a regra da nulidade e as exigências de segurança. Nesse sopesamento existe sempre um grau de insegurança ou um excepcional interesse social, que, por apontar para termos correlativos (*máximo/mínimo, alto/ baixo, maior/menor, excepcional/comum*), apela para a razoabilidade (afinal, só se define o *maior* em face do *menor* e vice-versa: o mesmo vale para *excepcional/comum*)[30].

É importante frisar, porém, que a menção à razoabilidade não se reporta a um mero expediente interpretativo, mas a um fundamento imanente à própria Constituição.

O Supremo Tribunal Federal tem reconhecido esse importante sentido da razoabilidade com base no *due process of law*. Num pronunciamento paradigmático, o Ministro Moreira Alves assim se pronunciou sobre ele:

> *"A Constituição no seu art. 5º, inciso LIV – e aqui trata-se de direitos não apenas individuais, mas também coletivos e aplica-se, inclusive, às pessoas jurídicas – estabelece que 'ninguém será privado da liberdade ou de seus bens sem o devido processo legal'.*
>
> *Processo legal, aqui, evidentemente, não é o processo da lei, senão a Constituição não precisaria dizer aquilo que é óbvio, tendo em vista inclusive o inciso II do art. 5º que diz: 'ninguém será obrigado a fazer ou deixar de fazer alguma coisa senão em virtude de lei'.*

30 Cf. Gilmar Mendes,*O controle incidental*, cit. p. 455.

Esse princípio constitucional que tem a sua origem histórica nos Estados Unidos, lá é interpretado no sentido de abarcar os casos em que há falta de razoabilidade de uma norma. Por isso mesmo já houve quem dissesse que é um modo de a Suprema Corte americana ter a possibilidade de certa largueza de medidas para ***declarar a inconstitucionalidade*** *de leis que* ***atentem contra a razoabilidade***" (ADIn 855 RTJ: 152, pp. 455 ss. -negritei-; ver também ADIn 958, Rel. Min. Marco Aurélio, DJ de 25.08. 1995).

É preciso esclarecer, para melhor entendimento do seu alcance, que, no Brasil, vieram a ser conotadas, na fórmula *due process of law*, em especial, no *substantive due process of law*, a noção de *razoabilidade* com o princípio germânico da proporcionalidade (*Verhältnismässigkeit*).

A garantia do devido processo legal em sua acepção substantiva passa a ter a ver, pois, com a percepção de uma **estrutura finalista** (relação meio/fim), cujo vínculo é dado pela proporcionalidade. Donde a afirmação de Gilmar Ferreira Mendes de que "um juízo definitivo sobre a proporcionalidade da medida há de resultar de rigorosa ponderação entre o significado da intervenção para o fim atingido e os objetivos perseguidos pelo legislador (**proporcionalidade ou razoabilidade em sentido estrito**)"[31].

Ora, no caso de razoabilidade de decisões judiciais, é preciso ter em conta dois aspectos: o da razoabilidade de uma sentença, tomada isoladamente, e o de sua razoabilidade em termos de sua inserção num contexto social.

---

31 *O princípio da proporcionalidade na jurisprudência do Supremo Tribunal Federal: novas leituras,*Repertório IOB de Jurisprudência, nº 14/2000, Caderno I, p. 473 - negritei.

Com efeito, a razoabilidade jurídica admite duas espécies[32]: a de ponderação e a de seleção.

Admitindo-se que normas jurídicas (gerais – norma legal – ou individuais – sentença judicial) são constituídas de um antecedente e um consequente (se ocorrer o fato, segue o tributo, se ocorrer inadimplência, segue a sanção, dada a entrega do bem, segue o pagamento do preço etc.), fala-se em razoabilidade de ponderação que, nos EUA, é conhecida como *balance of convenience rule*. Trata-se da razoabilidade da imputação, em que está em questão o equilíbrio comutativo entre o fato e a consequência[33].

Já a razoabilidade de seleção tem a ver com o princípio da igualdade[34]. Aqui, a razoabilidade se refere não à imputação, mas ao imputado. Ou seja, na imputação subjetiva de um ato, se todos os sujeitos devem ter o mesmo tratamento.

Ora, em termos de razoabilidade *ponderativa*, a valoração das consequências da *nulidade* da norma declarada inconstitucional dá-se, em face da segurança jurídica, pela comparação, em uma dada norma, do fato antecedente e a prestação da consequência[35].

---

32 Cf. Juan Francisco Linares: *Razonabilidad de las leyes*, Buenos Aires, 1989, pp. 114 ss.

33 Veja-se, a propósito de norma instituidora de taxa judiciária, o Min. Moreira Alves, Rp. 1077, RTJ 112:34(58 – 59), quando afirma: "*O que é certo, porém, é que não pode taxa dessa natureza ultrapassar a equivalência razoável entre o custo real dos serviços e o montante a que pode ser compelido o contribuintea pagar, tendo em vista a base de cálculo estabelecida pela Lei estadual e o quantum da alíquota por esta fixado*" (grifei).

34 Na Constituição Federal de 1988, art. 5º, caput, há uma dupla menção à igualdade; de modo diferente doque ocorreu em todas as constituições anteriores, garante a igualdade perante a lei (isonomia: sentido negativo, como direito de não ser discriminado, cujo conteúdo é o dever do legislador e de qualquer cidadãode omitir discriminações), mas também o direito à igualdade (sentido positivo, como um direito ao máximo de condições e oportunidades na participação dos benefícios sociais e econômicos); cf. Ferraz, Diniz, Georgakillas, Constituição de 1988: legitimidade, vigência e eficácia, supremacia, São Paulo, 1989, p. 32.

35 Por exemplo, o caso da inconstitucionalidade do art. 2º, par. 1º da Lei dos Crimes Hediondos, por vedaro regime de progressão no cumprimento da pena, sem le-

Enquanto a valoração em termos da razoabilidade *seletiva* exige a comparação de pelo menos duas situações subjetivas, alcançadas pela decisão de inconstitucionalidade, e do modo como nelas repercute a nulidade, tendo em vista o quadro normativo que resta vigente, e diante da possibilidade de sua restrição a certos fatos no passado, continuando a subsistir ainda a norma declarada inconstitucional.

Na aplicação do art. 27 da Lei nº 9.868/99 entra em jogo, pois, em termos de razoabilidade ponderativa e seletiva, o tema da valoração de bens jurídicos em conflito e dos sujeitos diante da possibilidade, face à manifesta e inquestionável invalidade da norma, de optar-se pela manutenção, em termos delimitados, de uma situação de fato ocorrida conforme lei de regência, posteriormente declarada inconstitucional. Isto é, diante da manutenção de uma regra declarada inconstitucional, para o passado (limitação de sua amplitude e do efeito repristinatório), com a sustação de sua validade, apenas para o futuro (efeito *ex nunc*), ou manutenção de regra declarada constitucional, com sustação de sua validade para o passado (efeito *ex tunc*), é imprescindível levar em consideração os objetivos perseguidos pelo legislador (**proporcionalidade/razoabilidade ponderativa**).

Como se trata de modulação de *efeitos* da *nulidade* é na eficácia que deve ser buscada a proporcionalidade valorativa.

Para mais bem esclarecer o controle desses efeitos do ângulo de uma racionalidade prática (pragmática), podem distinguir-se na *eficácia* (independentemente e para além da distinção entre

var em consideração o caráter substancial da individualização da pena, caso em que, sustentando a inconstitucionalidade, pediu o Min. Gilmar Mendes a eficácia *ex nunc*, devendo ser aplicável a condenações que envolvam situações ainda suscetíveis de seremsubmetidas ao regime de progressão (*O controle incidental*, cit. p. 455).

eficácia *plena, contida* e *limitada*), as seguintes *funções* da norma em vista dos objetivos normativos: função de *bloqueio*, de *programa* e de *resguardo* (*funções eficaciais*). Essas funções, presentes em normas constitucionais em graus de relevância distintos. Daí a diferença entre **normas que agasalham princípios**, normas **que instituem princípios**, normas que têm um **sentido técnico de organização**, normas que visam à própria **aplicabilidade da constituição** etc.[36]

Uma norma tem função de bloqueio quando sua eficácia visa ao objetivo de impedir certo comportamento (por exemplo, na proibição de matar, o ato de matar). A função de resguardo está em proteger um comportamento (por exemplo, na permissão de locomover-se livremente, a garantia de ir e vir). A função de programa está em fomentar um comportamento (por exemplo, numa declaração de princípios, a construção de uma sociedade livre, justa e solidária).

A percepção dessas funções esclarece o uso de padrões à ponderação necessária para dosar a modulação. Assim, para entender a competência do STF para declarar a inconstitucionalidade de uma lei, podendo fixar-lhe os efeitos (Lei nº 9.868/99, art. 27), ao ponderar o alcance da declaração e a mitigar a excessiva rigidez que ela pudesse comportar, ajuda levar em conta as mencionadas funções eficaciais.

Na perspectiva de uma função de bloqueio, o intérprete pressupõe que preceitos constitucionais estatuem princípios e finalidades fundamentais, em face dos quais, uma interpretação não pode articular sentidos e objetivos senão aqueles que já estejam reconhecidos desde sempre na própria constituição. Donde a pre-

---

36 Tratei desse tema em *Introdução ao Estudo do Direito*, 9ª ed. São Paulo, 2016, pp. 161 e ss.

sença em prevalência de um cerne fixo material representado pelos direitos fundamentais e suas garantias e o rechaço de outras valorações que o infirmem.

O regulador dogmático da interpretação de normas com função de bloqueio é, pois, uma espécie de *regra de proibição de excessos*, isto é, proibição de articulações de interesses protegidos "para além ou aquém".

Se, assim, a principal função eficacial da norma declarada inconstitucional está num bloqueio, é preciso verificar se o efeito retroativo (*ex tunc*) da declaração bloqueia mais comportamentos do que a declaração de inconstitucionalidade quis impedir[37].

É o caso, por exemplo, do RE nº 197.917, em que se julgou a constitucionalidade de lei municipal que fixava o número de vereadores, em que a decisão deveria valer apenas para a próxima legislatura, pois, caso contrário, estaria sendo posta em questão as decisões tomadas pela Câmara de Vereadores nos períodos anteriores à declaração de inconstitucionalidade, com consequências para as leis aprovadas, levando-se em conta, portanto, a situação dos sujeitos atingidos (os eleitos e os destinatários de suas normas).

37 Por exemplo, ao repristinar norma anterior. Em princípio, a "expulsão" de norma, por declaração de inconstitucionalidade, não traz qualquer regulação substituta, dado que não se reconhece, ao Poder Judiciário, competência para atividade legislativa positiva. Portanto, corre-se o risco de substituir uma inconsistência com a norma superior, por uma lacuna. Como, pelo padrão de racionalidade de um sistema constitucional, não se deve subtrair ao "legislador racional" a completude de sua vontade, interpreta-se nula*ex tunc* a norma legal declarada inconstitucional; não tendo sido revogada, por ela, a norma original, esta subsiste como se nada tivesse acontecido. É esse, simplesmente, o fundamento da *"repristinação imprópria"*: tem-se por estar em vigor a norma original revogada por norma declarada inconstitucional, ouseja, não haverá lacuna. Por esse motivo, de racionalidade prática, Jorge Miranda destaca que o fundamentoda "repristinação" é exatamente a ausência de inovação do ordenamento pela norma inconstitucional (JorgeMiranda, *Manual de Direito Constitucional*, Tomo II, 3ª ed. 1996, p. 490)

Já o caso da função de resguardo, o problema vai além de um cálculo entre restrições e fins atingidos, por entrar em questão um direito a ser assegurado. A proporcionalidade/razoabilidade cumpre então um papel mais intenso, ao pôr na segurança uma valoração que atinge diretamente o tutelado.

Cabe então o uso da noção de hierarquia[38], que conduz à aplicação de esquemas interpretativos como a regra da superioridade e da especialidade, donde a possibilidade de interpretação que delineie direitos em face de qualquer complexidade quantitativa e qualitativamente crescente das demais disposições.

Ver, por exemplo, na discussão no HC 82.959-7 – São Paulo, Rel. Min. Marco Aurélio, p. 08, j. em 23 de fevereiro de 2006, quando o Pleno do Supremo Tribunal Federal, ao julgar o Habeas Corpus nº 82.959-7/SP, decidiu que o art. 2º, § 1º da Lei nº 8.072/90, padecia do vício de inconstitucionalidade por vedar a progressão de regime prisional aos condenados por crimes hediondos, o voto do Min. Carlos Britto, que assim se pronunciou:

> *"Explico: o vício da inconstitucionalidade traduz-se, como regra geral, na necessidade de extirpar do Ordenamento Jurídico o ato inválido, de sorte a preservar a coerência de tal Ordenamento e garantir a hierarquia e a rigidez da Constituição Federal.* ***Mas há casos em que tal extirpação normativa é também agressora da própria Constituição da República.*** *Casos em que "razões de segurança jurídica ou de excepcional interesse social" (art. 27 da Lei nº 9.868/99, aqui subsidiariamente aplicada) se contrapõem ao abate em si do ato inconstitucional. O que tem levado esta Suprema Corte a, num juízo de*

38 Com o recurso ao *escalonamento e suas consequências analíticas*, cf. Karl Engisch, *Einführung in dasdogmatische Denken*, 1968 p.157.

ponderação, "retrabalhar" os efeitos de certas declarações de inconstitucionalidade".

Por fim, a função de programa, frequente na direção dos direitos econômicos, sociais e culturais, na consideração e no reconhecimento de um conteúdo positivo da complexidade dos processos e técnicas de atuação do Estado na consecução e operacionalização do chamado *direito subjetivo a políticas públicas*, cujo reflexo pode ser encontrado na declaração de inconstitucionalidade por omissão e mesmo no mandado de injunção.

É, então, diante dessas funções eficaciais que entra em consideração a ponderação razoável (*razoabilidade ponderativa*) do tema da segurança jurídica e da coisa julgada, tendo em vista a questão do alcance do controle da constitucionalidade em termos de retroatividade dos efeitos.

Segurança como um **direito fundamental** da pessoa é conteúdo de norma com ostensiva função de resguardo. Em termos de uma antropologia fundamental, segurança diz respeito à consistência da duração na corrente vital do ser humano, isto é, seu reconhecimento normativo visa a como evitar que um evento passado dotado de certo **sentido**, de repente, se torne algo insignificante, e o seu futuro, algo incerto, o que faria das leis, no tempo cronológico, uma coleção de surpresas desestabilizadoras da vida. Mais genericamente, se o **sentido** de um evento passado ou o **sentido** de um evento planejado pudesse ser modificado ao **arbítrio** de um ato presente, a validade dos atos humanos estaria sujeita a uma insegurança e a uma incerteza insuportáveis. A própria vida perderia sentido ao destruir-se a integridade psicossocial do ser humano. Por isso, desde a primeira constituição francesa, a segurança foi reconhecida como um direito fundamental.

Uma declaração de inconstitucionalidade não deve ferir, mas resguardar como princípio valorativo, a segurança jurídica em face de qualquer efeito retroativo. Isso tem um significado relevante para a apreciação do alcance dos efeitos numa declaração de inconstitucionalidade.

A regra tem a ver com o princípio da irretroatividade. Mesmo sendo o ordenamento um sistema dinâmico e as leis emanadas pelo Legislativo, por regra, um comando geral que comporta mais de uma possibilidade interpretativa, é preciso, no entanto, entender que a irretroatividade das *leis* refere-se à lei conforme uma de suas interpretações possíveis. Essa interpretação adotada pode conduzir à nulidade e, com isso, a lei, em termos do seu sentido, é desconsiderada desde sua origem.

Ora, isso tem uma consequência incontornável num estado de direito: em nome do direito à segurança, que exige certeza e confiança, não se pode restringir o princípio da irretroatividade à lei como mero enunciado, devendo compreender a lei como se dá na sua inteligência em determinado momento. *"O Direito não está pronto, é continuamente deduzido das fórmulas legislativas, judiciais e administrativas. (Revela-se)"*[39]. *A irretroatividade é, assim, do direito e alcança, portanto,* ***a irretroatividade da inteligência da lei, tal como foi aplicada aos casos concretos no passado.***

Veja-se, nesse sentido, até mesmo antes da vigência da citada Lei nº 9.868/99, a decisão paradigmática do STF, cuja jurisprudência, ao estabelecer uma diferença entre o plano da norma e o plano concreto, para deste excluir, como forma de proteção à segurança jurídica, a possibilidade de anulação do ato normativo

39 Cf. Aliomar Baleeiro: Direito Tributário Brasileiro, 11ª edição, atualizada – em especial, nesse ponto – por Misabel Abreu Machado Derzi, Rio de Janeiro, 1999, Nota, p. 653.

que lhe dá respaldo, afirmou: "*retribuição declarada inconstitucional não é de ser devolvida no período de validade inquestionada da lei inconstitucional - mas tampouco paga após a declaração de inconstitucionalidade*".[40]

Pode-se perceber, nessa decisão, um inevitável apelo à razoabilidade de uma função eficacial de resguardo. Afinal, se a inconstitucionalidade da mencionada *retribuição* deveria ter conduzido à sua nulidade, há, no caso, uma ostensiva consideração da expectativa de legitimidade no cumprimento da lei - à época, de validade não questionada - situação essa (plano concreto) **avaliada** positivamente em confronto com os problemas que seriam gerados pelos efeitos *ex tunc* da decisão. Essa avaliação exige sopesamento e ponderação dos interesses em jogo, isto é, razoabilidade, mediante valoração positiva da segurança.

Ou seja, as garantias proporcionadas pelo contorno constitucional do Estado de Direito são, acima de tudo, *delimitações*, com sentido eminentemente técnico e normativo. Em consequência - e este é um ponto fundamental para a hermenêutica constitucional - enquanto para o Estado de Direito o fenômeno do poder, em qualquer de suas modalidades de exercício, é, por definição, circunscrito e delimitado na própria Lei Magna, faz-se, então, necessário manter, a todo custo, as possibilidades interpretativas nos limites aquém da arbitrariedade.

Afinal, dos efeitos da declaração de inconstitucionalidade, quando se leva em consideração um manifesto conflito entre valores constitucionais da mesma hierarquia: de um lado, o valor da supremacia constitucional, em nome do qual se aplicaria a regra geral da nulidade *ex tunc* da lei declarada inconstitucional, de ou-

40 Cf. Gilmar Ferreira Mendes: *Jurisdição Constitucional*, São Paulo, 1996.

tro, outro valor, também constitucional que ficaria desconsiderado, afetando a segurança jurídica, é preciso salvaguardar o justo equilíbrio dos interesses em jogo, por força dos interesses afetados.

Ou seja, deve-se levar em consideração o bem jurídico que pareça mais relevante, ainda que isso implique a manutenção de situações passadas, formadas com base em lei que se pressupunha válida, mas que era nula ou lei que se pressupunha inválida, mas que veio a ser considerada plenamente eficaz[41].

41 Cf. Maria Regina Macedo Nery Ferrari: *O ato jurídico perfeito e a segurança jurídica no controle da constitucionalidade*, in Constituição e Segurança Jurídica – estudos em homenagem a José Paulo SepúlvedaPertence, p. 250.

CENTENÁRIO DE MORTE DE RUI BARBOSA

Palestra
Ruy Barbosa e o Ensino Jurídico[1]

Aurélio Wander Bastos[2]

Tema

Projeto n° 64, cujo Relator foi Ruy Barbosa entrou pauta na Câmara dos Deputados do Império de 13 de abril de 1882, 3 anos depois de sua elaboração. Compunha a Comissão José de Lima Duarte (1826/1896), Tomaz de Bomfím Espíndola (1832/1879) e o Conde Ulisses Machado Pereira Maria (1848/1911).

Introdução

Esta Palestra é uma homenagem ao Centenário do Jurista Ruy Barbosa de Oliveira (1849/1923). Neste ano de 2023 estamos celebrando também o Centenário da Instalação da Assembléia Geral Constituinte, para elaborar a Constituição do Império no Brasil. Neste mesmo período estamos comemorando o Centenário da apresentação do Projeto de Lei para Criação dos Cursos Jurídicos no Brasil que foi apresentado por José Feliciano Fernandes Pinheiro (1774-1847), Visconde de São Leopoldo.

Durante os trabalhos iniciais da Assembléia Geral Constituinte de 1823, dentre os 77 (setenta e sete) constituintes num quadro total de 90 (noventa) deputados mais se destacaram na luta pela criação dos cursos jurídicos no Brasil. José da Silva Lisboa

---

1 Palestra pronunciada no Tribunal de Justiça do Estado da Bahia – TJBA no dia 10 de março 2023, em homenagem a Ruy Barbosa (1823/2023) pela passagem pelos 100 anos do seu falecimento.

2 Professor Emérito da Universidade Federal do Estado do Rio de Janeiro e Diretor da Academia Brasileira de Letras Jurídicas Autor do Livro Ensino Jurídico no Brasil (EJB) 4ª Edição/2019.

(Visconde de Cayru 1756-1835) reconhecido como ideólogo constitucional do Império brasileiro; José Luis de Carvalho e Melo (Visconde da Cachoeira 1764-1826), Relator do Estatuto elaborado em 1825 para instalação dos cursos jurídicos, semelhantemente ao Estatuto da Universidade de Coimbra, incluindo disciplinas complementares relativo ao Direito Canônico e Eclesiásticos e Francisco Gê de Acayaba Montezuma (Visconde de Jequitinhonha 1794-1870) o, mas combativo defensor da instalação dos cursos jurídicos na Bahia (e em Minas Gerais); futuramente criador do Instituto dos Advogados Brasileiro IAB – IAB (1843).

Preliminares

- O Projeto n° 64, de 1882 evoluiu de Parecer de Ruy Barbosa na Câmara dos Deputados de 1879 sobre o Decreto n° 7.247/ 1879, de Leôncio de Carvalho (1847/1912), Ministro de Negócios do Império e Bacharel em Ciências Jurídicas e Sociais pela Academia de São Paulo. Este Decreto dispõe *que é completamente livre o ensino primário e secundário na Corte e o superior em todo o Império.* O ensino livre era uma idéia que vinha evoluindo desde a Constituinte de 1823 e constava de todas as leis e Decretos intermediários até o inicio da Republica (1889/1891)[3]. Ruy Barbosa colaborou com o Presidente Marechal Deodoro da Fonseca (1827/1892) que inauguraram a Republica como Ministro da Fazenda e como Ministro da Justiça, Ruy Barbosa de afastou do ministério republicano com a renúncia do Presidente imediatamente antes do exercício da Presidência pelo Vice Presidente Marechal Floriano Peixoto (1839/1895), devido a divergências de natu-

3 Ver de Aurélio Wander Bastos o Ensino Jurídico no Brasil – EJP, Lumem Júris 4ª edição 2019.

reza governamental, ambos os Presidentes eram da Província de Alagoas, praticaram com a colaboração Ruy Barbosa e Benjamin Constant.

Resumo do Parecer/Projeto n° 64/82

- O Parecer de Ruy Barbosa sugere limitar a proposta de ensino livre do Decreto Leôncio de Carvalho ao conceito de liberdade de ensino, admitindo a criação das faculdades livres, com base em programas específicos das disciplinas e pela presença obrigatória nas aulas práticas e também exigindo a idoneidade e o mérito jurídico dos professores.
- O Projeto de Lei estabelece no Capítulo I - Ensino inferior; Capítulo II - Ensino Superior; III - Disposições Comuns; IV - Disposições Transitórias.
- A linha geral do Projeto de Ruy Barbosa lembra a Lei orgânica do Ensino Superior (1911) e a primeira Lei de Diretrizes e Bases da Educação Nacional - LDB (Lei n° 4.024 de 20 de dezembro de 1961).
- A LDB foi sugerida pela primeira vez na Constituição de 1934 e foi promulgada 27 (vinte e sete) anos depois pelo Presidente João Goulart (1961).
- O ingresso no Curso de Ciências Jurídicas e Sociais no Parecer de Ruy Barbosa exigia o bacharelado em Ciências e Letras do Colégio Pedro II, que não exatamente tinha cursos equivalentes em outras cidades brasileiras, principalmente São Paulo e Olinda/Recife, onde se instalaram.
- As associações de particulares ficavam autorizadas a criar sociedades de ensino, o que contribui para a abertura de faculdades católicas.

- As sociedades de ensino (superior e inferior[4]) devem ser declaradas, pelo poder legislativo de utilidade pública.
- Professores podem ser catedráticos, substitutos e professores livres de reconhecido mérito autorizados pela Congregação das faculdades oficiais.
- Os professores devem ser homens de superiores talentos e excelência e privilegiando os mais aprazes.
- A liberdade de freqüência devem se reduzir às aulas teóricas.
- As freqüências às aulas experimentais e práticas devem ser obrigatórias.
- Alunos da Faculdade de Direito que terminarem o curso em faculdades livres ficam sujeitos a Exames de Habilitação nas faculdades de São Paulo e Recife e seus certificados serão obtidos nas Faculdades Oficiais (nem sempre contra exames).
- O ensino abstrato e discursivo deve ser analisado a luz do método experimental.
- O professor deve usar técnicas que levem a cumprir os programas evitando o não cumprimento do dever.

4 A primeira iniciativa sobre instrução pública elementar (primeiras letras) é uma Lei de 15 de outubro de 1827 de Dom Pedro I, também assinada por José Feliciano Pinheiro, Secretário de Instrução Pública. Esta iniciativa foi posterior à Lei que criou os cursos jurídicos em São Paulo e Olinda em agosto de 1827, este Decreto dava cumprimento ao dispositivo constitucional sobre o ensino e estabelecia que seriam criadas escolas de primeiras letras para meninos e meninas com relativas diferenças em relação as disciplinas apoiadas em principio da moral e da doutrina católica romana a serem ensinadas na Cidade do Império e vilas e outros agrupamentos urbanos.

Aspectos do Projeto (Liberdade de Ensino). Método

- Para Ruy Barbosa o Currículo jurídico e os programas das disciplinas traduzem a ideologia, no sentido de doutrina de Estado para resolver problemas.
- Os problemas de relevância jurídica devem ser resolvidos na forma dos programas e métodos de ensino, exprimindo a doutrina de Estado.
- A Comissão de ensino não se pronunciou em tese contra o ensino livre, mas sugeriu alterações circunscritivas impostas pelo conceito de liberdade de ensino.
- No ensino jurídico não há teorias ou dogmas protegidos.
- E livre a apreciação de todos os assuntos, salvo contra moralidade pública e probidade.
- Ruy Barbosa dentre os juristas brasileiros é o primeiro a propor desnudar o sentido das disciplinas, sua importância formativa e seu papel na estrutura do Estado.
- Ruy Barbosa viabilizou o conceito de Estado de Direito (enquanto conceito de Estado republicano 1891);
- Ruy propõe que não basta conhecer o Direito positivo, a escola deve viabilizar a absorção do conhecimento para adaptar o Estado à Ciência;
- O Estado não tem competência para patrocinar dogmas e decisões que presidam os atos formais dos Advogados e dos Magistrados.
- Os doutores em Ciências Jurídicas e Sociais defenderão Tese depois do Bacharelado podendo-se candidatar a Lentes.
- Para ser substituto ou catedrático não se requer graduação em qualquer faculdade.
- Os acatólicos ficam liberados das obrigações curriculares religiosas.

4. Proposta de Ruy Barbosa sobre o Currículo Jurídico

- Haverão cursos de Ciências Jurídicas e Ciências Sociais;
- No **Curso de Ciências Jurídicas se ensinarão:** Sociologia; Direito Constitucional brasileiro e Constituições comparadas, Economia Política; *Direito Romano;* Direito Civil I e II[5]; Direito Criminal I e II; Medicina Legal; Direito Comercial I e II; Teoria do Processo Criminal e Civil e Comercial; Direito Administrativo e Ciência da Administração I e II; História Direito Nacional; Direito Comercial I e II; Prática do Processo.
- A Sociologia é uma disciplina ensinada como leitura da sociedade a partir da sua evolução.
- (Isidore) Auguste (Marie Francois) Conte (1798/1857) fundou a Sociologia e o Pensamento Positivo (curso de Filosofia Positiva - Física Social). Refletiu na República Brasileira e Bandeira Nacional.
- Sociologia deve substituir a cadeira de Direito Natural que se ensina desde sempre como filosofia instrutiva do Estado *Circa Sacra*[6].
- O Direito Natural engendra hipóteses a priori, sendo eloqüentes, mas hipóteses não verificáveis.
- Ruy Barbosa amplia a critica ao Estado *Circa Sacra,* concentrando sua opinião na substituição da disciplina Direito Natural por Sociologia. A Sociologia influencia a construção normativa a partir da perspectiva da inteligência humana a partir da vida social e não da revelação divina.

---

5 Na ausência do Código Civil o Direito Civil era ensinado como: uma consolidação hermenêutica das ordenações, do Digesto/pandectas e do Direito Canônico.

6 Ver Constituição Política do Império do Brasil art. 5°, art° 99, art° 102 §2° e 12 art° 103, art° 179 §5°. Ver Aurélio Wander Bastos: O Poder e as Leis Eleitorais cap. Império (Ordem Católica e Censitária). IUPERJ – RJ.

- O *Estado Circa Sacra* é um modelo medieval superado (ver EJB p. 135), em que igreja e estado se confundem.
- A Sociologia substitui a ideologia do culto e da abstração pelos resultados da investigação (EJB p.135).
- A Sociologia substitui o Direito Natural fixando direitos e deveres relativos à proteção dos direitos sociais (ver EJB p. 146).
- Medicina Legal (ver EJB p.147) suplementa o estudo do Direito Penal.
- Economia Política é uma disciplina que ensina sobre, crédito, moedas e bancos (ver EJB p.147).
- História do Direito Nacional (ver EJB p. 147) é uma disciplina que ensina a evolução do Direito a luz da ciência.
- A lógica experimental é um pressuposto de ensino diferentemente a crença eleita e privilegiada.
- O ensino não pode estar subordinado aos cânones da religião (CLIB. 1856 v.l+ EEJB-l.p.158).
- A autonomia universitária deve prevalecer sobre a desídia, o relaxamento no dever.
- A disciplina inscrita deve ser ensinada (organização de programas por lições (...) proibição de encerrar a aula enquanto o professor não preencher o programa.
- O Lente que durante 2 (dois) anos seguido não satisfizer o programa deve ser jubilado (...) (nota 5 do EJB p. 134).
- Concentra a sua crítica ao Projeto Leôncio de Carvalho porque preserva o ensino do Direito Canônico e do Direito Pátrio Eclesiástico como infraestrutura funcional do Estado (cita países que não acolheram tal disciplina. Ver EJB p.134).

- O jurisconsulto não deve tropeçar em institutos de natureza religiosa introduzidas no Direito Civil e a história do Direito é que deve recuperar estes vestígios
- A teoria da liberdade de ensino na prática não deve se reduzida ao ensino livre (em programas, freqüência de alunos e professores, ausência da sabatinas, etc...).

5. Currículo do Curso de Ciências Sociais

- **Curso de Ciências Sociais,** Sociologia, Direito Constitucional Brasileiro e Constituições Comparadas, Direito Romano, Direito Civil, Direito Criminal, Medicina Legal; Direito Comercial Teoria Do Processo Criminal Civil e Comercial, Prática Do Processo Criminal e Civil E Comercial, História Do Direito Nacional e Economia Política.
- Os bacharéis de ciências sociais podem servir na carreia de diplomacia, administração e notarial.

6. Criticas de Joaquim Nabuco (1849-1910) (CD 10 de maio de 1879) ao Parecer de Ruy Barbosa (Parecer 236 APB-CD 1882)

6.1. O Discurso Estacionário

- Joaquim Nabuco não acompanhou Ruy Barbosa na critica ao Projeto Leôncio de Carvalho (Decreto n° 7.047 de 1879), na Câmara dos Deputados assumindo a defesa da Igreja Católica em matéria de ensino.
- O Direito Canônico integra o Direito Civil para Joaquim Nabuco.
- A Reforma de Leôncio de Carvalho como decisão exclusiva do Poder Executivo esta contra a Lei de 25 de agosto 1873, que determina necessária aprovação prévia pela Assembléia Geral.

- Para Joaquim Nabuco as faculdades católicas livres são precursoras do ensino livre em todo o mundo.
- A proposta de ensino livre é uma cópia do ensino superior oferecido pela Igreja Católica.
- O liberalismo para Nabuco é o cisma das inteligências porque mantém o Direito da proposta progressiva contra os titulares (da parte estacionaria) (ver EJB p.119).
- Joaquim Nabuco afirma que enquanto a Igreja não tiver concorrente, enquanto ela for à igreja do Estado, não vai criar o ensino privilegiado, organizado pelos liberais (ver EJB p. 117).
- Para Nabuco estudar o Direito Eclesiástico não representa qualquer mal para os acatólicos, pois todos os advogados devem conhecer o Estado *Circa Sacra.*

6.2. A Crítica Restauradora de Antônio Almeida de Oliveira (1843-1887)

- A reforma não deve começar pela instrução do Ensino superior dado que o que mais se exige é o ensino inferior.
- O Projeto da Comissão do Projeto de Lei n° 64/82 rompe com o estudo do Direito Natural substituindo-o pela Sociologia, Ciência não constituída da qual nem ao menos tem Compêndio.
- O ingresso e a matrícula no curso de Ciências jurídicas no parecer de Ruy, exigiam o bacharelado em Ciências e Letras no Colégio Pedro II que não existem em Pernambuco e São Paulo (e também e só excepcionalmente na Corte, onde não tem curso jurídico).
- A França é o país onde mais se fala em liberdade e onde menos se pratica (E. Laboulaye 1811-1883).

- O Brasil é onde mais se fala em riqueza onde a pobreza se confunde a ausência de trabalho e com a escravidão.
- Em matéria de educação na Exposição Internacional da Filadélfia (1876), concluiu-se que o Brasil estava abaixo da Turquia e do Egito.
- A crítica sugere que seja criado curso de notáriados e curso de escrivães (o) e curso de solicitador.
- O ensino na Faculdade de Direito, deve fortalecer o ensino voltado para cadeiras da profissão.
- A crítica sugere o ensino do Direito Natural e do Direito Eclesiástico e Direito Romano e a prática de processo incluindo redação e petições;
- Curso deve ser prático voltado para cotidiano da profissão.

6.3. *A Reação Romanista*

- Esta reação romanista a Ruy Barbosa foi provocada pela incursão de uma lição de Direito Romano da Academia de São Paulo pelo Professor José Maria Corrêa de Sá e Benevides, de 27 de junho de 1877 (ex. Presidente da Província de Minas Gerais (1869/1870) e do Rio de Janeiro (1870).
- Ruy denuncia a cópia litográfica com base em aula de alta vulnerabilidade do ensino do Direito Romano (ver EJB p. 142);
- Ruy alega que se ensina com base em *Syllabus* (resumos, sumários, esquemas) e não os *Padectas I Digesto.*
- Ruy alega que não tem posturas pessoais contra o Professor Sá e Benevides, que nem ao menos o conhece, mas opina contra a matéria de história da filosofia ensinada em aula de Direito Romano.

- Levi Carneiro (1882/1971) historicamente acompanhou Rui Barbosa no inicio da advocacia e no Instituto da Ordem dos Advogados do Brasil - IOAB e foi membro da Academia Brasileira de Letras (ver EJB p.144 e 145).
- Levi Carneiro criou a Ordem dos Advogados brasileiros (depois do Brasil) com Osvaldo Aranha imediatamente após a Revolução de 1930, em 18 de novembro, sendo seu Presidente com 3 (três) mandatos consecutivos.
- Levi Carneiro alega que o mal do ensino (jurídico) era a centralização administrativa e política do Império por meio século.

6.3.1. A proposta de Decreto alternativo à Comissão de Instrução Pública que critica Ruy Barbosa. Ver Decreto n° 9.360, de 17 de janeiro de 1885 (398 artigos)

6.3.2. Reações Constitucionais ao Decreto Regulamentar n° 9.360/85

- O decreto de Ensino livre não foi aprovado pelo Congresso Nacional conforme o rito constitucional.
- Ruy Barbosa no seu parecer não criticou a inconstitucionalidade do Decreto de ensino livre de Leôncio de Carvalho.

6.3.3. Reações Curriculares Paradoxais ao Decreto n° 9.360 de 1885

- Devemos consolidar neste país a monarquia constitucional como disse Ruy e restaurar a verdade do sistema representativo e que se ponha termo às usurpações do Poder Executivo (ver EJB p. 158)

- A opinião, mais incisiva sobre este Decreto alternativo é do Professor baiano Rodrigo Silva propondo a anulação do Decreto, alegando principalmente que o Poder Executivo do Império usurpou as competências do legislativo como observado no parecer de Joaquim Nabuco.
- Contra Rodrigo Silva a favor de Ruy se manifestou o deputado Meira de Vasconcelos.
- Rodrigo Silva de qualquer forma se manifesta sobre o fato do Decreto não exigir para colação de graus aos acatólicos o exame de Direito Eclesiásticos.
- A dispensa de exame é um privilegio dos acatólicos.
- Afirma que Lutero (1483/1546) precursor das reformas religiosas contra a Igreja Católica empregou ingentes esforços para riscar esse direito do plano de ensino das universidades da Alemanha e não conseguiu, na França os efeitos foram ao contrário (ver EJB p. 159).
- O Direito Eclesiástico para este jurista é também um direito do Estado para toda a comunhão brasileira.

7. O Ocaso da Reforma do Ensino Jurídico

- No dia 15 de julho de 1887 (APB-CD. 1887. vol. 3. PP. 180, 183), foi apresentado aos Augustos e digníssimos representantes da nação por Ambrosio Leitão da Cunha - Barão De Mamoré, de ordem de Sua Alteza Imperial, Projeto de Reforma do Estatuto das faculdades de Direito do Império, não os dividindo em cursos de ciências jurídicas e sociais, e também nem ao menos se manifesta sobre o ensino livre.
- Sugere substituir a Cadeira de Direito Natural por pela disciplina Enciclopédia Jurídica.

- O Barão Francisco Inácio Marcondes Homem de Melo (1837-1918) formado na Academia de Direito de São Paulo, Membro da Academia de Letras. Conforme Ata de Sessão da Câmara dos Deputados de 27 de julho de 1888 e conforme Decreto de 1881, requer ao Ministério do Império que informe como estão às obras da Universidade da Praia da Saudade (APC-CD 188.13 p.306).

8. Constituição da República dos Estados Unidos do Brasil de 15 de novembro 1891 e Ensino Jurídico

- Será leigo o ensino ministrado nos estabelecimentos públicos (conforme o Decreto n° 10.361, de 14 de novembro de 1990. Exclui o ensino do Direito Eclesiástico.
- Art. 72. §6° *caput,* dispunha sobre a inviolabilidade dos direitos concernentes à liberdade, à segurança e a propriedade.
- Art. 72. §28 por motivo de crença, função religiosa, nenhum cidadão brasileiro poderá ser privado de seus direitos civis e políticos, nem eximir-se do cumprimento de qualquer dever cívico.

Conclusão

Historicamente Ruy Barbosa de Oliveira é sempre citado como jurista brasileiro que se destacou na Conferência de Paz de 1907, realizada em Haia exatamente no momento da crise do colonialismo e definição das políticas imperialista. O seu destacado papel nesta Conferência permitiu que o José Maria da Silva Paranhos Júnior (), Barão de Rio Branco, Ministro das Relações Exteriores (1902/1912) se lhe atribuísse o título de Águia a Haia, que não exatamente ocorre no contexto de seus trabalhos sobre a Reforma do Ensino Jurídico no fim do Império. A literatura da época reconhecia que o mito Ruy Barbosa, o gênio da política brasileira sucede a Haia, onde se destacou com longos e combativos discursos em perfeito francês embora afirma-se que falava todas as línguas cultas, vivas ou mortas. Gilberto Freire afirma no seu livro Ordem e Progresso depois de Ruy o velho mundo conheceu Brasil, naquele tempo não havia problemas como genocídio, direito humanos, alto determinação, feminicídio e a esquerda francesa bombardeava Marrocos, os hindus eram massacrados pelos ingleses, Japão esmagava a Correia, o Chefe Utentoti (Morenga) na África Namíbia é executado pela Germânia. Finalmente a grande discussão jurídica era se o conceito propriedade privada em terra era aplicável ao mar.

RUI BARBOSA – NO CENTENÁRIO DO SEU FALECIMENTO

Celso Lafer[1]

Há cem anos falecia no Rio de Janeiro Rui Barbosa, cercado de generalizado reconhecimento nacional do significado de uma vida dedicada à política, ao direito e ao jornalismo de opinião. Decorridos cem anos, merece destaque a atualidade de seu legado que se notabiliza por um fio condutor: "a formação da esfera pública e a construção institucional da democracia no Brasil", como certeiramente realçou Bolivar Lamounier.

A Oração aos Moços, foi seu discurso de paraninfo da turma de 1920 da Faculdade de Direito do Largo de São Francisco, na qual estudou e se formou. Foi o seu balanço do meio século de trabalho na jurisprudência e de serviços à nação. Enfatizou que não atuou como "político fértil em meios e manhas". Empenhou-se em "inculcar ao povo os costumes de liberdade e à república as leis do bom governo", que fazem prosperar os estados, moralizar a sociedade e honrar as nações.

Rui é um paradigma em nosso país da atuação dos advogados que souberam valer-se do Direito como instrumento da ação política, como observou Afonso Arinos. Na sua práxis viveu o Direito não como uma abstração, mas em função

do agir, contando no trato da agenda nacional, com a abrangência de uma cultura jurídica caracterizada por um excepcional domínio dos seus grandes temas. A autonomia de jurista em relação ao poder é um traço marcante da personalidade de

---

1 Professor Emérito da Faculdade de Direito da USP; Ex-Ministro das Relações Exteriores (1992; 2001-2002);Membro da Academia Brasileira de Letras.

Rui que não colocou o seu saber para acomodar impulsos arbitrários do pragmatismo de governantes ou justificativas de "razão de estado".

No início da sua caminhada teve ativa participação, em parceria com Joaquim Nabuco, na campanha abolicionista. Fulminou "a legalidade caduca do cativeiro." Realçou que a questão da escravidão era a questão das questões, a que todas as outras se subordinavam pois "encarnam em si o começo da solução de todas as demais." Certeira colocação ainda pendente de encaminhamento pois a herança da escravidão persiste com a agenda do racismo estrutural.

Entre seus serviços prestados à nação lembro os inovadores pareceres sobre o ensino, apresentados na Câmara dos Deputados do Império, como Relator da Comissão de Instrução Pública. Lastreiam-se no papel da educação para o desenvolvimento material e moral do nosso país e dão ênfase à ciência e ao método experimental. Desnecessário reiterar a atualidade desta lição.

Foi a República que deu a Rui espaço público para, como jurista, senador e também na condução de suas duas campanhas presidenciais a oportunidade de defender a verdade eleitoral, enfrentar a questão social e de sustentar o civilismo, para ele: "civilismo quer dizer ordem civil, ordem jurídica, a saber: governo das leis contraposto ao governo de arbítrio, ao governo da força, ao governo da espada."

O papel de Rui na feitura da Constituição Republicana de 1891 é parte dos seus grandes serviços à nação. A ele se deve o federalismo que contrapôs à monarquia unitária e centralizadora que não dava conta das necessidades e da diversidade de um país de escala continental – tema de contínua atualidade com a recorrente discussão sobre o pacto federativo.

Deve-se a Rui a criação do Supremo Tribunal Federal e ao seu papel de guarda da Constituição com a sustentação de seu "direito-dever" de conter atos usurpatórios do Governo e do Congresso mediante a afirmação da "lei das leis" que está acima da legislação ordinária. É o que hoje ocorre diariamente.

Rui promoveu a separação da Igreja do Estado e a laicidade consagrada na Constituição de 1891 e nas subsequentes. A laicidade não se circunscreve ao reconhecimento da liberdade de consciência, religião e culto, inerente ao pluralismo da sociedade moderna. Significa que o Estado se dessolidariza de toda e qualquer religião, em função de um muro de separação entre o que cabe ao Estado e o que cabe à sociedade civil como uma esfera autônoma para o exercício, sem interferência estatal da liberdade religiosa e de consciência.

Num estado laico, como Rui institucionalizou no Brasil, as normas religiosas são conselhos e orientações no âmbito da sociedade civil aos fiéis, e não comandos para toda a sociedade. Desnecessário destacar a relevância da laicidade na estrutura do Estado brasileiro. Contém o risco do indevido transbordamento da religião para o espaço público e freia no plano jurídico os ímpetos intransitivos da intolerância de fundamentalismos religiosos.

Rui, na Oração aos Moços, englobou na missão do advogado a magistratura de uma justiça militante. Um exemplo do exercício desta missão foi a pioneira defesa da inocência de Dreyfus, um grande exemplo na França de quebra da "verdade ante o poder", da flagrante degeneração da justiça por total carência do devido processo legal, operada na clandestinidade de um processo, que ocorreu no segredo de um tribunal militar. Entreviu que a verdadeira causa de condenação de Dreyfus foi o antissemitismo, que na França daquele momento vivia "o espasmo do ódio insaciável."

O pioneiro texto de Rui é de 1895. Foi escrito na Inglaterra, publicado no Brasil e data de seu período de exilio naquele país, a que se viu forçado pelo arbítrio da presidência Floriano Peixoto. Foi subsequentemente vertido para o francês e circulou na Europa.

Baptista Pereira que foi seu genro e próximo colaborador identificou no texto de Rui "uma autópsia de militarismo", válido para o Brasil de Floriano Peixoto, que postergou na experiência de vida de Rui a vigência das garantias legais, as quais se dedicou na implantação da República, almejando a construção institucional da democracia em nosso país.

O texto de Rui sobre Dreyfus corrobora a defesa que fez em 1920 sobre o dever da verdade – nos debates, nos atos, no governo, na tribuna, na imprensa – e da transparência do espaço público, pois, como afirmou: "O poder não é um antro, é um tablado. A autoridade não é uma capa, mas um farol. A política não é uma maçonaria, e sim uma liça." Daí a inaceitabilidade da falsificação e da mentira nas instituições. Desnecessário destacar a atualidade da sua mensagem.

Em 1949 Oswald de Andrade observou que Rui tinha a capacidade do sacrifício e sempre soube perder. Por isso, "como a semente do Evangelho que precisa morrer para frutificar, ele sempre soube morrer pelo dia seguinte do Brasil." A árvore da liberdade e a construção institucional da democracia está subjacente à atualidade do seu legado.

PRONUNCIAMENTO DO MINISTRO EDSON FACHIN, POR OCASIÃO DO CENTENÁRIO DE MORTE DE RUI BARBOSA

SUPREMO RUI BARBOSA

Senhoras Ministras, Senhores Ministros, Senhoras e senhores,

Designou-me a Excelentíssima Senhora Ministra Presidente Rosa Weber para falar pelo Tribunal nesta data.

Bem haja a Presidência em destinar esta sessão especial para comungar a celebração do Judiciário com as demais instituições e poderes, bem assim com entidades representativas da sociedade civil.

Desde o falecimento de Rui Barbosa cem anos espaçam este 1º de março daquele do ano de 1923. Embora separado por um século, o dia de hoje ainda sabe ao som agudo da sua presença emblemática.

A memória cultivada nos permite haurir a atualidade de sua vigília pela democracia e pela liberdade. Inscreveu-se pela inspiração de RUI, com letras de bronze, encravadas na parede de mármore, a fórmula verbal da tradição grega para que este Tribunal seja "guarda vigilante desta terra".

A concepção de Rui Barbosa moldou tanto a República quanto o Supremo tal como o conhecemos. Nada mais atual que RUI. Nesse tempo repleto de tentações arbitrárias e de tragédias, é necessário relembrar a figura central da fundação, no Brasil, da democracia liberal republicana, fio condutor desta oração, do legado e do desafio que entendo presente.

Está em RUI esse pensamento em suas respectivas teses básicas: a liberdade, a igualdade, a propriedade e a segurança; como sustenta Vicente de Paulo Barreto[1], dessa fonte jorram luzes para o Estado de Direito e suas *liberdades reais*, vale dizer, o direito à educação, à saúde, à habitação, ao transporte e à previdência.

A solenidade desta data contribui para compreender entre nós esse futuro interrogante que já chegou. Cabe tomar a sério, por muitas razões, a sua lembrança e seu o legado.

Honrado pela designação, principio realçando, por isso mesmo, a oportunidade que é, a partir de RUI, uma contundente interpelação.

A primeira advertência que dele emerge se dirige aos democratas de todos os matizes, na tarefa que lhes incumbe de colocar a democracia e o valor público acima deinteresses pessoais ou partidários ou conjunturais.

Nada obstante, destina-se mais enfaticamente ainda a proclamação que se colhe de Rui Barbosa aos populistas autoritários e a todos que agem para solapar as bases da democracia, diluir a institucionalidade, eliminar o sistema de freios e contrapesos, enfim, suprimir mesmo a substância da representação eleita pela soberania do voto popular. Tudo isso a fim de instalar uma autocracia, derruindo a separação de poderes, e despojando o Judiciário de sua atribuição de exercer o controle da constitucionalidade das leis.

A um democrata liberal como RUI isso equivaleria a um sismo político violentíssimo. Abater a democracia é aniquilar a liberdade. Somente dentro da democracia as próprias mazelas do regime democrático podem (e devem) ser enfrentadas, sobretudo os privilégios e as injustiças. Reinstalar o regime

1 BARRETO, Vicente de Paulo. O Liberalismo e a Constituição de 1988: textos selecionados deRui Barbosa. Rio de Janeiro, Nova Fronteira, 1991.

autoritário adicionaria ao já ruidoso e complexo canteiro de obras da democracia, um maremoto institucional sobre o Estado de Direito.

Por isso, o que ataca as instituições, é, por definição, antiliberal e antidemocrático, considerando que ressuscita cadáveres insepultos dos totalitarismos do século XX. Mais ainda: iliberal e despótico, tenciona se apropriar de democracias fragilizadas por crises sociais, econômicas, políticas e sanitárias, por debilidades institucionais e pela corrupção. Exatamente por isso RUI é, presentemente, mais notável que nunca, porquanto o futuro da democracia está em jogo. O futuro dos direitos humanos e fundamentais está em jogo.

Liberdade e razão foram os pilares do humanismo em Rui Barbosa, em sua busca de soluções para a crise de legitimidade que levou à queda o Império e ao abalo a República. As respostas, para ele, estavam no Estado como instituição política[2] moderna e na liberdade como nevrálgica para a questão democrática[3].

A missão que ele evoca insta obras e labor, pois não se pode deixar ao largo a crise de legitimidade insuflada sobre as bases da República constituída em 1988.

Afinal, disse RUI: *"ao trabalho nada é impossível".*

Também ele não se esquivou do trabalho.

Exerceu, como é de amplo conhecimento, funções tão numerosas quanto diversas: advogado, político, deputado provincial, deputado geral, senador, ministro de Estado, mais de uma vez

2 BARBOSA, Rui. Teoria Política, Volume XXXVI. Rio de Janeiro: Editores W. M. Jackson Inc,1965, prefácio de Homero Pires.

3 A propósito, o notável livro: ROCHA, Leonel Severo Rocha. *A democracia em Rui Barbosa. OProjeto Político Liberal-Racional.* Rio de Janeiro: Liber Juris, 1995.

candidato à Presidência, diplomata, escritor, filólogo[4], sobretudo, jurista. Experiente e experimentado nos embates da tribuna e na redação de projetos de comissões técnicas do Parlamento, exerceu, também, o ofício de jornalista[5]. Exerceu o múnus com a convicção de que não há liberdade nem democracia sem imprensa livre e independente.

Nascido em 1849, teve o centenário de seu nascimento lembrado em indelével oração do Ministro Laudo de Camargo proferida por ocasião dos festejos daquela passagem[6].

Soube cumprir a vida: não se fez alheio a quem era destinatário de sua admiração, como Machado de Assis[7]; elevou-se a defensor, em âmbito nacional e internacional, das ideias liberais, da igualdade e dos direitos. Nasceu para não se encapsular. Disso atestado se tem ao ler e reler suas *Cartas da Inglaterra*[8].

Qualificá-lo como polímata tornou-se lugar-comum, pois detinha habilidades em campos diversos, nas artes[9], nas ciências, na

---

4 WIESEBRON, Marianne L.; NAGLE, Marilene (Org.). "Rui Barbosa: uma personalidademultifacetada". Brasília: FUNAG, 2012, p. 18

5 NOGUEIRA, Rubem. Rui Barbosa e o Supremo Tribunal Federal, p. 5. Disponível: https://www2.senado.leg.br/bdsf/bitstream/handle/id/269/r135- 21.pdf?-sequence=4&isAllowed=y.

6 CAMARGO, Laudo Ferreira de. Rui e o Supremo Tribunal Federal. Revista dos Tribunais, São Paulo, v. 39, nº 183, pp. 517-518, jan. 1950. Oração do Ministro Laudo de Camargo proferida por ocasião dos festejos pela passagem do centenário do nascimento de Rui Barbosa. [795153] AGU PGRSENSTMTCD STF https://www.stf.jus.br/arquivo/biblioteca/PastasMinistros/LaudoCamargo/Discursos/Proferidos/795153.pdf.

7 Discurso de Rui Barbosa pronunciado na Academia Brasileira, junto do ataúde de Machado de Assis, aos 29 de setembro de 1908, minutos antes de partir o féretro para o cemitério de S. João Batista. In: Obras Completas de Rui Barbosa, Discursos Parlamentares. Volume XXXV (1908), Tomo I

8 BRASIL. Ministério da Educação e Saúde. Obras Completas de Rui Barbosa, vol. XIII, 1896, Tomo I, Cartas de Inglaterra. Rio de Janeiro: Ministério da Educação e Saúde, 1946. Prefácio e revisão de Lúcia Miguel Pereira.

9 BARBOSA, Ruy. Pages Choisies de Ruy Barbosa: écrivain – orateur – homme d'état brésilien. Tradução de Clément Gazet. Rio de Janeiro: F. Briguiet & Cie Éditeurs, 1917. Prefácio de Paul Deschanel.

literatura, inclusive na poesia[10]. Do campo jurídico seu conhecimento era vasto, inclusive no direito penal[11].

Pessoa desabrida, crítico, cultivava intrepidez e destemor necessários para não servir a interesses de ocasião; erudito, sim, mas não se escondia atrás de uma estampa que se presta a ilustrar a cultura de verniz ou enciclopedismo vazio. É um equívoco nele ver o apuro da linguagem como exercício retórico oco em torno do projeto do Código Civil de 1916[12].

Sua eloquência não é *datée*, porquanto é a irmã siamesa de sua prática por meio da qual defendia intransigentemente que a democracia não é apenas um regime político e sim um modo de construção da sociedade[13]. A sua obra é densa e versada no acesso às fontes[14], como por exemplo, as decisões que conformavam o direito norte- americano.

Republicano convicto, consistiu em figura de destaque no processo de construção do Texto de 1891. Mesmo depois da República já instaurada, o jurista se manteve firme na defesa dessa forma de governo, não obstante as recaídas autoritárias.

---

10 BRASIL. Ministério da Educação e Cultura. Obras Completas de Rui Barbosa, vol. I, Tomo II,1865-1871, Poesias. Rio de Janeiro: Ministério da Educação e Cultura, 1971, prefácio de AméricoJacobina Lacombe.

11 LYRA, Roberto (introd.). A obra de Ruy Barbosa em criminologia e direito criminal: seleçõese dicionário de pensamentos. Campinas: Romana, 2003.

12 Sobre o tema do projeto Bevilaqua: BRASIL. Ministério da Educação e Saúde. Obras Completas de Rui Barbosa, vol. XXXII, 1905, Tomo III, Código Civil: parecer jurídico. Rio de Janeiro: Ministério da Educação e Cultura, 1968. Prefácio e estabelecimento de texto de F. C. deSan Tiago Dantas. E ainda: BRASIL. Ministério da Educação e Cultura. Obras Completas de RuiBarbosa, vol. XXIX, Tomo IV, Anexos à Réplica. Rio de Janeiro: Ministério da Educação e Cultura, 1969.

13 À página 27, Leonel Severo Rocha no texto *A democracia em Rui Barbosa*. In: Sequência: estudos jurídicos e políticos, v. 17, nº 32, pp. 24-29, jul. 1996.

14 É que se depreende de parecer que emitiu versando sobre direito constitucional, concessão de serviços públicos, diferenciando monopólio de privilégios exclusivos nos Estados Unidos: BARBOSA, Ruy. Os privilégios exclusivos na jurisprudência constitucional dos Estados Unidos. Imprensa: Rio de Janeiro, Ed. Guanabara, 1911.

As virtudes todas que o caracterizaram foram sempre exercidas com vigor. Ele pugnou por seus ideais. Travou batalhas pela abolição da escravatura, quequalificava como abominação[15]. Em 1888, finalmente, com irreparável atraso, decretou-se, embora – e ainda – somente no papel, o fim da escravidão no Brasil.

Introduzido com a promulgação da Lei Saraiva, o voto direto também frequentou as pelejas por ele travadas. Tornou-se, ainda enquanto deputado pela então Província da Bahia, um veemente defensor das eleições diretas. A reforma do ensino, a separação entre Estado e Igreja, a própria Proclamação da República, o federalismo, todos esses foram princípios pelos quais ele dedicou suas forças intelectuais[16].

A história e os historiadores nos contam que, diante da desumanidade, muito antes de Émile Zola, esteve ele o primeiro a defender o Capitão Alfred Dreyfus[17], iniquamente acusado e condenado.

A falta de igualdade entre homens e mulheres – outra forma inaceitável de injustiça – também estava dentre suas preocupações. Pronunciou-se, assim, a favor de uma candidata ao cargo de diplomata do Brasil, no ano de 1918. A sua defesa pungente garantiu a Maria José de Castro o direito de ser admitida no concurso e tornar-se diplomata[18].

---

15 WIESEBRON, Marianne L.; NAGLE, Marilene (Orgs.). "Rui Barbosa: uma personalidademultifacetada". Brasília: FUNAG, 2012, p. 17.

16 WIESEBRON, Marianne L.; NAGLE, Marilene (Orgs.). "Rui Barbosa: uma personalidademultifacetada". Brasília: FUNAG, 2012, p. 17.

17 WIESEBRON, Marianne L.; NAGLE, Marilene (Orgs.). "Rui Barbosa: uma personalidademultifacetada". Brasília: FUNAG, 2012, p. 18.

18 WIESEBRON, Marianne L.; NAGLE, Marilene (Orgs.). "Rui Barbosa: uma personalidademultifacetada". Brasília: FUNAG, 2012, p. 18.

RUI já havia se manifestado a favor do voto feminino, para que fosse incluído na Constituição[19]. O direito ao voto das mulheres, porém, somente viria a ser assegurado, com intolerável demora, em 1932, por meio do Decreto 21.076 de criação da Justiça Eleitoral brasileira, cuja história vale um serviço de extraordinária importância para a democracia.

Representou o País na Segunda Conferência Internacional de Paz em Haia, no ano de 1907. Naquela ocasião, defendeu diversos princípios que se tornaram fundamentais para as relações internacionais[20]. Sua inapagável contribuição está muito bem registrada entre nós, tanto na obra do embaixador Carlos Henrique Cardim[21] ao salientar a autoridade de RUI para a política externa e política internacional do Brasil, quanto no discurso pronunciado por Barata Ribeiro[22], então já no Senado Federal, em homenagem a Rui Barbosa.

Estudioso da língua portuguesa, RUI integrou como membro fundador a Academia Brasileira de Letras. À frente da presidência da ABL esteve até 1919[23].

---

19 WIESEBRON, Marianne L.; NAGLE, Marilene (Orgs.). "Rui Barbosa: uma personalidademultifacetada". Brasília: FUNAG, 2012, p. 18.

20 WIESEBRON, Marianne L.; NAGLE, Marilene (Orgs.). "Rui Barbosa: uma personalidademultifacetada". Brasília: FUNAG, 2012, p. 24.

21 CARDIM, Carlos Henrique. A Raiz das Coisas - Rui Barbosa: o Brasil no mundo. Rio deJaneiro: Editora Civilização Brasileira, 2007.

22 RIBEIRO, Cândido Barata. Discurso do Senador Barata Ribeiro. In: BARBOSA, Ruy. **Trabalhos jurídicos.** Rio de Janeiro: Fundação Casa de Rui Barbosa, 1991. pp. 79-81. (Obras Completas de Ruy Barbosa, v. 34, t. 3, 1907). Trata-se de discurso pronunciado por BarataRibeirono Senado Federal em homenagem ao senador Rui Barbosa por sua atuação na 2ª Conferência daPaz, em Haia. [130357] CAM MJU SEN TST STF 320.981 B238 OCR v. 34 t.3. Disponível: http://www.stf.jus.br/bibliotecadigital/RuiBarbosa/130357/pdf/130357.pdf>. De 25 de novembro de 1893 a 24 de setembro de 1894, o médico Cândido Barata Ribeiro foi Ministrodo STF, nomeado por Floriano Peixoto.

23 WIESEBRON, Marianne L.; NAGLE, Marilene (Orgs.). "Rui Barbosa: uma personalidade multifacetada". Brasília: FUNAG, 2012, p. 18.

Todos os juristas brasileiros, especialmente os estudantes e estudiosos do Direito Civil, bem conhecem temas controvertidos em RUI, como a defesa da posse[24] de direitos pessoais, e a polêmica filológica e jurídica entre RUI e Carneiro Ribeiro a partir do anteprojeto de Bevilaqua para o que veio a tornar-se Código em 1916.

Ao lado do próprio Machado de Assis e de Joaquim Nabuco, foi uma figura histórica de inestimável importância para a construção – ainda em curso – da civilização brasileira; ressalto *ainda em curso* eis que não se pode, impunemente, denominar-se civilizada uma sociedade e um Estado que placitam práticas de extermínio contra seus habitantes originários, que fomentam extremismos, que instigam à hostilidade, contaminando as relações sociais.

RUI e seus contemporâneos intelectuais foram grandes vultos do oitocentismo e deixaram entre nós, como legado, as instituições pelas quais dedicaram suas vocações[25] em defesa da liberdade, de uma República sem castas nem privilégios, e de uma sociedade livre, aberta e plural, na convivência dos diferentes e no respeito ao dissenso.

Profética a *Oração aos moços: "a maior de quantas distâncias logre a imaginação conceber é a da morte; e nem esta separa entre si os que a terrível apartadora de homens arrebatou aos braços uns dos outros.*[26]*"* Com efeito, nem mesmo a morte nos

24 BRASIL. Ministério da Educação e Cultura. Fundação Casa de Rui Barbosa. Obras Completasde Rui Barbosa, volume XXIII, 1896, tomo III, A Posse de Direitos Pessoais, o Júri e a independência da magistratura. Rio de Janeiro: Fundação Casa de Rui Barbosa, 1976. Prefácio, revisão e notas de José Gomes B. Câmara.

25 WIESEBRON, Marianne L.; NAGLE, Marilene (Orgs.). "Rui Barbosa: uma personalidademultifacetada". Brasília: FUNAG, 2012, p. 25.

26 BARBOSA, Rui. *Oração aos moços*. Edições do Senado Federal; v. 271. Brasília: SenadoFederal, 2019, p. 22.

apartou do pensamento de RUI. Ele saiu, sim, da *longa odisseia*, mas dela saiu com todos os créditos de Ulisses. Apreendeu de modo ímpar que o embate de posições é próprio da democracia, que a crítica e a fiscalização dos afazeres públicos são inerentes ao *ethos* republicano.

Suas expressões ecoam além do tempo. E estão aqui.

No caso brasileiro do tempo corrente, a chave de leitura desse contexto está na dúplice implicação que a lei fundamental vigente (a Constituição de 1988) carrega consigo: de um lado, a restauração da democracia aberta à participação popular, via representação ou atuação direta; de outra parte, a Constituição brasileira como a base constitucional da democracia traduz o compromisso com o futuro, com uma "sociedade livre, justa e solidária", portanto com a transformação de um cenário social, econômico e cultural marcado por injustiça, desigualdade e discriminação.

Essa missão tem natureza de norma vinculante e todo juiz no Brasil é um magistrado da Constituição que define o País como "um Estado Democrático, destinado a assegurar o exercício dos direitos sociais e individuais, a liberdade, a segurança, o bem-estar, o desenvolvimento, a igualdade e a justiça como valores supremos de uma sociedade fraterna, pluralista e sem preconceitos, fundada na harmonia social e comprometida, na ordem interna e internacional, com a solução pacífica das controvérsias". Assim como defendia a Águia *de Haia*.

Feita essa introdução, peço licença para avivar aspectos de relevo entre Rui Barbosa e o Supremo.

Ao tomar posse na cadeira de Presidente, em 12 de setembro de 2022, a Ministra Rosa Weber lembrou-nos de que esta é a instituição incumbida da última palavra, "*como há mais de um século defendeu Rui Barbosa em célebre debate parlamentar com o senador Pinheiro Machado[27]".*

Rui Barbosa, como acentuou Vossa Excelência, se fez, com efeito, decisivo como senador constituinte, para que ao Supremo Tribunal Federal fosse atribuída a incumbência, que exercemos até hoje, agora sob a égide da Constituição de 1988. Por isso mesmo, quem afronta este Tribunal quer, a rigor, derrubar a Constituição.

Disse RUI, em excerto de discurso de 1915, citado por Vossa Excelência, Senhora Ministra Presidente, no pronunciamento de posse que, pela relevância ímpar, peço licença para repetir:

> *"O Supremo Tribunal Federal é esta instituição criada sobretudo para servir de dique, de barreira e de freio às maiorias parlamentares, para conter as expansões do espírito do partido. É essa força que diz – até aqui permite a Constituição que vás; daqui não permite a Constituição que passes. Eis para o se criou o Supremo Tribunal Federal, que não têm empregos para dar, nem tem tesouros para comprar dedicações, não tem soldados para invadir estados, não tem meios de firmar a sua autoridade senão no acerto de suas sentenças".*

A história da instituição que presentamos confunde- se com a trajetória de Rui Barbosa.

O patrono do Senado brasileiro, do Tribunal de Contas da União e dos advogados brasileiros, não integrou como Ministro este Tribunal; mas fez, desta Casa, *o sacrário da Constituição*[28]. E

---

27 https://www.stf.jus.br/arquivo/cms/noticiaNoticiaStf/anexo/discursopossemRosa1.pdf.

28 BARBOSA, Rui. Do discurso de sustentação do Habeas Corpus nº. 300, em 23-IV-1893. ApudNOGUEIRA, Rubem. Rui Barbosa e o Supremo Tribunal Federal, p. 1. Disponível: https://www2.senado.leg.br/bdsf/bitstream/handle/id/269/r135-21.pdf?sequence=4&isAllowed=y

o fez como homem público, jurisconsulto e advogado, formulador da "célebre campanha do Habeas Corpus em defesa dos direitos individuais (...)"[29].

Os ecos ainda retinem do julgamento em 1898, do HC 1.073[30], que reconheceu a plena cognoscibilidade, pelo Judiciário, de atos lesivos a direitos fundados no texto da Constituição, mesmo que praticados na vigência do estado de sítio.

Como artífice da Constituição, *deu ao Supremo a guarda da hermenêutica, foi ele quem o fez como veto permanente aos sofismas opressores da Razão de Estado, quem resumiu-lhe a função específica nesta ideia*[31]. A denominação conferida ao Tribunal pela letra constitucional de 1891, Supremo Tribunal Federal – em substituição ao Supremo Tribunal de Justiça do Império – surge pela primeira vez no Projeto de Constituição que se publicou com o Decreto n.º 510, de 22 de junho de 1890 e que seria, quatro meses depois, submetido, com poucas alterações, ao Congresso Constituinte. No art. 53,

29 À página 26, ROCHA, Leonel Severo. *A democracia em Rui Barbosa*. In: Sequência: estudosjurídicos e políticos, v. 17, nº 32, pp. 24-29, jul. 1996

30 Jurisprudência", pp. 19/28, item nº 18, 1899, Imprensa Nacional.

31 "Não foi à-toa que Rui Barbosa, grande artífice da Lex Fundamentalis de 1891, em sustentação oral perante a Excelsa Corte, em sessão de 23 de abril de 1892, asseverou: "Nós, os fundadores da Constituição, não queríamos que a liberdade individual pudesse ser diminuída pela força, nem mesmo pela lei. E por isso fizemos deste Tribunal o sacrário da Constituição, demos-lhe a guarda da sua hermenêutica, pusemo-lo como um veto permanente aos sofismas opressores da Razão do Estado, resumimos-lhe a função específica nesta ideia. Se ela vos penetrar, e apoderar-se de vós, se for, como nós concebíamos, como os Estados Unidos conseguiram, o princípio animante deste Tribunal, a Revolução Republicana estará salva. Se, pelo contrário, se coagular, morta no texto, como o sangue de um cadáver, a Constituição de 1891 estará perdida" (ROCHA, Fernando Luiz Ximenes da. "O Supremo Tribunal Federal como Corte Constitucional). Disponível em https://www2.senado.leg.br/bdsf/bitstream/handle/id/269/r135-21.pdf?sequence=4&isAllowed=y.

previam-se as atribuições do novo Tribunal, dentre as quais, o de fazer o controle de constitucionalidade das leis[32].

A advocacia de RUI no Supremo, desde o início da instituição, sob os ventos da República, contou com o prestígio que ele havia adquirido como artesão do projeto que o Congresso Constituinte promulgou em 24 de fevereiro. Afinal, além de ex-ministro da Fazenda, foi vice-chefe do Governo Provisório, sendo que o patrono da advocacia também atuava com a sapiência de quem havia sido parlamentar, como o fez nas disputas de limites territoriais interestaduais[33], com critérios que, embora controversos, entendia ser de justiça e de equidade.

As novas atribuições conferidas à magistratura demandavam exercício pleno, prestigiado, imparcial e independente, como deve ser, como sempre foi, e sempre será crucial para o Brasil. Introduziu, assim, no Direito Brasileiro, o tema do controle de constitucionalidade e, por conseguinte, a necessidade de verificar a compatibilidade das normas jurídicas e dos atos administrativos com a Constituição, para o efeito de, no caso concreto, recusar aplicação às normas e aos atos violadores de textos constitucionais[34].

Urgia conduzir o Tribunal para o desempenho de sua função primordial: examinar a constitucionalidade dos atos do Congresso e do Executivo, ser o guardião da Constituição e a fortaleza dos di-

32 NOGUEIRA, Rubem. Rui Barbosa e o Supremo Tribunal Federal, p. 2. Disponível:

33 A propósito sobre a questão do Acre: BRASIL. Ministério da Educação e Cultura. Obras Completas de Rui Barbosa, vol. XXXVII, Tomo VI. Rio de Janeiro: Ministério da Educação e Cultura, 1984.

34 NOGUEIRA, Rubem. Rui Barbosa e o Supremo Tribunal Federal, p. 8. Disponível:

reitos e garantias individuais[35]. Entre avanços e retrocessos, a sua campanha pela legalidade constitucional colheu frutos.

Marco desta empreitada é a Questão proposta em 1905; tratava-se de ação de reivindicação territorial movida em face da União. Naquele caso, sem embargo da questão em si e da defesa dos interesses da parte, retomou-se o tema do controle de constitucionalidade das leis pelo Poder Judiciário e de RUI adveio o verbo que, por primeiro, no Brasil, expôs o tema de forma minuciosa[36].

RUI almejava para o Supremo Tribunal Federal da República o desempenho de função própria à proficiência constitucional dessa judicatura. Para tanto, pretendia demarcar a legítima fronteira da ação legislativa e da ação governamental, e para tanto se deteve no acurado exame de acórdãos históricos da Suprema Corte norte-americana.

A partir daquela atuação, ele fez, desde o lócus de uma causa, com que o Supremo assumisse *sua posição*, o que conquistou, *palmo a palmo*, por sua briosa acuidade[37]. Somos sucessores dessa história e por ela, diuturnamente, devemos responder.

As décadas iniciais da República, ou seja, as duas primeiras décadas do regime de supremacia da Constituição, guardam rica experiência a revelar que moveu o Tribunal *a encontrar o caminho que lhe estava marcado no mecanismo das novas instituições* nascidas com os ventos republicanos.

Estimulou o Tribunal ao exercício dos poderes que a Constituição lhe dera, de rejeitar todo efeito às leis e atos executi-

---

35 NOGUEIRA, Rubem. Rui Barbosa e o Supremo Tribunal Federal, p. 9. Disponível: https://www2.senado.leg.br/bdsf/bitstream/handle/id/269/r135- 21.pdf?sequence=4&isAllowed=y.

36 Controle da constitucionalidade

37 Controle da constitucionalidade

vos inconstitucionais[38]. Este Supremo até hoje vem desenvolvendo longa marcha por esta senda. Caminho este, aliás, que, com o tempo, *teve no passado diversas alternativas de erro e acerto, ora alegrando, ora amargurando o defensor de suas prerrogativas*[39].

Os dias de hoje, contado este século transcorrido desde 1923, sem a presença física de RUI, mas com a presença e influência permanente e inafastável de suas ideias, trazem provocações robustecidas pela complexidade, marcadamente diante de processos e ações estruturais em sede de controle concentrado de constitucionalidade, decorrentes especialmente do défice democrático e da ausência de políticas públicas protetivas dos direitos humanos e fundamentais.

Juízas e juízes Brasil: somos do mesmo modo arrebatados pela força desafiadora da *Oração* de RUI, porquanto *chove nos campos mais* áridos *e tristes a orvalhada das noites*[40].

Quem se banha desse sereno da vida e enfrenta esses desafios adornados de factoides, como bem sabem os componentes da Corte, Senhoras Ministras e Ministros, não ignora que *não se pode escapar* às *vicissitudes da condição humana de seus componentes*[41].

Daí a relevância da defesa da institucionalidade democrática. Esta data nos leva a constatar, com renovado senso de responsabilidade, que a RUI deve a Nação o fato de haver içado *o*

38 NOGUEIRA, Rubem. Rui Barbosa e o Supremo Tribunal Federal, p. 9. Disponível: https://www2.senado.leg.br/bdsf/bitstream/handle/id/269/r135- 21.pdf?sequence=4&isAllowed=y.

39 Oração aos Moços

40 BARBOSA, Rui. *Oração aos moços.* Edições do Senado Federal; v. 271. Brasília: SenadoFederal, 2019, p. 18.

41 NOGUEIRA, Rubem. Rui Barbosa e o Supremo Tribunal Federal, p. 12. Disponível: https://www2.senado.leg.br/bdsf/bitstream/handle/id/269/r135- 21.pdf?sequence=4&isAllowed=y.

Supremo Tribunal Federal na plenitude de sua autêntica vocação constitucional.[42]

Senhora Ministra Presidente, antes de encerrar e já me encaminhando para o final, permita-me um acréscimo a modo de uma nota pessoal.

Ocupo na Academia Brasileira de Letras Jurídicas a cadeira de número 10. Rui Barbosa é o patrono daquele posto que assumi em 2014.

Busquei aqui, com estas circunscritas palavras, fazer jus a RUI, que era um *homem de letras*, patrono também de cadeira na Academia Brasiliense de Letras, na qual Aliomar Baleeiro tomou posse saudado pelo Ministro Cândido Motta Filho[43].

Reitero, em especial nesta ocasião, a defesa irrestrita de Rui Barbosa pela liberdade de ensino. Enquanto a Carta de 1824 declarava a religião católica como religião oficial do Império, ele defendia a laicidade. O Estado - asseverou - não podia patrocinar dogmas, e nem a ciência podia estar cingida a crenças que retirassem a sua autonomia. Com efeito, a fé na ciência é o respeito ao rigor científico, e não afronta o direito de ser o que cada um é ou de professar suas crenças. Para ele, a "liberdade era o maior dos direitos humanos"[44]; se opôs a todas as formas de poder autoritá-

42 NOGUEIRA, Rubem. Rui Barbosa e o Supremo Tribunal Federal, p. 12. Disponível: https://www2.senado.leg.br/bdsf/bitstream/handle/id/269/r135- 21.pdf?sequence=4&isAllowed=y.

43 MOTTA FILHO, Candido. Discurso de recepção ao Ministro Aliomar Baleeiro na posse da cadeira de Rui Barbosa. In: MOTTA FILHO, Candido; BALEEIRO, Aliomar. Rui, homem de letras. Brasília: Academia Brasiliense de Letras, 1972. pp. 21-32. Discursos na Academia Brasiliense de Letras. [81859] SEN STF F 341.419104 B183 RLH.

44 Expressão à página 29 do professor Leonel Severo Rocha no texto *A democracia em RuiBarbosa*. In: Sequência: estudos jurídicos e políticos, v. 17, nº 32, pp. 24-29, jul. 1996.

rio, no "início combatendo a Monarquia, depois a ditadura militar e enfim as oligarquias reacionárias"[45].

Em parecer favorável à lei dos sexagenários, assim escreveu: *"Se a propriedade natural do homem sobre as coisas não encontrou, no país dos grandes latifúndios e das indústrias colossais, força bastante para contrastar as exigências superiores da lei moral, – que título tem, para se opor a essa soberania suma a propriedade abominável e indefensável do homem sobre o homem?".*

Estadista inconfundível, defendia ferrenhamente a federação e a República em tempos de Brasil Imperial. Era teórico do federalismo, combatendo os ultrafederalistas. Com uma espantosa contemporaneidade, dizia: *"Não vejamos na União uma potência isolada no centro, mas o resultante das forças associadas discriminando-se equilibradamente até as extremidades".*

Rumou no caminho da defesa dos direitos sociais. Grifou que as Constituições deveriam abrigar a eclosão de novos direitos, quais sejam, direito de habitação, horário de trabalho digno, equiparação salarial entre homens e mulheres. Atentou para a tragédia do trabalho infantil e das condições insalubres. Não se omitiu frente à "escravidão por dívidas", condenando os armazéns de venda que prendiam o trabalhador ao labor por meio de dívidas impagáveis.

Na *Oração aos Moços,* em 1921, apresentou o que se reputa a moderna concepção do princípio da igualdade, isto é, aquela que diferencia a igualdade formal da igualdade material:

> "a regra da igualdade não consiste senão em quinhoar desigualmente aos desiguais, na medida em que se desigualam".

45 À página 26, ROCHA, Leonel Severo. *A democracia em Rui Barbosa.* In: Sequência: estudosjurídicos e políticos, v. 17, nº 32, pp. 24-29, jul. 1996.

De modo algum esgotei, Senhora Ministra Presidente, a magnitude de Rui Barbosa nessa breve oração. Há vasta e importante[46] produção bibliográfica a propósito defendeu em vida e do trabalho que resultou no legado institucional que é perene, dão mostra *quantum satis* deste vulto deveras dadivoso.

Acoplou harmoniosamente e com invejável destreza sua produção teórica à atuação pública, jurídica[47] e política, sem deixar qualquer dos lados em desprestígio.

46 A exemplo, além dos autores já citados, apenas para ficar em algumas poucas dentre tantas ilustrações: LAMOUNIER, Bolivar. "Rui Barbosa e a Construção Institucional da Democracia Brasileira". Rio de Janeiro: Editora Nova Fronteira e Fundação Casa de Rui Barbosa, 1999; BALEEIRO, Aliomar. "Rui Barbosa: Um Estadista no Ministério da Fazenda". Salvador: Livraria Progresso Editora, 1954; BROSSARD, Paulo. "Rui e o Presidencialismo". In: Mario Brockman Machado e Ivan Vernon Gomes Torres, Jr. (orgs.), *Reforma Constitucional.* Rio de Janeiro: Edições Casa de Rui Barbosa, 1997, pp. 13-26. Muitas mentes e corações foram atraídasa tomar RUI como mote, dentre eles: o ministro do STF Luís Roberto Barroso, professor de Direito Constitucional da Universidade do Estado do Rio de Janeiro, e a doutoranda em Direito Constitucional pela Universidade de São Paulo Luna van Brussel Barroso, coautores do artigo *RuiBarbosa: o homem, o político e o jurista*, referido em: CONJUR, 100 ANOS DA MORTE – Rui Barbosa influenciou controles de constitucionalidade e de atos abusivos, edição de 1º de março de 2023; e mais: de Carlos Drummond de Andrade (Crônica publicada no Jornal do Brasil, no dia1º de março de 1973, exatamente 50 anos após o falecimento de Rui) a Felipe Recondo (RECONDO, Felipe. Tanques e togas: o STF durante a ditadura. São Paulo: Companhia das Letras, 2018), a presença de RUI é marcante; como se depreende do autor de *Tanque e Togas*, RUI não se fez pessoa entibiada, o que se depreende do fato histórico representado pela ameaça, realizada em 1892 por Floriano Peixoto, que coagiu os integrantes do STF a votarem negando um*habeas corpus* por ele impetrado em defesa de generais que se rebelaram contra o governo. A atuação de RUI como advogado mereceu uma obra à altura do homenageado de autoria do Doutor Marcus Vinicius Furtado Coelho: "Ruy Barbosa – O Advogado da Federação e da República" (ed. Migalhas).

47 COELHO, Marcus Vinicius Furtado. O legado de Rui Barbosa para a Federação e a RepúblicaNo centenário de sua morte, jurista se confunde com o irrestrito respeito à Constituição. Folha deSão Paulo, edição de 1º.mar.2023: "O lado humano é revelado em pequenas confusões, como a dúvida entre sobre a correta grafia: Rui ou Ruy. O registro de nascimento do mestre, em 5 de novembro de 1849, em Salvador, usa a forma com "y" –Ruy Barbosa de Oliveira. Ruy ou Rui, advogado primeiro da Federação e construtor dos alicerces jurídicos da República brasileira, segue atual e necessário. Seu nome se confunde com o irrestrito respeito à Constituição, à independência entre os Poderes e ao Estado democrático de Direito, garantidor de nossaconvivência como seres sociais."

Inexiste aqui, neste elogio de celebração, a defesa de uma natureza humana imune ao erro ou à crítica. Anote-se, por exemplo, o denominado "encilhamento", política econômica levada a cabo na República Velha. Ao arrear o *cavalo* da economia, intentando prepará-lo para a corrida do desenvolvimento, desencadeou seríssima crise política e institucional, bem descrita no romance homônimo de Visconde de Taunay. Ao homem de *convicções tenazes e irremovíveis*, escreveu Homero Pires em 1933: "Não há assim nada, que tenha saído da pena de Ruy Barbosa, e que possa sem falta ser posto à margem, ainda quando com a sua não se conforme a nossa opinião"[48].

Com a Lei Saraiva, por exemplo, o *liberalismo possível* deixou ainda inscrita a exigência de renda mínima para votare obstou o voto aos analfabetos. A equívoca destruição de documentos relativos à escravidão não passa, nesse horizonte, despercebida[49].

Quiçá por isso mesmo, lição de humildade ele também nos deixou. Na *Oração aos moços*, enfatizou:

> *"Estudante sou. Nada mais. Mau sabedor, fraco jurista, mesquinho advogado, pouco mais sei do que saber estudar, saber como se estuda, e saber que tenho estudado. Nem isso mesmo sei se saberei bem."*

RUI, porém, jamais esteve nesse estatuto dado que improcede essa acérrima autocrítica.

---

48 Prefácio de Homero Pires à obra: BARBOSA, Ruy. O divórcio e o anarchismo. Imprensa: Riode Janeiro, Ed. Guanabara, 1933. Prefácio e revisão de Homero Pires.

49 Lacombe, Américo Jacobina, Silva, Eduardo e Barbosa, Francisco de Assis, *Rui Barbosa e a queima dos arquivos*, Rio de Janeiro: Casa de Rui Barbosa, 1988

São também dele mais vozes naquela *Oração*:

> *"(...) do que tenho logrado saber, o melhor devo às manhãs e madrugadas."*[50].

É por isso mesmo que exaltamos, na data de hoje, esses cem anos. RUI não passou; ao contrário, resta perene. Supremo é Rui Barbosa.

A comunhão do sentimento que homenageia o patrono do Senado e dos advogados brasileiros, o então embaixador extraordinário e plenipotenciário em Haia, com todas as atribulações do evento e do momento[51], titulado como "o maior brasileiro da história"[52], finca raízes num País a construir.

Não nos olvidemos: *civilista* foi entre 1909 e 1910 o *chamado de Rui Barbosa e de seu grupo político em defesa da liberdade e do direito, contra um militarismo renascente que caminhava no sentido de dissimular o arbítrio sob a forma republicana*[53]. Renova-se, a

---

50 BARBOSA, Rui. *Oração aos moços.* Edições do Senado Federal; v. 271. Brasília: SenadoFederal, 2019, p. 44.

51 STEAD, William. O Brazil em Haya. Trad. Arthur Bomilcar. Imprensa: Rio de Janeiro, 1909.

52 Em 2006, um júri convidado pela revista Época elegeu Rui Barbosa "**O Maior Brasileiro da História**". "A revista Época, em sua edição de setembro de 2006, publicou matéria sobre enquete realizada junto a um grupo de personalidades nacionais para escolher o maior brasileiro da História", escreve o Embaixador Cardim (CARDIM, Carlos Henrique. A Raiz das Coisas - Rui Barbosa: o Brasil no mundo. Rio de Janeiro: Editora Civilização Brasileira, 2007, p. 9), e anota reproduzindo o periódico: "O resultado final foi um empate entre Rui Barbosa e Machado de Assis. Como a ideia era eleger apenas um personagem, a redação, no voto de Minerva, optou por Rui Barbosa. Toda escolha do gênero envolve certo grau de arbitrariedade e provoca discussão. Rui foi escolhido, entre outras coisas, pela qualidade da discussão que certamente provocará".

53 "Nesse sentido, a Campanha Civilista foi significativa como movimento de resistência contraa deturpação da ordem garantida pela liberdade e pelo direito na medida em que mobilizou amplossegmentos sociais que se uniram ao seu programa de protesto." Fonte: Portal Casa Rui Barbosa sobre Civilismo. Publicado em 24/05/2021 16h21 Atualizado em 04/05/2022 18h43.

partir de RUI, uma questão central: a plena submissão do poder castrense ao poder civil, e somente a este, ao poder civil, é legítimo atuar no processo político e eleitoral. Protagonista da *primeira campanha eleitoral moderna*[54], essas foram as suas promessas[55]: defender as liberdades mais elementares, jamais intervir nos tribunais, jamais decretar estado de sítio ou manipular o resultado de qualquer eleição. Foi o que defendeu Rui Barbosa na campanha civilista, se erguendo contra os caudilhos de facções ambiciosas[56].

É sempre imprescindível reiterar, cada vez mais, que a realidade eclipsada tem sido marca da contemporaneidade: a ilusão fabricada e o rapto dos fatos, sequestrados pelos véus da desinformação como método de propagação de uma nova linguagem.

Esse estado de espírito armado se compraz a reescrever a relação entre poder e religião, cultura e realidade, isto é, cobiça dominar até mesmo todos os sentidos da palavra de Deus, profanando-a, a palavra da ciência, negando-a, e a palavra da política, reduzindo-a a mero joguete de favores entre testas coroadas, vício esse do qual, aliás, nenhum governo está a salvo, qualquer seja o espectro político-ideológico de seu ideário.

O coração do presente sabe à democracia defensiva e à esperança de que exercentes de funções públicas estejam à altura

54 Fonte: https://jornalempresasenegocios.com.br/especial/ruy-barbosa-desafiou-elite-e-fez-1a- campanha-eleitoral-moderna/.

55 A candidatura de RUI à Presidência da República e o pano de fundo da Campanha Civilistadesafia intepretações. Interesses econômicos paulistas do café e compromissos setores hegemônicos da República, ali mostraria a preservação de um certo sistema político, social e econômico; ver a propósito: MARSON, A. O antimilitarismo na campanha civilista 1910: proposição para um debate. Revista de História, *[S. l.]*, v. 46, nº 94, pp. 619-621, 1973. DOI: 10.11606/issn.2316-9141.rh.1973.132019.Disponível: https://www.revistas.usp.br/revhistoria/article/view/132019. Acesso em: 27 fev. 2023.

56 Fonte: https://jornalempresasenegocios.com.br/especial/ruy-barbosa-desafiou-elite-e-fez-1a-campanha-eleitoral-moderna/.

de seus postos, com ousio e probidade para reconhecer balizas, corrigir desvios e realizar os deveres constitucionais do Estado de Direito democrático.

No cinquentenário de seu falecimento escreveu Drummond de Andrade: "Rui Barbosa representou omelhor, o mais puro e desinteressado pensamento do homem da rua, desencantado da engrenagem política montada no país e esperançoso (utopicamente) de erigir um Governo civil inspirado na justiça, na liberdade, na representação autêntica, na virtude."[57] RUI escreveu, do alto a idade madura, a sua *teoria política*, definindo-se ao lado da democracia social, ou seja, das *liberdades reais*.

O desafio de hoje, centenário do seu falecimento, à luz do motivo condutor de Rui Barbosa e do estado de espírito desarmado que ele espraia para a estação dos dias correntes, parece-me ser este: resgatar a tradição republicana e impessoal de construção de instituições. Enquanto elas forem alvo de captura ou enquanto forem sujeitas a práticas sub-reptícias, informais, não transparentes, precisaremos defendê-las como fez RUI e como almejou o projeto republicano.

Nossos compromissos estão inscritos no mármore que faz cintilar o átrio deste Tribunal. Que saibamos honrar essa fidúcia constitucional com a valorização da convicção colegiada. Que saibamos intimoratos arrostar a pungente marca física do ataque bárbaro que deixou sequelas em seu próprio busto.

À beira do ataúde de Machado de Assis disse RUI: "A morte não extingue: transforma; não aniquila: renova; não divorcia: aproxima"[58].

57 Crônica publicada no Jornal do Brasil, no dia 1º de março de 1973, exatamente 50 anos após ofalecimento de Rui. Fonte: Acerbo da Fundação Casa Rui Barbosa.

58 Discurso de Rui Barbosa pronunciado na Academia Brasileira, junto do ataúde de Machado deAssis, aos 29 de setembro de 1908, minutos antes de partir o féretro

Por isso é lapidar, como relembra o sempre Decano Ministro CELSO DE MELLO, a definição em RUI de Pátria: "(...) A PÁTRIA NÃO É ninguém; SÃO TODOS; E CADA QUAL TEM no seio dela O MESMO DIREITO à ideia, à palavra, à associação. A PÁTRIA NÃO É um sistema, NEM É uma seita, NEM UM MONOPÓLIO, nenhuma forma de governo: é o céu, o solo, o povo, tradição, a consciência, o lar, o berço dos filhos e o túmulo dos antepassados, a comunhão da lei, da língua e da liberdade.

OS QUE A SERVEM são os que não invejam, os que não inflamam, os que não conspiram, os que não sublevam, os que não desalentam, os que não emudecem, os que não se acobardam, mas resistem, mas ensinam, mas esforçam, mas pacificam, mas discutem, mas praticam a justiça, a admiração, o entusiasmo. Porque todos os sentimentos grandes são benignos e residem originariamente no amor (...)"[59].

Estamos hoje mais próximos a RUI, quer pelos deveres cumpridos, quer pelas obrigações a adimplir. Guiado pela sua vigilante memória, este Tribunal não se dobrará nem a democracia cederá.

Muito grato por vossa atenção.

para o cemitério de S. João Batista. In: à página 16 de BARBOSA, RUY. O adeus da Academia a Machado de Assis. Ediçãoda Casa de Rui Barbosa, 5 de novembro de 1958, apresentação de Virgínia Côrtes de Lacerda.

59 "A PÁTRIA", por RUY BARBOSA (Trecho de discurso no Colégio Anchieta, na cidade doRio de Janeiro, proferido em 1903).

CEM ANOS SEM RUI BARBOSA: INCIDÊNCIAS NO DIREITO PENAL

Renato de Mello Jorge Silveira[1]

Introdução

Rui Barbosa (batizado como Ruy, mas com redesenho *post mortem* de seu prenome pelareforma ortográfica de 1943) nasceu em Salvador, no Brasil imperial de 1849. Ingressouna Faculdade de Direito do Recife, em 1866. Ao depois, em 1868, em situação corriqueiraà época, transferiu-se para a Faculdade de Direito de São Paulo, onde veio a colar grau. Foi Advogado, jurista, político, diplomata, escritor, jornalista e orador. Para muitos, o maior dos brasileiros.

Faleceu em 1º de março de 1923. Fez história. Sua atuação política, diplomática e como Advogado, marcou as páginas do Direito nacional. Encantou a tantos. Cativou a muitos. Criou uma lenda. Inseriu o ruísmo na alma de gerações.

Encontra-se, o Brasil, a enaltecer o centenário de seu falecimento. Antes de tudo, e ao iniciar a presente exposição, cumpre uma primeira dúvida. Qual o papel dessa tendência nos dias de hoje? Mais. Ainda podemos nos dizer seus adeptos? Essa dúvida não seria posta há alguns anos, mas hoje talvez reste a indagação.

Por certo, a dimensão desse ruísmo, hoje, é diversa da de outros tempos. Mas a presente reunião, neste templo da Justiça, é prova que, mesmo reduzido, ele ainda se faz presente.O culto à inteligência é perene, e perene deve ser a devoção ao ícone baiano, de tríplice morada: Bahia, São Paulo e Rio de Janeiro.

---

1 Advogado Presidente do Instituto dos Advogados de São Paulo. Professor Titular da Faculdade de Direito da Universidade de São Paulo

O presente ensaio tem por objetivo, na atual efeméride, destacar uma faceta nem sempreexplora de Rui Barbosa, qual seja, a de sua influência no Direito Penal. Embora tenha sededicado a todas gamas de atuações, sua incorrência na seara penal, ao menos recentemente, parece ter sido deixada *a latere.* De se resgatar, pois, um pouco de Rui, penalista. Antes, contudo, de se evidenciar a sua proximidade ao Instituto dos Advogadosde São Paulo (IASP), que começa e encerra a participação, no cenário jurídico nacional, de um dos grandes Catedráticos de Direito Penal da Faculdade de Direito da Universidadede São Paulo junto à Rui.

1. Rui Barbosa e o IASP

Rui Barbosa foi o primeiro sócio honorário do IASP. E, mais. Foi a partir desse momentoque se desenhou a origem da sua famosa *Oração aos moços.*[2] Essa, uma pequena passagem necessária. Em julho de 1868, Dom Pedro 2º dissolvera a Assembleia dos Deputados, dando o poder aos conservadores, o que gerou enormes controvérsias, em especial na Academia de São Paulo. Nela, o professor José Bonifácio, o moço, rebateu aquela medida, tendo o apoio enfático, em discurso memorável, de um jovem terceiro-anista. Nascia, então, Rui, o orador.

Cinquenta anos depois, em 1918, o IASP, então denominado Instituto da Ordem dos Advogados de São Paulo (IOASP), estava a comemorar o jubileu cívico de Rui. Naquelemomento, falou como orador, em nome da Faculdade de Direito, o acadêmico José Soares de Mello, então, por sua vez, também terceiro-anista da

2 Cf. SILVEIRA, Renato de Mello Jorge. O IASP e os 100 anos da Oração aos Moços. Disponível na internet:https://www.conjur.com.br/2021-mar-29/renato-silveira-iasp-100-anos-oracao-aos-mocos. Acesso em 05.01.2023.

Velha Academia. Além das honras postas a Rui, foi determinada missão do Instituto a comparecer ao Rio de Janeiro,em sua residência, para externalizar a "gratidão e regozijo da terra paulista por ter-se transplantado para ela quando seu gênio ia florescer." Àquela se fez juntar Soares de Mello, tendo sido todos recebidos em sua residência. E foi naquele inicial contato que nasceu a audaciosa ideia do convite a Rui para ser o paraninfo da Turma de 1920, quandoseria completado, também, o cinquentenário de sua própria formatura nas Arcadas. Tudo,enfim, fruto daqueles momentos no Instituto.[3]

Tais passos foram, ainda, aprimorados quando, na segunda quinzena de setembro de 1918,uma caravana de acadêmicos de São Paulo, pensada e composta por Soares de Mello, a que se fizeram juntar outros dez, fez o mesmo percurso.[4] De fraque, cartola, bengala, luvas e botinas de abotoar de camurça e verniz, os jovens, vistos na Faculdade como "oscariocas", foram, então, à mansão da Rua São Clemente. Rui já se encontrava doente, sendo a mocidade recebida por sua esposa. Seguiram-se, ainda, outros encontrosde Soaresde Mello com Rui, até que, em 1920, foi ele designado para apresentar o formalconvite.[5]

O resultado veio, por derradeiro, somente em 1921. Soares de Mello, juntamente com outro seu colega, Manoel Otaviano Diniz Junqueira Filho, foi chamado, em 19 de março, à sua presença, em Petrópolis. Proibido que fora pelos médicos de viajar a São Paulo, ali

3 Cf. AMBROSINI, Diogo Rafael. *Memórias do IASP e da Advocacia.* De 1874 aos nossos dias. Campinas: Millennium, 2006, p. 110.

4 Cf. MELLO, José Soares de. Rui e a Questão Dreyfus. *Revista da Faculdade de Direito,* São Paulo, vol. LXII, fasc. I, 1967, pp. 126 e ss. MELLO, José Soares de. *História da Oração aos Moços.* Rio de Janeiro: Fundação Casa de Rui Barbosa, 1973, pp. 31 e ss.

5 MELLO, José Soares de. Rui e a Questão Dreyfus...Op. cit., pp. 150 e ss. MELLO, José Soares de.

estava a entregar o trabalho escrito, intitulado *Oração aos Moços*, que fizera em homenagem à colação de grau, tendo-a escrito devido, como deixou claro, à insistência de Soares de Mello. Em 29 de março de 1921, perante a juventude na antiga Sala dos Retratos do antigo Convento de São Francisco, iniciou-se a cerimônia de colação de grau,onde, todos devidamente enfarpelados, ouviram a *Oração* lida pelo Professor Reinaldo Porchat. O resto é história.

Soares de Mello ainda encontraria com Rui Barbosa duas semanas depois de sua formatura. De partida para a Europa, passou pelo Rio de Janeiro. Sabendo-o ainda em Petrópolis, para lá se dirigiu. O encorajamento, instigação e sabedoria de Rui foram decisivos àquele que, anos depois, se tornaria emérito Catedrático de Direito Penal na Faculdade de Direito da Universidade de São Paulo e, também, desembargador do Tribunal de Justiça de São Paulo.[6] Mais do que tudo, entretanto, e por ironia do destino, defensor contumaz de Rui no momento da calúnia a ele dirigida, formulada nos anos 1960, muito depois de sua morte. O início desse percurso, portanto, simultâneo ao nascimento de um dos expoentes penais das Arcadas, tem certa inspiração na devoção deste à figura destacada de Rui.

2. Breves e preliminares notas penais em Rui Barbosa

Já se disse de Rui, terceiro-anista, em seu momento cívico inaugural. Mas são de se ver, e mencionar, os seus momentos iniciais de aproximação ao Direito Penal. Com brilho desde muito jovem, Rui se criou na Bahia de Todos os Santos. Transferiu-se ao Recife ao ingressar na Faculdade de Direito, desde logo fazendo

6 Cf. MELLO, José Soares de. Rui e a Questão Dreyfus...Op. cit., pp. 163 e ss. MELLO, José Soares de.

parte de uma sociedade abolicionista, fundada por Castro Alves, Augusto Guimarães e Plínio de Lima.[7]

Na época, mostrava-se bastante comum a migração de alunos entre as duas Faculdades de Direito do Império. E é assim que Rui chega a São Paulo para cursar seu terceiro ano.[8] De pronto, impressiona a todos e já estreia na imprensa, escrevendo importantes artigos.Muito embora pudesse não ser o Direito Criminal sua preferência primeira, dessa época já se tem um escrito seu de importância, que vem, justamente, a abordar ponto penal. Foisua dissertação de Direito Administrativo – *"Estará revogado o art. 7º da Lei de 30 de agosto de 1830 em vista do que determina o art. 310 do Código Criminal?* que fez estrearsua abordagem na área em comento.[9] Roberto Lyra, um dos maiores penalistas do séculopassado, e reconhecido professor da Universidade do Distrito Federal (então no Rio de Janeiro), nesse sentido, atesta o fato do grande aluno de Direito Criminal que se mostravaem Rui.[10]

Formado, alguns casos profissionais desde logo lhe foram emblemáticos. De volta à Bahia, ainda em suas atuações vestibulares, já mostrava sua veia atinente ao Direito Criminal. Aliás, foi no júri

---

7 Cf. CARVALHO, Antônio Gontijo de. Prefácio e organização. *Obras completas de Rui Barbosa.* Primeiros trabalhos. Rio de Janeiro: Ministério da Educação e Saúde, 1951, vol. I, 1865-1871, tomo I, X. VIANA FILHO, Luiz. *A vida de Rui Barbosa.* São Paulo: Nacional, 1960, pp. 30 e ss.

8 Cf. CARVALHO, Antônio Gontijo de. Op. cit., XII e ss. Rejane M. M. de Almeida Magalhães menciona, ainda, como fator decisivo para a referida transferência um demérito havido na matéria de Direito Natural, regida pelo professor Antônio de Vasconcelos Meneses de Drummond. Cf. MAGALHÃES, Rejane M. M. de Almeida. *Rui Barbosa*: cronologia de vida e obra. Rio de Janeiro: Fundação Casa de Rui Barbosa, 2021, p. 40.

9 BARBOSA, Rui. Estará revogado o art. 7º da Lei de 30 de agosto de 1830 em vista do que determina o art. 310 do Código Criminal? *Obras completas de Rui Barbosa.* Primeiros trabalhos. Rio de Janeiro: Ministério da Educação e Saúde, 1951, vol. I, 1865-1871, tomo I, pp. 183 e ss

10 LYRA, Roberto. *A obra de Ruy Barbosa em criminologia e direito criminal.* Rio de Janeiro: Nacional, 1952, p. 7.

a inauguração de sua Advocacia.[11] Vitórias e derrotas, as primeiras em muito maior número, marcaram seus dias iniciais, também no foro criminal.

Com o tempo, diversos escritos seus mencionavam situações envolvendo Direito Penal. Assim, inicialmente no *Diário da Bahia*, de 1881[12] e no *Diário de Notícias*, de 1889.[13] Logo foi, contudo, outro o espaço de suas batalhas. Deputado de 1878 a 1884, foi Senador,de 1890 a 1922, com breves interrupções. Foi convocado por Deodoro da Fonseca, em 1889, como Ministro e Secretário da Fazenda e ajudou no desenho final da Constituição de 1891. Disputou a presidência da República na célebre campanha civilistade 1910, emque a pena perdeu para a espada de Hermes da Fonseca. Em 1919, foi novamente candidato, perdendo, desta feita, a Epitácio Pessoa.[14]

Foi no Direito, no entanto, que deitou sombra. Postou-se como Advogado por excelênciae jurista por vocação. Escritor, comentou temas jurídicos. Segundo Lyra, "como jurisconsulto, emitiu pareceres em matéria criminal, inclusive sobre a competência do foro para conhecer dos fatos criminosos, de 19.11.1914."[15] Se corres-

---

11 Em carta de 16 de agosto de 1872, o pai de Rui Barbosa alude a seu primo, o Desembargador da Relação da Corte, João Barbosa, "meu filho vai trabalhando com bom nome no escritório do Dantas e Veloso. Já esteou no júri, onde teve tal felicidade, foi tão vitorioso por entendidos e pelo povo, como lhe não posso dizer: firmou logo uma ótima reputação." NOGUEIRA, Rubem. *O advogado Rui Barbosa*: momentos culminantes de sua vida profissional. São Paulo: Noeses, 2009, pp. 33 e ss. Lyra também destaca semelhante vitória. LYRA, Roberto. Op. cit., pp. 7 e ss

12 BARBOSA, Rui. A cabala do crime. *Obras completas de Rui Barbosa*. Trabalhos diversos. Rio de Janeiro: Ministério da Educação e Cultura, 1957, vol. VII, 1881, tomo I, pp. 63.

13 BARBOSA, Rui. Crime oficial. *Obras completas de Rui Barbosa*. Queda do Império. Rio de Janeiro: Ministério da Educação e Saúde, 1948, vol. XVI, 1889, tomo VI, pp. 147 e ss.

14 Cf. LACOMBE, Américo Jacobina. *O pensamento vivo de Rui Barbosa*. São Paulo: Martins, 1944, pp. 55 e ss.

15 LYRA, Roberto. Op. cit., p. 15.

pondeu com Ferri. Citava de Beccaria a Garrolafo, com rara propriedade.[16] Diplomata, esgrimiu o Direito em prol do Brasil. Viveu, pois, pela Justiça. E sua marca no Direito Penal fez-se, também, indelével.

3. Rui, penalista propriamente dito

Rui foi, sem dúvida, um homem dos sete instrumentos, polímata no exato sentido da palavra. Sua lendária biblioteca, o ninho da águia como um todo,[17] sua atuação política (do Império à República), seu desempenho como diplomata, e, particularmente, sua vivência como Advogado encantou gerações. E, nela, vagou por áreas completamente distintas, como bem ilustra o leque abrangente de suas *Obras completas.*

Buzaid já chegou a discorrer sobre Rui, criminalista, ao dizer que seus estudos constituiriam modelos e exemplos da ciência penal.[18] É de se ver, de toda forma, que Rui,desde os trabalhos

---

16 LYRA, Roberto. Op. cit., pp. 18 e

17 A mansão da Rua Clemente, sua residência no Rio de Janeiro, também era conhecida como o ninho da águia. Isso se deve ao fato dele próprio ser conhecido como a águia de Haia, alcunha dada a ele pelo Barão do Rio Branco por sua atuação na 2ª Conferência Internacional da Paz, em 1907. Cf. GONÇALVES, Silo. *A Águia de Haia.* Biografia de Rui Barbosa. Rio de Janeiro: Agir, 1947, pp. 169 e ss.

18 Segundo Buzaid, "a bagagem intelectual de Rui Barbosa, desde os albores do exercício da Advocacia até os derradeiros trabalhos profissionais, foi tão grandiosa, que dele se pode dizer que conhecia todos os ramos da ciência jurídica como se fosse, em cada qual, em especialista, um cultor esmerado, um professor dedicado exclusivamente à matéria. Conhecia por igual e com a mesma profundidade o direito privado e odireito público e em cada um desses ramos, em que se divide a ciência jurídica, assombrou o domínio comque os tratava. Não foi apenas o constitucionalista, aquele que elaborou, interpretou e defendeu a primeira Constituição republicana; não foi apenas o civilista, que reviu o Código Civil, dando-lhe a mais elegante redação; não foi apenas o comercialista, deixando uma obra capital sobre *Cessão de* clientela, que de per si faria a glória de seu autor; não foi apenas o criminalista, cujos estudos constituem até hoje modelos e exemplos para a ciência penal; não foi apenas o financista, cuja obra *finanças e política na República* é o testemunho de seu altíssimo saber nesse campo do universo jurídico; não é apenas

preparatórios da Constituição de 1891, se preocupara, nítida e sobejamente, com questões envolvendo dos direitos individuais.[19]

o tributarista, que discute em numerosos pareceres questões relativas à impostos e taxas." Cf. BUZAID, Alfredo. *Rui Barbosa processualista civil e outros estudos.* São Paulo: Saraiva, 1989, p. 3.

19 Para Tucci, "não obstante, certamente influenciado pelos seus estudos sobre o constitucionalismo norte- americano, Rui Barbosa, logo após a proclamação da República, na condição de prestigiado jurista, reconhecidamente o integrante mais preparado e culto do Governo Provisório e que detinha uma visão mais ampla das transformações institucionais necessárias ao novo desenho político do nosso país, é incumbido de revisar o projeto da primeira Constituição republicana, que havia sido elaborado por uma comissão presidida pelo senador Joaquim Saldanha Marinho. Observa-se que, antes mesmo da instalação da Assembleia Constituinte, ministros e parlamentares começam a discutir, em 10 de junho de 1890, na casa de Rui Barbosa, na praia do Flamengo, as sugestões por ele formuladas. Poucos meses depois, é acolhida por unanimidade a proposta de redação da seção intitulada Declaração de Direitos, que representava genuína novidade na legislação brasileira. O art. 72, §§ 15 e 16, da Constituição de 1891, tinham, respectivamente, a seguinte redação: 'Ninguém será sentenciado senão pela autoridade competente, em virtude de lei anterior e na forma por ela regulada'; e 'Aos acusados se assegurará na lei a mais plena defesa, com todos os recursos e meios essenciais a ela...'. Tais regras destacavam, de modo inequívoco, a concepção de devido processo legal que permeava o pensamento original de Rui Barbosa, quase oito décadas antes de a literatura processual voltar a atenção para as projeções das normas constitucionais na fisiologia da tramitação do processo. Comentando o texto constitucional que propusera, Rui Barbosa, apósrevelar que sua fonte de inspiração, mais do que o direito anglo-americano, foi o art. 179, ns. 8-11, da Constituição imperial de 1824, esclarece que, sobre a necessidade de ser observada a forma, assenta-se outra regra, qual seja, a de que ninguém pode ser condenado senão mediante processo regular, vale dizer, 'mediante os tramites preestabelecidos no direito nacional'. E continua: 'Dizem ingleses e americanos que ninguém pode ser sentenciado senão '*by the law of the land*', ou '*by due process of law*', expressões sinônimas na fraseologia jurídica das duas grandes nações... Definindo o '*due process of law*', um dos comentadores mais modernos da Constituição americana assevera que essa exigência constitucional se destina a manter a todos os cidadãos o jus a serem processados e julgados em conformidade com as formas legais, por um tribunal imparcial, cuja sentença se pronuncie acerca da sua responsabilidade, ouvida a sua defesa'... As expressões, que revestem a fórmula dessa garantia, têm por fim, dizia o juiz Johnston, na Suprema Corte federal, 'escudar o indivíduo contra o exercício arbitrário dos poderes do governo'...". Desponta nítida, portanto, a atualidade da lição de Rui Barbosa, a qual, além de sua relevância histórica, pode ser perfeitamente adotada em qualquer pesquisa acadêmica moderna, que aborde o capítulo atinente às garantias do devido processo legal. TUCCI, José Rogério Cruz e. Devido processo penal no pensamento de Rui Barbosa. Disponível na internet: https://www.migalhas.com.br/depeso/357848/devido-processo- legal-no-pensamento--pioneiro-de-Rui-barbosa. Acesso em 06.01.2023.

Nesse sentido, Lyra alinhavou muito do pensamento penal de Rui em consagrada e impagável obra, de fins dos anos 1940, intitulada *A obra de Rui Barbosa em criminologia e direito penal*.[20]

Célebres, também, são suas palavras, em 1911, em resposta a Evaristo de Morais sobre ofato deste dever, ou não, aceitar o patrocínio da controversa causa de José Mendes Tavares.[21] Indagava Evaristo: "Venerando mestre e preclaro chefe. Para a solução de um verdadeiro caso de consciência, solicito vossa palavra de ordem, que à risca cumprirei. Deveis ter, como toda a gente, notícia, mais ou menos completa, do lamentável crime deque é acusado o Dr. Mendes Tavares. Sabeis que esse moço é filiado a um agrupamento partidário que apoiou a desastrosa candidatura do Marechal Hermes, cuja inelegibilidadefui dos primeiros a proclamar. Sabeis, outrossim, que, ardente admirador de vossa extraordinária mentalidade e entusiasmo pela lição de civismo que destes em face da imposição militarista, pus-me decididamente ao serviço de vossa candidatura. Dada a eleição do vosso antagonista, tenho até hoje mantido e pretendo manter seguramente as mesmas ideias. Ocorreu, todavia, o triste caso a que aludi."

"O acusado, Dr. José Mendes Tavares, foi meu companheiro, durante quatro anos, nos bancos escolares. Não obstante o afastamento político, sempre tivemos relações de amistosa camaradagem. Preso, angustiado, sem socorro imediato de amigos do seu grupo,apelou para mim, solicitando os meus serviços profissionais."

"Relutei, no princípio; aconselhei, desde logo, fosse chamado outro patrono, parecendo- me estar naturalmente indicado um

20 LYRA, Roberto. Op. cit., pp. 45 e ss

21 carta de Ruy

profissional bem conhecido, hoje deputado federal, que supus muito amigo do preso. Essa pessoa por mim apontada escusou-se da causa."

"A opinião pública, diante de certas circunstâncias do fato, alarmou-se estranhamente, chegando a considerar o acusado *indigno de defesa*! Não me parece se deva dar foros dejustiça a essa ferocíssima manifestação dos sentimentos superexcitados da ocasião. O acusado insiste pela prestação dos meus humildes serviços. Eu estou de posse de elementos que em muito diminuem, se não excluem, sua responsabilidade no caso. Recorro respeitosamente à vossa alta autoridade e vos instituo, com grandíssima e justificada confiança, juiz do meu proceder. Devo, por ser o acusado nosso adversário, desistir da defesa iniciada? Prosseguindo nela, sem a menor quebra dos laços que me prendem à bandeira do civilismo, cometo uma incorreção como sentença inapelável, paraacalmação da minha consciência."[22]

A resposta de Rui, no mínimo espetacular, serve, até hoje, como norte para qualquer estudioso sobre ética da Advocacia. O dever do Advogado vai além de qualquer parcialidade ou viés individual. Aponta Rui, em locução a Evaristo, que, não raro, com a paixão pública agudizada, "começa a justiça a correr perigo, e com ele surge para o sacerdócio do Advogado a fase melindrosa, cujas dificuldades poucos ousam arrostar. Faz-se mister resistir à impaciência dos ânimos exacerbados, que não tolera a serenidade das forças judiciais. Em cada uma delas a sofreguidão pública descobre um favor à impunidade. Mas é, ao contrário, o interesse da verdade o que exige que elas se esgotem;e o Advogado é o ministro desse interesse. Trabalhando por que não faleça ao seu constituin-

22 carta de Ruy

te uma só dessas garantias da legalidade, trabalha ele para que não falte à justiçanenhuma dessas garantias."

"Eis por que, seja quem for o acusado, e por mais horrenda que seja a acusação, o patrocínio do Advogado, assim entendido e exercida assim, terá foros de meritório, e se recomendará como útil à sociedade."[23]

Refletindo sobre as garantias de um processo justo, ao encerrar, ponderou Rui no sentidode que "bem se vê, pois, o meu colega: não há de que se arrepender. Tem consigo a liçãogeral e os melhores exemplos de nossa gloriosa profissão. Há de lhe árdua a tarefa. Não vejo na face do crime, cujo autor vai defender, um traço, que destoe da sua repugnante expressão, que lhe desbaste o tipo da refinada maldade. Fala-me em elementos, de que está em posse, os quais 'muito diminuem, se não excluem, a responsabilidade.' Queira Deus que se não iluda. Essa responsabilidade se acentua, no conjunto das provas conhecidas, com uma evidência e uma proeminência, que se afigura insusceptíveis de atenuação. Nem por isso, todavia, a assistência do Advogado, na espécie, é de menos necessidade, ou o seu papel menos nobre."[24] Tais palavras ainda hoje, passados mais de cem anos, são lição inexorável a qualquer criminalista.

Em outras passagens, Rui, o penalista, acabou, derradeiramente, por se imortalizar. De semencionar algumas. Vinda a República, sua atuação se fez cada vez mais presente, principalmente pela projeção política que, também, passou a ostentar. E cresceu, ainda mais, com a as agressões ao federalismo, que ele tanto defendia. Deodoro proclamara a República em 1889. Em 1891, renunciou.

---

23 BARBOSA, Rui. *O dever...*Op. cit., p. 34.

24 BARBOSA, Rui. *O dever...*Op. cit., p. 51.

Floriano Peixoto fixara-se como vice- presidente em exercício. Nesse momento, Rui passa a fazer significativa oposição à 2ª República da Espada, como relata a inicial carta a Tobias Monteiro, de 1892.[25]

As críticas postas a Floriano, de todo o lado, e mesmo das forças armadas, ensejaram a decretação do Estado de Sítio, sendo que, sob essa égide, inúmeros opositores foram presos e deportados.[26] Rui permanecia à frente da oposição, e inovou o combate às injustiças. Conhecendo, como poucos, todo o arsenal constitucional e de instrumentos jurídicos, ajuizou inúmeros habeas corpus em relação aos militares presos.[27] Verdadeiramente, vem, assim, a

---

25 Segundo Levi Carneiro, "monos de nove meses após a proclamação da Constituição republicana, aos 3 de novembro de 1891, deflagra a crise das novas instituições, que se prolonga e agrava no decurso do ano subsequente. Insistira, em vão, Deodoro, por que a Constituição concedesse ao presidente da República a faculdade de dissolver o Congresso; naquela data, realizava a profecia, com que ameaçara Rui Barbosa ao dizer-lhe que talvez tivesse de sair, algum dia, do Congresso, 'inclinando-se diante da majestade de um canhão. A dissolução do Congresso provocou a reação da marinha de guerra no levante ocorrido vinte dias mais tarde, logo triunfante com a renúncia do Presidente usurpador. Empossado no governo da Nação o Vice-Presidente, reabertos o Senado e a Câmara dos Deputados, poderia supor-se que o regime saia fortalecido dessa rude prova, demonstrando estabilidade e eficiência. Retomara prontamente o ritmo normal a vida política nacional; fora, em breves dias, anulado o golpe de Estado. Sobreveio, porém, a derrubada sucessiva dos governadores eleitos em quase todos os Estados, regularmente eleitos e em exercício, que haviam apoiado o golpe de Deodoro. Por outro lado, não decorridos dois anos do período do mandato do presidente renunciante, se deveria proceder a nova eleição para lhe preencher o cargo vago. Era o que resultava do art. 42 da Constituição de 1891, assim redigido (...) No entanto, o vice-presidente, marechal Floriano Peixoto, não se apressou em convocar o eleitorado para a escolha do novo Presidente (...)." CARNEIRO, Levi. Prefácio. *Obras completas de Rui Barbosa.* Trabalhos jurídicos. Estado de sítio. Rio de Janeiro: Ministério da Educação e Cultura, 1956, vol. XIX, 1892, tomo III, X e ss. Decretado o Estado de Sítio por Floriano, e entendendo que aqueles que o criticavam estariam em estado de sedição, determinou inúmeras prisões.

26 Cf., VILLA-LOBOS, Raúl. *A revolta da armada de 6 de setembro de 1893.* Rio de Janeiro: Laemmert, 1897, *passim.*

27 BARBOSA, Rui. Petição de habeas corpus. *Obras completas de Rui Barbosa.* Trabalhos jurídicos. Estado de sítio. Rio de Janeiro: Ministério da Educação e Cultura, 1956, vol. XIX, 1892, tomo III, pp. 11 e ss.

lançar o pioneiro habeas corpus da República,[28] e com uma pena que lhe era própria. Informado da clareza dos argumentos de Rui, teria dito Floriano querer saber quem daria, ao depois, habeas corpus aos ministros do Supremo Tribunal. Derrotado, Rui publicou cerca de 18 artigos, bastante enérgicos, em relação à decisão.[29]

Traçou, assim, uma nova dimensão ao remédio heroico, abordando também matéria política, afirmado que "onde quer que haja um direito individual violado, há de haver umrecurso judicial para a debelação da injustiça." Foi Rui, juntamente com Pedro Lessa, quem, aliás, formataria a teoria brasileira do habeas corpus. Nesse sentido, diz Rubem Nogueira que "a atmosfera estava carregada de apreensões graves. Descontentamentos subterrâneos, amparados nalgumas espadas ilustres, ameaçavam eclodir. Floriano, por seu turno, compenetrado, sem dúvida, de haver procedido honestamente, manifestava uma disposição férrea de coibir toda e qualquer ação revolucionária das facções hostis à sua conduta governamental. Os temores estavam de tal maneira generaliza-

28 Cf. NOGUEIRA, Ruben. Op. cit., pp. 47 e ss. Como menciona Silo Gonçalves, "impulsionado pelo seu amor ao direito e à liberdade, Rui sustentou que o habeas corpus é aplicável 'a todos os casos em que um direito nosso, qualquer direito, estiver ameaçado, manietado, impossibilitado do seu exercício, pela intervenção de um abuso de poder ou uma ilegalidade,' contanto que a sua prova seja compatível com a natureza especial do processo. Destarte, o habeas corpus despertou a nova consciência jurídico-política do país, provocando a curiosidade popular, ao mesmo tempo que, garantindo a liberdade de opinião, dignificava a vida cidadã, e lançava a semente da reação democrática, brotada na revolução de Outubro, quando o povo em massa, por todo o Brasil, pedia armas. Rui, inigualável jurista, pela sua defesa do instrumento da liberdade – o habeas corpus – constituiu-se eventualmente o advogado do povo, posto honorífico que provento lhe rendia, antes o prejudicava política e praticamente, em sua vida privada, como em sua vida pública, posto que fosse o mais sábio e o mais completo causídico do Brasil." GONÇALVES, Silo. Op. cit., p. 79. Sobre a dimensão então percebida do Remédio Heroico e a atuação de Rui, MIRANDA, Pontes de. *História e prática do habeas corpus.* Campinas: Bookseller, 1999, vol. 1, pp. 240 e ss.

29 Cf. BARBOSA, Rui. O acórdão de 27 de abril. *Obras completas de Rui Barbosa.* Trabalhos jurídicos. Estado de sítio. Rio de Janeiro: Ministério da Educação e Cultura, 1956, vol. XIX, 1892, tomo III, pp. 137 e ss.

dos, que as própriasfamílias dos presos receavam vir a complicar ainda mais a situação deles, pleiteando, emseu benefício, alguma providencia judicial. Que providência, porém, seriaessa, para qual pudessem apelar as vítimas da reação imprevista de Floriano? Eis a inquietante interrogação daquele histórico momento. Havia alguma forma eficaz de protestar contra o ato do Marechal Vice-Presidente? Eis a dúvida, que pairava no ar. RuiBarbosa, uma semana após os acontecimentos, ingressou no Supremo Tribunal Federal, com o destemore a autoridade moral de artífice principal da Constituição de 1891. E, com surpresa geral,submeteu a despacho uma petição de habeas corpus, o primeiro habeas corpus sobre matéria política, que se impetrava ao mais alto órgão da justiça republicana. O pedido tomou o nº 300."[30]

Em posterior momento, em 1893, sobreveio a 2ª revolta da Marinha. Novamente, Florianointentava ações duvidosas, em especial após a tomada do navio Júpiter, onde os civis ali presentes também foram vistos como revoltosos e presos nas fortalezas da Lage e de SantaCruz.[31] O ponto foi fundamental e ensejou novas impetrações de habeas corpus por Rui. Também defendeu e difundiu a noção do habeas corpus na imprensa,[32] dando a todos

30 NOGUEIRA, Rubem. Op. cit., pp. 57 e ss.

31 BARBOSA, Rui. Habeas corpus a favor dos presos civis do Júpiter. *Obras completas de Rui Barbosa.* Trabalhos jurídicos. Rio de Janeiro: Ministério da Educação e Cultura, 1958, vol. XX, 1893, tomo V, pp. 237 e ss. Cf., genericamente, VIANA FILHO, Luiz. Op. cit., pp. 273 e ss.

32 BARBOSA, Rui. Habeas corpus. *Obras completas de Rui Barbosa.* A ditadura de 1893. Jornal do Brasil. Rio de Janeiro: Ministério da Educação e Saúde, 1949, vol. XX, 1893, tomo IV, pp. 47 e ss. BARBOSA, Rui. O habeas corpus e a imprensa. *Obras completas de Rui Barbosa.* A ditadura de 1893. Jornal do Brasil. Rio de Janeiro: Ministério da Educação e Saúde, 1949, vol. XX, 1893, tomo IV, pp. 137 e ss. BARBOSA, Rui. O habeas corpus. *Obras completas de Rui Barbosa.* A ditadura de 1893. Jornal do Brasil. Rio de Janeiro: Ministério da Educação e Saúde, 1949, vol. XX, 1893, tomo IV, pp. 151 e ss. BARBOSA, Rui. O habeas corpus. *Obras completas de Rui Barbosa.* A ditadura de 1893. Jornal do Brasil. Rio de Janeiro: Ministério da Educação e Saúde, 1949, vol. XX, 1893, tomo IV, pp. 243 e ss

saber do potencial das armas em prol da democracia. As críticas ao desterro interno não foram menores, sendo sua leitura um deleite especial e de profundidade destacada até osdias de hoje.[33]

Veio o exílio. E nele, uma vez mais, a aproximação com o Direito Penal. Lá, com a produção das *Cartas de Inglaterra,* acabou por assumir um lugar especial, como se verá,junto aos penalistas. Volta ao Brasil em 1895. Mesmo passada a ditadura, novos desafioscriminais lhe aguardavam.

Estabeleceu, mais do que tudo, a defesa do Júri e a independência da magistratura. Isso ficou patente no que se conheceu por caso Mendonça Lima. Este, juiz de Direito no Rio Grande do Sul, foi acusado judicialmente por não aceitar lei estadual que abolira algumasdas características essenciais do júri (como o escrutínio secreto na votação dos jurados e o direito a recusas peremptórias pelas partes). Denunciado e condenado por prevaricação,procurou a ajuda de Rui. Tratava-se, no dizer deste, de verdadeiro *novum crimen*, um crime de hermenêutica,[34] em exemplo até hoje utilizado. A necessária liberdade de interpretação do Direito (e do Direito Penal!), foi o mote de algumas das mais belas linhaspostas por Rui e hoje sempre repetidas quando da defesa da magistratura e do MinistérioPúblico.

Ponderou ele, por outras tantas vezes, sobre a independência da primeira, bem como da importância do próprio júri. Asseverou pela capacidade interpretativa, algo que, passados mais de cem

33 BARBOSA, Rui. Petição de habeas corpus. *Obras completas de Rui Barbosa.* Trabalhos jurídicos. Rio de Janeiro: Ministério da Educação e Saúde, 1948, vol. XXV, 1898, tomo V, pp. 189 e ss.

34 Cf. REPÔLES, Maria Fernanda Salcedo. O caso dos crimes de hermenêutica: precedente do controle difuso de constitucionalidade no Brasil. Disponível na internet: http://www.publicadireito.com.br/conpedi/manaus/arquivos/Anais/sao_paulo/1913.pdf. Acesso em 06.01.2023.

anos, volta tanto à pauta. Sobre o mesmo, aliás, escreveu de modo bastante interessante na imprensa em relação a tentativas de sua modificação.[35] Ainda teve incursões jornalísticas outras, no mesmo cenário penal, como recorda Lyra, a falar da então presente mania regicida; delito político; Lei de Lynch; imprensa e leis repressivas; difamação; ladrões; mentir e furtar; conceito de pena; pena acessória; anistia; indulto; sedição; ajuntamento ilícito; balanços falsos; estelionato; rapto; resistência legal, favorecimento pessoal; direito de fuga e vadiagem.[36]

Ainda voltaria a temas penais distintos. Mas a questão da garantia de direitos, medianteo uso do habeas corpus, lhe acompanhou, ainda, em 1912. Naquele ano, na Bahia, deram- se os acontecimentos que ficaram conhecidos como o Caso da Bahia, decorrente de defesas políticas dadas, novamente, por meio de habeas corpus.[37] Em essência, diversos de seus posicionamentos em âmbito criminal ainda hodiernamente são recordados como exemplos de conduta e de pensar.

4. Rui e a Questão Dreyfus

Em que pesem tantas incursões na seara penal, uma passagem de Rui se tornou lendária.E, isso, quer pelo seu simbolismo que a reveste, quer pela relevância mundial assumida, quer pela

35 Cf. BARBOSA, Rui. O projeto e o júri. *Obras completas de Rui Barbosa. A imprensa.* Rio de Janeiro: Ministério da Educação e Saúde, 1947, vol. XXV, 1898, tomo III, pp. 196 e ss. BARBOSA, Rui. O júri e a Constituição. *Obras completas de Rui Barbosa.* A imprensa. Rio de Janeiro: Ministério da Educação e Saúde, 1947, vol. XXV, 1898, tomo III, pp. 203 e ss.

36 Cf. LYRA, Roberto. Op. cit., pp. 46 e ss.

37 Cf. BARBOSA, Rui. O caso da Bahia. Petições de habeas corpus. *Obras completas de Rui Barbosa.* Rio de Janeiro: Ministério da Educação e Saúde, 1960, vol. XXXIX, 1912, tomo I, pp. 9 e ss.

atemporalidade da grita contra erro judiciário e injustiça. Tratou-se, pois, da Questão Dreyfus, e do brasileiro como primeiro grande defensor do acusado francês.[38]

Rui encontrava-se exilado, na Inglaterra, graças aos problemas havidos com a ditadura de Floriano. Continuava a escrever para jornais nacionais. E, desde a distante Londres, denunciou, muito antes de Zola, os desmandos de um processo que estava a se dar na francesa Paris, em que figurava como réu um capitão, acusado de traição. Era o que se passou a conhecer com *L'Affair*.

Alguns necessários detalhes. O caso se iniciara em 1894. Dizia respeito à descoberta de uma alegada situação de espionagem, em Paris, na qual teriam sido encontrados indícios da participação de um militar que haveria entregue segredos à embaixada alemã. Nesse diapasão que um capitão de artilharia, Alfred Dreyfus, de origem alsaciana e judaica, foi acusado e, em princípio, condenado ao degredo, na Ilha do Diabo, por suposta traição.[39] O chefe da seção de inteligência do exército franco, Georges Picquart, bradou contra as acusações e como estas se deram. O processo (que se mostrou secreto a olhos de todos) baseava-se em provas forjadas e falsas (no que veio a ser conhecido como *Le bordereau*), e veio a se consagrar como um dos grandes

---

38 Cf. PEREIRA, Batista. O advogado de Dreyfus. *In*: SENNA, Homero. *Uma voz contra a injustiça*. Rui Barbosa e o Caso Dreyfus. Rio de Janeiro: Fundação Casa de Rui Barbosa, 1987, pp. 17 e ss. DREYFUS, Alfred. Souvenirs et Correspondance. *In*: SENNA, Homero. *Uma voz contra a injustiça*. Rui Barbosa e o Caso Dreyfus. Rio de Janeiro: Fundação Casa de Rui Barbosa, 1987, pp. 69 e ss

39 Cf. BEGLEY, Louis. *O caso Dreyfus*. Ilha do Diabo, Guantánamo e o pesadelo da história. Tradução de Laura Teixeira Motta. São Paulo: Companhia das Letras, 2010, pp. 17 e ss. BREDIN, Jean-Denis. *O Caso Dreyfus*. Tradução de Maria Alice Araripe de Sampaio Dória e Renata Maria Parreira Cordeiro. São Paulo: Scritta, 1995, pp. 3 e ss. Cf., sobre a condenação, em seus termos, MELLO, José Soares de. *Rui e a Questão Dreyfus*. Refutação a R. Magalhães Jr. São Paulo: Revista dos Tribunais, 1968, pp. 53 e ss.

erros judiciários dos tempos modernos.[40] Ainda que a descoberta do *petit bleu* (a carta telegrama do real traidor) tenha dado a Picquart maiores bases para suas alegações, veio a sofrer este, também, todo o peso da máquina judicial, militar, política e preconceituosa de França contra si.[41]

O verdadeiro culpado seria outro militar (o major Esterhazy), mas, ao fim e ao cabo, foi Dreyfus o condenado (muito, diga-se, em função de sua origem). Em meio ao escarcéu que abalou a França naqueles dias, Émile Zola apresentou uma carta aberta – *J'Accuse* –(que se tornou imortal), evidenciando a injustiça e denunciando toda a engenhariafrancesaantissemita que se fazia, então, presente. O caso foi, ao depois, em 1899, reaberto, e Dreyfus acabou condenado a uma sentença de 10 anos. Em momento posterior, foi perdoado e libertado. Anos se passaram e, em 1906, foi ele, finalmente, reintegrado ao exército gaulês.[42]

Escândalo de dimensões mundiais, ainda em momento prévio à Primeira Guerra, teve Ruicomo a primeira voz a evidenciar, ao público do Brasil, o absurdo do que estava a se dar.E, como se disse,

---

40 De se ver que "o caso Dreyfus, ou o Caso (*L'Affaire*), simplesmente, tem sido apontado como gerador de uma série de fenômenos tidos como simultâneos mas na realidade apenas contemporâneos: o surgimento da direita ideológica e clerical, do antissemitismo como degrau do totalitarismo, do sionismo político, do jornalismo das cruzadas, dos modernos movimentos de massa, etc., etc. Foi etiquetado como emblema do *fin-de-siècle*, estopim da rivalidade franco-alemã que produziu a Primeira Grande Guerra e como consagrador do intelectual na vanguarda política da sociedade (o termo *intelectual* foi, aliás, cunhado pelos *anti-dreyfusards* no sentido pejorativo." DINES, Alberto. Dreyfus, ou a guerra das manchetes. BARBOSA, Rui. *O processo do capitão Dreyfus (Cartas de Inglaterra)*. São Paulo: Giordano, 1994, p. 13. Sobre as muitas razões para o aperfeiçoamento do escândalo, GUERREIRO, José Alexandre Tavares. O Affaire Dreyfus e as Cartas de Inglaterra de Rui Barbosa. BARBOSA, Rui. *O processo do capitão Dreyfus (Cartas de Inglaterra)*. São Paulo: Giordano, 1994, pp. 50 e ss.

41 Cf. MELLO, José Soares de. Rui e a Questão Dreyfus...Op. cit., pp. 69 e ss.

42 BREDIN, Jean-Denis. Op. cit., pp. 279 e ss.

bem antes do mundialmente conhecido texto de Zola.[43] Destacou ele, em texto à imprensa publicado no *Jornal do Commércio*: "Eis aí um fato, de expressão quase trágica, sobre a qual se acaba de exercer distintamente a consciência dos dois povos que a Mancha separa: um, na maneira de resolvê-lo; o outro, na de considerá-lo. Decompostas através dele, como dois feixes diferentes de luz coados pelo mesmo prisma, destacam-se em matizes característicos certas qualidades de ordem moral, predominantes no espírito e na história de duas grandes nações. Tudo quanto ressumbra das causas que geraram a terrível sentença, resume-se na frase interrompida, em que M. Démange, ao abrir da audiência declarou que a acusação inteira assentava exclusivamente em um documento contestado. A esta revelação do Advogado, o oficial presidente lhe cortou a palavra, votou-se o *huis-clos*, e a instância imergiu do mistério, cujo termo é a condenação do acusado a penas de irresgatável infâmia."[44]

Na sequência, passa a relatar a degradação militar a que se submeteu Dreyfus: "Não me cabe descrever a cerimônia atroz da degradação militar, prelúdio feroz da expiação sobre-humana, que se abriu ontem para o malfadado. Essa cruel solenidade horrorizou a Europa.Antes de se separar irremissivelmente da pátria, amaldiçoado pelos seus conterrâneos, para ir agonizar, sob o indelével

43 "Entre os gigantes libertários que se levantaram a favor de Dreyfus, antes mesmo da entrada em cena do seu grande paladino, Émile Zola, está o brasileiro, o jurista, campeão abolicionista, constitucionalista, advogado de amotinados e jornalista – Rui Barbosa. Pode parecer um rasgo patrioteiro, etnocentrista, inspirado no próprio turbilhão de paixões *dreyfusards* e *anti-dreyfusards.* Rui Barbosa escreveu no dia 7 de janeiro de 1895 sua correspondência para o *Jornal do Commércio,* do Rio de Janeiro, dois dias depois da horrível cena de degradação pública do capitão Dreyfus, quando arrancaram-lhe as dragonas e partiram-lhe a espada. *O processo do capitão Dreyfus*, uma das *Cartas de Inglaterra*, saiu publicado em 3 de fevereiro, pouco antes da deportação do capitão para a Guiana." DINES, Alberto. Op. cit., p. 20.

44 LYRA, Roberto. Op. cit., p. 124.

ferrete, em remoto presídio penal, esse infeliz passou pelos tratos do mais tremendo suplício na história das torturas morais. O formidável espetáculo fora preparado com todos os requintes da encenação regulamentar. Quando ocondenado entrou no quadrângulo da Escola Militar, as insígnias, que ainda lhe sobressaiam na farda, já não figuravam ali senão por artificio convencional, como outrostantos estigmas no peito e na fronte daquele homem. O alfaiate substituíra de véspera as costuras por alinhavos; o cutileiro partira e ressoldara a espada, que no outro dia se deviaquebrar publicamente diante das tropas. A lenta e implacável pragmática esgotou no flagelado o cálix das afrontas possíveis. Se dentre elas não figura o esbofeteamento, dir- se-ia que não é senão para poupar à mão do executor o vilipêndio do contato com o rostodo réprobo. Desde o *kepi* até as listras vermelhas das calças, um a um lhe caíram aos pés,arrancados por um subalterno, os emblemas da dignidade militar. Ficaram-lhe envolvendo apenas os restos negros e rotos da farda, imagem do luto pela honra que acabava de despir. Nesse miserável extremo ainda lhe coube a penitência de transpor as filas do quadro; e, entregue então a polícia civil, submetido, como os criminosos comuns,à maldição antropológica, passou das mãos dos seus camaradas às dos *gendarmes*, para acabar os dias em Nova Caledônia, entre a escória dos criminosos, onde a família irá respirar com ele o ar das galés."[45]

Ao defender as garantias do processo, como já o fizera em outros feitos em sua terra natal,Rui Barbosa assegurara a retidão de suas convicções.[46] O inaugural defensor de Dreyfus, inseriu seu

45 LYRA, Roberto. Op. cit., pp. 124 e ss.

46 Cf. DINES, Alberto. Op. cit., pp. 20 e ss. Guerreiro aponta que "o que mais chama a atenção no escrito que Rui Barbosa dedicou ao processo do Capitão Dreyfus – *uma de suas Cartas de Inglaterra, que ora se reproduz* – e o que chamou inclusive a atenção do próprio Capitão Dreyfus, é precisamente sua oportunidade. Trata-

nome na defesa de um julgamento justo, agora em âmbito global. O caso queretratou tantos desmandos, deve se mostrar como fundamental a todo criminalista, pois inaugurou toda uma pressão midiática, tristemente comum em casos rumorosos do século XXI.[47] A injustiça que ganha manchetes dividiu uma nação, mostrando a pressão política e manipulação indevida dos autos, bem como a grita do justo pelo bom Direito.

Pode-se, enfim, "especular sobre as razões que levaram Rui a defender Dreyfus. A primeira tem a ver com o fato de que Rui era um Advogado nato que se envolvia com questões em que enxergava uma afronta aos princípios do direito. Ele foi o primeiro Advogado brasileiro a impetrar um pedido de habeas corpus de natureza política. Ele acusou o Estado brasileiro de abuso de poder contra oficiais militares presos por causa daRevolta da Armada, episódio que ocorreu em 1893 quando parte da marinha se rebelou contra o Presidente Floriano Peixoto. A segunda razão tem a ver com o fato de que Rui era um ferrenho crítico da intervenção militar na política. O militarismo, representado porFloriano Peixoto, e o golpe de estado que ele desferira eram as razões pelas quais Rui teveque

-se, inegavelmente, de documento precoce. Datado de 7 de janeiro de 1895, dois dias após a degradação pública do acusado diante da Escola Militar, o artigo de Rui, inteiramente baseado no que diziam os jornais britânicos, é apontado como a primeira defesa de Dreyfus. Tinha como título 'O Processo do Capitão Dreyfus' e assim foi publicado em 3 de fevereiro de 1895 no *Jornal do Commércio,* do Rio de Janeiro, constando da mesma forma e com a mesma denominação do volume *Cartas de* Inglaterra, editado pela primeira vez em 1896. Quatro anos após sua primeira inserção na imprensa brasileira, esse mesmo texto, agora vertido para o francês, por iniciativa do próprio autor, apareceria em plaquete publicada no Rio, mas já com título diverso: 'Le Premier Plaidoyer pour Dreyfus'. Sabe-se que um exemplar dessa versão teria chegado às mãos de Dreyfus em maio de 1900." GUERREIRO, José Alexandre Tavares. Op. cit., pp. 69 e ss.

47 Repetindo-se, não raro, hoje, pois, a máxima da histeria coletiva, aludida no título da obra de Halasz. HALASZ, Nicholas. *O julgamento do capitão Dreyfus.* A história de uma histeria coletiva. Tradução de Maria Lúcia Pessoa de Barros. São Paulo: Prometeu, 1958, *passim.*

se exilar no Reino Unido. Não surpreende, portanto, que, no final de seu artigo sobre o caso Dreyfus, ele diga que na Inglaterra o modo como o julgamento fora conduzido seria inconcebível e de passagem mencione o Brasil: 'nenhum país necessita mais de lições como esta do que o Brasil destes dias'. Como seus artigos eram publicadosno Brasil, sua meta era obviamente discutir a justiça no país. Quando tentou se eleger presidente em 1910, tendo como opositor o Marechal Hermes da Fonseca, sua campanhaficou conhecida como Campanha Civilista e, através dela, ele combateu o militarismo e espalhou a consciência civil pelo país."[48] Mas, de toda forma, e por qualquer ângulo quese observe, inegável seu valor.

5. A calúnia, a defesa junto à Faculdade de Direito e a imagem de Rui nos diasvindouros

Boa parte dos pontos colocados sobre Rui e o *Affair*, em que pese toda a substância que os reveste, foi rebatida em meados dos anos 1960. Em 1964, o escritor Magalhães Júniorpublicou uma biografia intitulada, *Rui, o homem e o mito*. Nela, procurava desmistificar a figura heroica cultuada por tantos. Aliás, imaginando o reflexo de suas aposições, afirmou Magalhães Jr.: "tentativa de revisão histórica e política, o objetivo deste livro é o de contribuir para que sejam traçados futuramente, retratos mais autênticos de Rui. Paraos seus idólatras, a tarefa perecerá herética e iconoclasta.

48 OLIVEN, Ruben George. A atualidade de Rui Barbosa. *In*: WIESEBRON, Marianne L; NAGLE, Marilene (orgs.). *Rui Barbosa.* Uma personalidade multifacetada. Brasília: Fundação Alexandre Gusmão, 2012, p. 31. Disponível na internet: http://funag.gov.br/loja/download/985- Rui_Barbosa_uma_personalidade_multifacetada.pdf. Acesso em 06.01.2023. Cf., também, BUZAID, Alfredo. Op. cit., pp. 84 e ss.

E incorrerá, sem dúvida, na veemente reprovação dos que professam o culto ao ruísmo."[49]

Ênio Silveira, diretor da editora que publicou a agressão, chegou, antecipadamente, a se defender: "será este um livro contra Rui? De maneira alguma! Reconduzido à dimensão humana, o vibrante baiano resulta maior do que a soma algébrica de suas qualidades positivas e negativas, embora retirado do Olimpo em que o colocaram os eternos basbaques que, das figuras públicas, somente guardam, enlevados, seus traços espetaculosos de mais fácil digestão. De qualquer maneira, *Rui, o homem e o mito* provocará polêmicas e suscitará a reprovação enérgica dessas 'viúvas de Rui', que consideram heresia qualquer atitude que não seja de prostração diante da Águia de Haia.Mas é um livro honesto, documentado, irrespondível."[50]

A resposta, no entanto, veio. A reação foi automática. Rui, como aponta Lacombe, não estava a ser defendido por fanáticos, mas por seus admiradores.[51] Diferente situação não deixou de se dar em sua *alma mater,* o Largo de São Francisco. Em 1967, a Congregaçãoda Faculdade de Direito da Universidade de

49 MAGALHÃES JR., Raimundo. *Rui.* O homem e o mito. Rio de Janeiro: Civilização Brasileira, 1964, prefácio.

50 SILVEIRA, Ênio. Será conveniente passar a história a limpo? *In*: MAGALHÃES JR., R. *Rui.* O homem e o mito. Rio de Janeiro: Civilização Brasileira, 1964, orelha.

51 Cf. LACOMBE, Américo Jacobina. A propósito de Rui, o homem e o mito. Disponível na internet: http://antigo.casaruibarbosa.gov.br/dados/DOC/artigos/k- n/FCRB_AmericoJacobinaLacombe_AProposito_de_Rui.pdf. Acesso em 06.01.2023. Dines também assevera que "a resposta não se fez esperar e foi uma *cause célèbre* nos primeiros anos da ditadura militar brasileira. O poeta Oswaldo Orico, ocupante da cadeira nº 10 da Academia Brasileira de Letras (onde anteriormente sentaram-se Evaristo da Veiga, Machado de Assis e Rui Barbosa), ripostou imediatamente com uma candente defesa do seu patrono, à qual não faltaram desfeitas pessoais quanto à aparência do acusador, de baixa estatura e pouco dotado fisicamente (*Rui, o homem e o mito,* 1965). Outros acadêmicos manifestaram-se com cautela dentro do tradicional corporativismo acadêmico e considerando a proverbial intocabilidade das figuras nacionais." DINES, Alberto. Op. cit., pp. 29 e ss.

São Paulo se reuniu em defesa do mais valoroso de seus antigos alunos. Um número especial da *Revista da Faculdade de Direitoda Universidade de S. Paulo* (vol. LXII, fasc. I), foi publicado em desagravo a ele. Juntamente com estudos de Cândido Motta Filho; Alfredo Buzaid; Moacyr Amaral Santos; Nicolau Nazo; Alexandre Augusto de Castro Correa, o trabalho mais robusto, justamente, foi o de Soares de Mello, Catedrático já entrado em anos. "Rui e a Questão Dreyfus" mostra-se, assim, como uma obra prima de análise pormenorizada da atuação de Rui naquele evento. No ano seguinte, Soares de Mello trouxe à público livro solo sobreo tema (*Rui e a Questão Dreyfus - Refutação a R. Magalhães Jr.*), com o mesmo espírito,ainda mais aprofundado.[52] Quis o destino que o mesmo Soares de Mello, que participara,no início de sua vida acadêmica, das homenagens do IASP a Rui, em 1919, décadas depois, já no outono de sua carreira, viesse a defender, com a verve e veemência que lheeram próprias, a atuação de Rui como o pioneiro defensor de Dreyfus.[53]

No aludido tópico, a grande acusação posta por Magalhães Jr. seria o fato de, alegadamente, não ter sido, Rui, o defensor inicial de Dreyfus, bem como à situação de, segundo sua compreensão, ter ele, sem grande ineditismo, simplesmente parafraseado jornais londrinos.[54] Criticara, pois, também Rui, penalista. Mas parece ter-se perdido, o acusador, em citações falhas de datas e fatos. Soares de Mello, ao rebater, um a um, e todos os argumentos postos em mais de incorporadas e adjetivadas páginas, explicita "a)desconhecer o autor delas o caso Dreyfus, a respeito do qual

52 Na segunda e mais avolumada revisão, Soares de Mello faz a menção ao desagravo à memória do máximo dos filhos de São Francisco. Cf. MELLO, José Soares de. *Rui e a Questão Dreyfus*...Op. cit., *passim*.

53 Cf. MELLO, José Soares de. *Rui e a Questão Dreyfus*...Op. cit., pp. 69 e ss.

54 Cf. MAGALHÃES JR., Raimundo. Op. cit., pp. 196 e ss.

erradamente discorreu; b) não ter lido a primeira das *Cartas de Inglaterra*, tão desarrazoadamente por ele comentada; c) ignorar o proceder de Rui Barbosa como Advogado, atrevidamente criticando-o; d) não ter percorrido os recortes de jornais londrinos, que, sem nenhum cabimento, pretendeu terem sido parafraseadas; e) ter conscientemente baralhado tudo, ficando-lhe o escrito, segundo frase de sua vítima, 'a ultraessência da mentira'."[55] Foi, enfim, devidamente defendido contra o vitupério indevido, e eternizado como homem público, sensível, sempre preocupado também com temas penais e, mais que tudo, defensor preambular de Dreyfus.[56] Essa, a memória que passou à história e chega até os dias de hoje.

Passados tantos anos, continuam atuais os predicados de Rui, sendo referência a quem quer que seja. Embora, talvez, tenha o mundo mudado, e possa-se, mesmo, perceber queo ruísmo, quiçá, não seja mais palavra de ordem, mostra-se fundamental que, ao menos, se cultive a importância e dimensão de seus escritos. Sua genialidade e tono de defesa à liberdade o fez, também, penalista, e são lições que não se pode esquecer.

Parafraseando o grande Roberto Rosas (em sua alusão a Pedro Lessa), também Rui tinhao espírito de Advogado, o combatente intimorato, destemido, D'Artagnan, espadachim vibrante.[57] O magnífico baiano, e maior dos filhos de São Francisco, primeiro dos homenageados pelo IASP, foi um defensor da liberdade e

55 MELLO, José Soares de. Rui e a Questão Dreyfus...Op. cit., pp. 90 e ss.

56 Conclui Soares de Mello que "desde a primeira notícia dada a respeito do pretenso crime do capitão Dreyfus até o julgamento Deste, não houve um só jornal francês, de Paris ou da província, que se tivesse colocado ao seu lado. Cerraram fileiras contra ele. Dizer-se coisa diferente será falsear a verdade." MELLO, José Soares de. *Rui e a Questão Dreyfus*...Op. cit., p. 336. Cf., sobre a sensibilidade jurídica de Rui, GUERREIRO, José Alexandre Tavares. Op. cit., pp.84 e ss.

57 Cf. ROSAS, Roberto. Pedro Lessa e o Supremo Tribunal Federal. *Revista de Informação Legislativa*, Brasília, nº 37, ano X, 1973, p. 134.

do Direito, muito à frente de seu tempo. Foi, para a surpresa de alguns, também penalista de escol (mesmo sem ser formalmente um penalista), e isso já bastava para sua reverência. É de se dizer, enfim, que, por tudo isso, e muito mais, por tudo que ainda representa, passados tantos anos, que se acredita o ruísmo imorredouro, e se fará presente enquanto seus primados forem defendidos. Portanto, ainda de se bradar: longa vida à memória de Rui Barbosa.

Bibliografia

AMBROSINI, Diogo Rafael. *Memórias do IASP e da Advocacia.* De 1874 aos nossos dias. Campinas: Millennium, 2006.

BARBOSA, Rui. A cabala do crime. *Obras completas de Rui Barbosa.* Trabalhos diversos. Rio de Janeiro: Ministério da Educação e Cultura, 1957, vol. VII, 1881, tomo I.

BARBOSA, Rui. Crime oficial. Obras completas de Rui Barbosa. Queda do Império. Rio de Janeiro: Ministério da Educação e Saúde, 1948, vol. XVI, 1889, tomo VI.

BARBOSA, Rui. Estará revogado o art. 7º da Lei de 30 de agosto de 1830 em vista do que determina o art. 310 do Código Criminal? *Obras completas de Rui Barbosa.* Primeiros trabalhos. Rio de Janeiro: Ministério da Educação e Saúde, 1951, vol. I, 1865- 1871, tomo I.

BARBOSA, Rui. Habeas corpus. *Obras completas de Rui Barbosa.* A ditadura de 1893. Jornal do Brasil. Rio de Janeiro: Ministério da Educação e Saúde, 1949, vol. XX, 1893, tomo IV.

BARBOSA, Rui. Habeas corpus a favor dos presos vivis do Júpiter. *Obras completas de Rui Barbosa.* Trabalhos jurídicos. Rio de

Janeiro: Ministério da Educação e Cultura, 1958, vol. XX, 1893, tomo V.

BARBOSA, Rui. *O dever do advogado.* São Paulo: HB, 2016.

BARBOSA, Rui. O habeas corpus. *Obras completas de Rui Barbosa.* A ditadura de 1893. Jornal do Brasil. Rio de Janeiro: Ministério da Educação e Saúde, 1949, vol. XX, 1893, tomo IV.

BARBOSA, Rui. O habeas corpus e a imprensa. *Obras completas de Rui Barbosa.* A ditadura de 1893. Jornal do Brasil. Rio de Janeiro: Ministério da Educação e Saúde, 1949, vol. XX, 1893, tomo IV.

BARBOSA, Rui. O júri e a Constituição. *Obras completas de Rui Barbosa.* A imprensa. Rio de Janeiro: Ministério da Educação e Saúde, 1947, vol. XXV, 1898, tomo III.

BARBOSA, Rui. O projeto e o júri. *Obras completas de Rui Barbosa.* A imprensa. Rio de Janeiro: Ministério da Educação e Saúde, 1947, vol. XXV, 1898, tomo III.

BARBOSA, Rui. O caso da Bahia. Petições de habeas corpus. *Obras completas de Rui Barbosa.* Rio de Janeiro: Ministério da Educação e Saúde, 1960, vol. XXXIX, 1912, tomo I.

BARBOSA, Rui. Petição de habeas corpus. *Obras completas de Rui Barbosa.* Trabalhos jurídicos. Estado de sítio. Rio de Janeiro: Ministério da Educação e Cultura, 1956, vol. XIX, 1892, tomo III.

BARBOSA, Rui. Petição de habeas corpus. *Obras completas de Rui Barbosa.* Trabalhos jurídicos. Rio de Janeiro: Ministério da Educação e Saúde, 1948, vol. XXV, 1898, tomo V.

BEGLEY, Louis. *O caso Dreyfus.* Ilha do Diabo, Guantánamo e o pesadelo da história. Tradução de Laura Teixeira Motta. São Paulo: Companhia das Letras, 2010.

BREDIN, Jean-Denis. *O Caso Dreyfus.* Tradução de Maria Alice Araripe de Sampaio Dória e Renata Maria Parreira Cordeiro. São Paulo: Scritta, 1995.

BUZAID, Alfredo. *Rui Barbosa processualista civil e outros estudos.* São Paulo: Saraiva, 1989.

CARNEIRO, Levi. Prefácio. *Obras completas de Rui Barbosa.* Trabalhos jurídicos. Estado de sítio. Rio de Janeiro: Ministério da Educação e Cultura, 1956, vol. XIX, 1892, tomo III.

CARVALHO, Antônio Gontijo de. Prefácio e organização. *Obras completas de Rui Barbosa.* Primeiros trabalhos. Rio de Janeiro: Ministério da Educação e Saúde, 1951, vol. I, 1865-1871, tomo I.

DINES, Alberto. Dreyfus, ou a guerra das manchetes. BARBOSA, Rui. *O processo do capitão Dreyfus (Cartas de Inglaterra).* São Paulo: Giordano, 1994.

DREYFUS, Alfred. Souvenirs et Correspondance. *In*: SENNA, Homero. *Uma voz contra a injustiça.* Rui Barbosa e o Caso Dreyfus. Rio de Janeiro: Fundação Casa de Rui Barbosa, 1987.

GONÇALVES, Silo. *A Águia de Haia.* Biografia de Rui Barbosa. Rio de Janeiro: Agir, 1947.

GUERREIRO, José Alexandre Tavares. O Affaire Dreyfus e as Cartas de Inglaterra de Rui Barbosa. BARBOSA, Rui. *O processo do capitão Dreyfus (Cartas de Inglaterra).* São Paulo: Giordano, 1994.

LACOMBE, Américo Jacobina. A propósito de Rui, o homem e o mito. Disponível na internet: http://antigo.casaruibarbosa.gov.br/dados/DOC/artigos/k- n/FCRB_AmericoJacobinaLacombe_AProposito_de_Rui.pdf. Acesso em 06.01.2023.

LACOMBE, Américo Jacobina. *O pensamento vivo de Rui Barbosa.* São Paulo: Martins, 1944.

LYRA, Roberto. *A obra de Ruy Barbosa em criminologia e direito criminal.* Rio de Janeiro: Nacional, 1952.

HALASZ, Nicholas. *O julgamento do capitão Dreyfus.* A história de uma histeria coletiva. Tradução de Maria Lúcia Pessoa de Barros. São Paulo: Prometeu, 1958.

MAGALHÃES, Rejane M. M. de Almeida. *Rui Barbosa*: cronologia de vida e obra. Rio de Janeiro: Fundação Casa de Rui Barbosa, 2021.

MAGALHÃES JR., Raimundo. *Rui.* O homem e o mito. Rio de Janeiro: Civilização Brasileira, 1964.

MELLO, José Soares de. *História da Oração aos Moços.* Rio de Janeiro: Fundação Casa de Rui Barbosa, 1973.

MELLO, José Soares de. *Rui e a Questão Dreyfus.* Refutação a R. Magalhães Jr. São Paulo: Revista dos Tribunais, 1968.

MELLO, José Soares de. Rui e a Questão Dreyfus. *Revista da Faculdade de Direito,* São Paulo, vol. LXII, fasc. I, 1967.

MIRANDA, Pontes de. *História e prática do habeas corpus.* Campinas: Bookseller, 1999, vol. 1.

NOGUEIRA, Rubem. *O advogado Rui Barbosa*: momentos culminantes de sua vida profissional. São Paulo: Noeses, 2009.

OLIVEN, Ruben George. A atualidade de Rui Barbosa. *In*: WIESEBRON, Marianne L; NAGLE, Marilene (orgs.). *Rui Barbosa.* Uma personalidade multifacetada. Brasília: Fundação Alexandre Gusmão, 2012. Disponível na internet: http://funag.gov.br/loja/download/985- Rui_Barbosa_uma_personalidade_multifacetada.pdf. Acesso em 06.01.2023.

PEREIRA, Batista. O advogado de Dreyfus. *In*: SENNA, Homero. *Uma voz contra a injustiça*. Rui Barbosa e o Caso Dreyfus. Rio de Janeiro: Fundação Casa de Rui Barbosa, 1987.

REPÔLES, Maria Fernanda Salcedo. O caso dos crimes de hermenêutica: precedente do controle difuso de constitucionalida de no Brasil. Disponívelna internet: http://www.publicadireito.com.br/conpedi/manaus/arquivos/Anais/sao_paulo/1913.pdf. Acesso em 06.01.2023.

ROSAS, Roberto. Pedro Lessa e o Supremo Tribunal Federal. *Revista de Informação Legislativa*, Brasília, nº 37, ano X, 1973.

SILVEIRA, Ênio. Será conveniente passar a história a limpo? *In*: MAGALHÃES JR., R. *Rui*. O homem e o mito. Rio de Janeiro: Civilização Brasileira, 1964.

SILVEIRA, Renato de Mello Jorge. O IASP e os 100 anos da Oração aos Moços. Disponível na internet: https://www.conjur.com.br/2021-mar-29/renato-silveira-iasp- 100-anos-oracao-aos-mocos. Acesso em 05.01.2023.

TUCCI, José Rogério Cruz e. Devido processo penal no pensamento de Rui Barbosa. Disponível na internet: https://www.migalhas.com.br/depeso/357848/devido-processo- legal-no-pensamento-pioneiro-de-Rui-barbosa. Acesso em 06.01.2023.

VIANA FILHO, Luiz. *A vida de Rui Barbosa*. São Paulo: Nacional, 1960.

VILLA-LOBOS, Raúl. *A revolta da armada de 6 de setembro de 1893*. Rio de Janeiro: Laemmert, 1897.

RUI - ADVOGADO

Roberto Rosas

Rui é múltiplo nas suas inúmeras atividades públicas. Muito já foi falado do Rui político, diplomata, Ministro, aqui o advogado, de intensa e expressiva atuação. Não foi um simples causídico, mas um construtor de teses, vertentes, novos caminhos, com muita coragem, ainda na lembrança de todos no centenário de sua morte (1ª/3/23), especialmente na classe dos advogados - em louvor de seu patrono.

Ao lado da vida parlamentar (deputado/senador) Rui não abandonou a advocacia desde seus passos iniciais na sua terra natal - a Bahia.

Fortaleceu-se na elaboração da Constituição de 1891, com sua estrutura maior no cerne do federalismo, e de uma justiça equilibrada e eficiente. Buscou esses fundamentos na Constituição americana, abandonando nossas matrizes francesas, porque num país imenso como o Brasil, necessitava de um modelo equivalente, e nisso era adequado o americano.

Na ausência de um instrumento eficiente na defesa de direitos pessoais, construiu a tese da posse dos direitos pessoais, na defesa de demitidos e reformados pelo Presidente Floriano Peixoto, mas não somente erudição jurídica, porém, alta coragem diante das atitudes ditatoriais do regente presidencial. Assim, com o habeas corpus chegava à posse desses direitos pessoais, na construção da teoria brasileira do habeas corpus, além da liberdade de ir e vir, estendia até os direitos pessoais. A tese vingou até a reforma constitucional de 1926.

Floriano em 1892 demitiu professores e outros importantes servidores e reformou militares dos mais altos graus. Que postular?

Rui propôs célebre demanda com o título – Os Atos Inconstitucionais do Congresso e do Executivo ante a Justiça Federal (1893). Estava ali a grande peça do constitucionalismo brasileiro – o controle dos atos do Executivo pelo Judiciário, fundo nas lições de John Marshall no célebre caso Marbury x Madison (1803). Pela vez primeira, discutia-se no Judiciário brasileiro essa tese, e pela primeira vez citava-se (em tradução de Rui) esse precedente americano até hoje invocado no controle de constitucionalidade.

Na advocacia foi um mundo de teses e argumentos, sempre com novas construções.

Em 1892 a Constituição do Estado do Rio Grande do Sul mutilou o tribunal do júri, extinguiu nele o voto secreto dos jurados, e outras destruições. Um juiz gaúcho não aplicou a nova Constituição, porque a considerava inconstitucional, no ponto. Foi punido pelo Tribunal gaúcho, o acusado recorreu ao Supremo Tribunal, e foi vitorioso, a frente o advogado Rui Barbosa. Julgou-se, aí, um crime de hermenêutica.

O grande criminalista Evaristo de Moraes consultou Rui sobre envolvimento ético no patrocínio de uma demanda. O acusado tinha linha política diversa de Evaristo, e até adversário. Rui respondeu- acima do crime, dos fatos, o acusado tem direito à defesa, o advogado não está comprometido com o crime ou com o ato, e sim o direito de defesa (O dever do advogado).

Rui presidiu o Instituto dos Advogados Brasileiros (1911), ao empossar-se fez emblemático discurso lembrado até hoje.

Rui, como advogado, emitiu inúmeros pareceres, enfeixados em suas obras completas editadas pela Casa de Rui Barbosa, no Rio, em 157 volumes, e espantoso – Rui nunca escreveu um livro.

Diante de tantas solicitações de pareceres, muitos de forma gratuita, a levar sua esposa Maria Augusta, ao controle financeiro dessas emissões, e reagia à gratuidade – o Conselheiro Come.

Em 1º de março de 1973, no dia do cinquentenário de morte de Rui, o grande poeta Carlos Drumond de Andrade, publicou no então Jornal do Brasil, a crônica – "Rui, naquele tempo":

> "de 1910 a 1914, o Brasil teve dois presidentes. Um de fato e outro de consciência, entre seus livros e papéis da Rua São Clemente, e daí para a tribuna do Senado ou perante o Supremo Tribunal Federal, postulando, verberando, exigindo o cumprimento da lei, já menos como político do que como defensor dos direitos humanos."

Duas excelentes obras coroam tudo sobre Rui Barbosa: Luiz Viana Filho – A vida de Rui Barbosa e Rubem Nogueira – Rui combatente da Legalidade.

Num resumo de vida de Rui Barbosa – foi o grande construtor do estado democrático de direito no Brasil.

Resumo de palestra no Seminário promovido
pelo Tribunal de Justiça da Bahia – 09/03/23

POSSES ABLJ

DISCURSO DO ACADÊMICO GUSTAVO BINENBOJM

DISCURSO DE POSSE NA ACADEMIA BRASILEIRA DE LETRAS JURÍDICAS – ABLJ – DIA 07.11.2022

Excelentíssimo Senhor Presidente da Academia Brasileira de Letras Jurídicas, Professor Francisco Amaral, na pessoa de quem saúdo a todos os confrades e confreiras aqui presentes.

Excelentíssimo Senhor Procurador Geral do Estado do Rio de Janeiro, Doutor Bruno Teixeira Dubeux, na pessoa de quem saúdo a todas as autoridades do mundo jurídico aqui presentes.

Excelentíssimo Senhor Presidente da Ordem dos Advogados do Brasil – Seção do Rio de Janeiro, Doutor Luciano Bandeira, em nome de quem saúdo a todos os colegados advogados aqui presentes;

Excelentíssimo Senhor Presidente da Academia Brasileira de Letras, Jornalista Merval Pereira, meu amigo pessoal, na pessoa de quem saúdo a todas as amigas e todos os amigos aqui presentes.

Minhas Senhoras e meus Senhores.

O saudoso e inigualável Mestre José Carlos Barbosa Moreira nos legou um ensinamento sempre lembrado pelos que se aventuram a falar em público: "**discursos convém sejam poucos; se possível, bons; em qualquer caso, breves**." De modo que, em retribuição à presença de todos aqui, esta noite, inicio com uma promessa solene: se meu discurso não tiver a fortuna de ser bom, tenham a certeza de que ele ao menos trará o alívio de ser breve.

Principio com Barbosa Moreira não apenas por ter ele ocupado a cadeira n° 46 da nossa Academia, mas pela evocação de nossa *Alma Mater* comum, a Faculdade de Direito da Universidade do Estado do Rio de Janeiro. E o faço por um imperativo de gratidão: sem ela, sem os mestres que aquela Casa me propiciou ter, sem as relações de amizade que lá construí, eu não estaria aqui – na verdade, eu simplesmente não seria quem sou. Embora eu tenha tido a sorte de falar em universidades, centros de pesquisa e cortes de justiça importantes, no Brasil e pelo mundo, a UERJ tem para mim um significado absolutamente distinto e singular. Portanto, que fique aqui registrado meu primeiro agradecimento à escola na qual aquele menino do Méier ingressou, aos 17 anos, "sem dinheiro no banco e sem parentes importantes", e da qual literalmente nunca saiu.

Minha gratidão também ao Presidente Francisco Amaral e ao confrade e padrinho Roberto Rosas, advogado, professor e antigo Ministro do Tribunal Superior Eleitoral, pela generosa acolhida na Academia, assim como a todas as acadêmicas e acadêmicos, que me elegeram para ocupar a cadeira de n° 4. Essa cadeira tem como patrono e primeiro ocupante a extraordinária figura de Afonso Arinos de Melo Franco, que encontrou notável seguimento, em sua sucessão, no grande expoente do constitucionalismo brasileiro, o Professor Paulo Bonavides.

Na verdade, ao discorrer sobre meus ancestrais intelectuais, minha eleição soará, muito provavelmente, como um terrível engano. Seja como for, cumpro de muito bom grado o dever regimental do elogio a meus predecessores, como um pequeno homem apoiado sobre os ombros de gigantes.

Sobre Afonso Arinos – já o indagara seu grande amigo Pedro Nava – como dar conta, em poucos minutos, das múltiplas faces desse verdadeiro poliedro humano? O que dizer desse mineiro de Belo Horizonte, que foi deputado federal entre 1947 e 1958 e senador entre 1959 e 1967 e 1987 e 1990, além de ministro das relações exteriores por duas vezes, membro da Academia Brasileira de Letras desde 1958 (lá recebido por ninguém menos que Manuel Bandeira) e autor de uma das mais prolíficas obras como historiador, memorialista, biógrafo, teórico político e tratadista do direito? Como resumir tantos homens em uma só biografia?

Quando deputado, ainda jovem, Afonso Arinos foi autor da nossa primeira Lei de combate à discriminação racial, promulgada em 1951, que acabou ganhando o seu nome. Um ano antes, a bailarina norte-americana Katherine Dunhan, que se apresentaria no Teatro Municipal de São Paulo, teve a sua hospedagem no Hotel Esplanada negada, porque ela era "uma mulher de cor". A propositura de uma Lei que desafiava o senso comum da propalada "democracia racial brasileira" projetou Afonso Arinos no cenário nacional, que, já naquela época, chamava atenção para o fato de que o episódio de racismo só ganhara notoriedade porque a vítima era estrangeira e internacionalmente conhecida.

Depois, Afonso Arinos faz uma carreira política brilhante. Torna-se Ministro das Relações Exteriores, no governo Jânio, e inaugura a nossa tradição de política externa independente, ainda hoje presente no Itamaraty. Digo hoje, por assim dizer, quase como um *wishful thinking*. Mais tarde, Arinos retorna à vida parlamentar, sendo duas vezes senador. Na segunda e última vez, entre 1987 e 1990 (ano de sua morte), preside a Comissão de Sistematização da Assembleia Nacional Constituinte e participa ativamente das discussões que resultariam no texto final da Constituição-cidadã de 1988. Em paralelo a essa atividade política, Afonso Arinos exerceu uma intensa atividade acadêmica, tendo sido, por aprovação em concurso público, Professor Catedrático de Direito Constitucional tanto da Faculdade Nacional de Direito, hoje UFRJ, como da Faculdade de Direito do Rio de Janeiro, depois UEG e hoje UERJ. Afonso Arinos foi, em seus 85 anos de vida, um exemplo de intelectual público íntegro e polivalente, sinceramente comprometido com a construção de uma cultura política liberal no Brasil.

Paulo Bonavides o sucede já consagrado como um dos maiores juristas do país. Ele e José Afonso da Silva foram os constitucionalistas que exerceram a maior influência não apenas sobre os constituintes de 88, como também na formação intelectual daqueles que se tornariam os principais intérpretes da nossa Lei Fundamental, como os Ministros Carlos Velloso, Gilmar Mendes, Carlos Ayres de Brtti, Luiz Fux e Luiz Edson Fachin (nossos confrades) e Luís Roberto Barroso.

Nascido em Patos, na Paraíba, foi no Ceará que Bonavides fez sua carreira acadêmica, tornando-se Livre-Docente, Professor Catedrático e, finalmente, Professor Emérito, de sua Universidade Federal. Vale registrar que o Mestre cursou o bacharelado na Faculdade Nacional de Direito, no Rio, e durante a graduação (1943- 1948) cursou uma universidade pouco conhecida no Estado de Massachussets, nos Estados Unidos, chamada Universidade de Harvard. Ninguém é perfeito, afinal! Bonavides também desenvolveu intenso intercâmbio acadêmico com a Alemanha, tendo sido um dos precursores, no Brasil, da difusão da teoria germânica dos direitos fundamentais, muito influente no Supremo Tribunal Federal.

Em sua profícua carreira acadêmica no exterior, foi Professor Visitante nas Universidades de Colônia (Alemanha), Tenessee (Estados Unidos) e Coimbra (Portugal), tendo ainda recebido o título de Doutor *Honoris Causa* da Universidade de Lisboa, proposto pelo aclamado Professor Jorge Miranda. Bonavides recebeu as duas maiores comendas do direito brasileiro: a medalha Rui Barbosa, do Conselho Federal da OAB, e a medalha Teixeira de Freitas, do Instituto dos Advogados Brasileiros – IAB. De seus muitos livros imprescindíveis, lembro aqui apenas os clássicos: *Do Estado Liberal ao Estado Social, Ciência Política, Os Poderes Desarmados* (de notável atualidade), *Constituição Aberta e,* obviamente, o seu *Curso de Direito Constitucional.* Destaco ainda, o importante *História Constitucional do Brasil,* em coautoria com Paes de Andrade, um estudo exaustivo de arqueologia do nosso direito constitucional.

Mestre Bonavides era, acima de tudo, um homem gentil, educado e dotado de grande senso de humor. Lembro-me dele, na Banca de doutoramento do Professor e hoje Ministro Luís Roberto Barroso, contando a famosa história de um Desembargador muito velho, quase cambaleante, que se dirigiu a ele dizendo: "o Senhor foi meu Professor!" No que ele prontamente respondeu: "Mas não é possível! Deve estar havendo algum engano!" Morreu aos 95 anos, em 2020, respeitado e consagrado como o maior constitucionalista do país.

Minhas amigas e meus amigos: ao listar as múltiplas virtudes de meus antecessores na cadeira n° 4 da nossa Academia, talvez eu devesse dizer: "deve estar havendo algum engano!" É difícil para mim tomar assento em lugar que não mereço. Outro dia me emocionei com a história de um magistrado, hoje conhecido e respeitado Desembargador – André Gustavo Correa de Andrade – narrada por uma amiga sua: "Lembro-me de você, André, no início da sua carreira, em São João de Meriti, sentado no chão em seu gabinete, conversando com as crianças."

A história conta sobre sábios que, sentados no chão, discutiam as leis e se engajavam em divergências. No canto da sala havia um banquinho, baixo, não mais do que um palmo de altura. A cada sábio de relevo e erudição que adentrava a sala, o banquinho era oferecido. E um após o outro, todos o recusavam. Pareciam antecipar a toxicidade da soberba e como ela corrompe o saber. Um velho ditado ensina: elogios fazem bem, mas convém não tragar. Como disse Yossi ben Yoézer: "**Que a tua casa seja um local de reunião para os sábios; sente-se no pó aos pés deles; e beba, sedento, as suas palavras.**" Ali sempre estive e ali permaneço – aos seus pés – ao lado das crianças, dos tolos, dos que apenas sabem (ou têm uma vaga ideia) que nada sabem.

Senhor Presidente: vivemos uma era de extremos. O populismo de extrema-direita, que promete um passado glorioso que nunca existiu. O populismo de extrema-esquerda, que promete um futuro utópico que nunca existirá. O fundamentalismo religioso, que nega a ciência e a realidade, dando vazão ao fanatismo. E o fundamentalismo ateísta, que nega a fé como um direito fundamental das pessoas à busca de sentido, consolo e redenção em suas vidas. Todas elas são formas de histeria coletiva, contrárias às maiores conquistas da civilização: a democracia e o direito.

A democracia é um projeto moral fundado em duas ideias complementares de liberdade: a autodeterminação individual, base das escolhas que fazemos em nossas vidas privadas; a autodeterminação coletiva, base das escolhas que fazemos em nossa vida comunitária, como cidadãos. O que faz a democracia funcionar é o direito. É o direito que define as fronteiras entre o viver individual e o conviver coletivo, permitindo que sejamos igualmente livres para sermos diferentes.

O direito é o que o *dever ser é*. A moral é o que o *dever ser deve ser*. Todos devemos obediência às regras de direito, mas cada um é livre para seguir as próprias regras morais, desde que dentro da lei. Os juristas têm a responsabilidade de se posicionar no debate público para que essa distinção não se dilua, pois aí é que se pavimenta o caminho para a intolerância, o ódio e o totalitarismo. Cooperar como parceiros, apesar das diferenças, eis o nosso desafio comum.

Yuval Noah Harari sustenta que não foi a razão individual que fez do *homo sapiens* a espécie reinante sobre a face da Terra. Se formos abandonados numa ilha deserta com um chimpanzé Bonobo, por exemplo, o mais provável é que ele sobreviva, e nós não. Ao contrário, foi a nossa capacidade de cooperação social, em larga escala e de maneira flexível, para resolver problemas complexos, que nos rendeu essa posição dominante. As abelhas e formigas também cooperam em larga escala, mas sem qualquer flexibilidade. Já os grandes primatas conseguem cooperar, alcançam até alguma sofisticação e maleabilidade, mas não criam relações de confiança que lhes permitam lograr êxito em tarefas de grande escala e maior complexidade.

Apenas o ser humano tem a capacidade de construir narrativas que atribuem um sentido comum à realidade. Ao compartilhar crenças e valores por meio da linguagem, criamos relações de confiança que permitem, precisamente, a cooperação em variadas e extraordinárias formas. Scott Shapiro fala numa "economia da confiança" e nos avanços extraordinários que o ato de *confiar* nos trouxe: entrar num avião, ir para um centro cirúrgico, trocar um pedaço de papel pintado de tinta por um carrinho de compras no supermercado. De outra parte, são já conhecidos e mensuráveis os custos elevados da desconfiança generalizada numa sociedade: basta se pensar na falsificação da moeda, nas fraudes digitais e na desinformação intencional espalhada nas redes sociais.

Como brincou Yuval Harari, se você der uma nota de cem dólares a um chimpanzé Bonobo para comprar uma banana, ele provavelmente diria, se soubesse falar: "o que você pensa que eu sou, um humano?" Os chimpanzés Bonobos, no máximo, trocam bananas por cocos, não por dólares. Como podem ver, o custo da desconfiança é muito alto.

A democracia e o direito são narrativas que construíram, ao longo dos séculos, a melhor capacidade de cooperação entre as pessoas em toda a história. Embora por vezes nos falte perspectiva, Steven Pinker nos mostra como os valores do Iluminismo foram capazes de reduzir a violência, a fome, as guerras e outros flagelos da humanidade. Tudo isso agora está em xeque justamente pela difusão em massa de ideologias extremistas que desacreditam a democracia, a ciência e, de resto, os valores básicos do liberalismo.

Estamos na seguinte encruzilhada: seremos capazes de retomar nosso senso de cooperação social, a partir de uma revitalização da crença nos Estados democráticos de direito, ou como na alegoria bíblica da Torre de Babel, o que nos resta é "a luta de todos contra todos, em que a existência é uma experiência solitária, brutal e breve"? como dizia Hobbes. Mas se de ninguém se pode exigir a tarefa de consertar o mundo, a ninguém é dado o direito de desistir. Façamos a nossa parte, como se de nós dependesse o mundo inteiro.

Meus amigos e minhas amigas: encaminho-me para o final. Peço licença para alguns registros pessoais. Gostaria de agradecer aos amigos que a vida me trouxe, em especial aos que comigo convivem no meu Escritório, na Procuradoria Geral do Estado e na UERJ. São homens e mulheres de grande valor moral e intelectual, com quem aprendo todos os dias. Noto também a presença de velhos amigos de infância, da Faculdade e daqueles que herdei das minhas filhas, o que me alegra enormemente. Nominá-los seria uma tarefa longa e desnecessária, porque todos sabem quem são. Eu só posso dizer que tenho muito orgulho de ser amigo de cada um dos aqui presentes.

Meu pai, de saudosa e abençoada memória, nos deixou durante a pandemia e foi um homem de rara bondade e pureza de coração. Foi um privilégio ter sido seu filho. Minha mãe, na lucidez dos seus 85 anos, é ainda hoje o Norte moral da minha vida, com a sua sabedoria, serenidade e bom senso. Professora de matemática, foi ela quem me presenteou com o livro que mudou a minha vida: *"O Homem que Calculava: aventuras de um singular calculista persa"*, de Malba Tahan, pseudônimo do grande Julio Cesar de Mello e Souza. Foi ali que passei a gostar de matemática, mas me apaixonei mesmo foi pela literatura. Minha mãe mirou no que viu e acertou no que não viu. Agradeço também a meus irmãos, Carla e Marcos, pela parceria fraterna que nos une. Daniel, meu sobrinho, está aqui ao lado da noiva, Giovana, ambos brilhantes advogados recém-formados, vindos de São Paulo, para encher o nosso coração de esperança no futuro.

Por fim, Letícia, Laura e Beatriz, esse triunvirato de mulheres que governa a minha vida. Letícia sempre teve e ainda tem muita paciência comigo. Namoramos por longos anos, pois as circunstâncias não favoreciam ao casamento. Corre o boato, no qual eu nunca acreditei, que ela, apesar de judia, apelara para Nossa Senhora Desatadora dos Nós: por 13 dias, às 13 horas, pedia à Santa que desse solução ao caso – ou seja, o nó a ser desatado era eu! A reza foi forte: casamos pouco tempo depois, e de nossa união de quase duas décadas resultaram essas duas lindas meninas aqui presentes, Laura e Beatriz, puro encantamento em forma de gente. Pelo sim pelo não, agradeço a Deus e aos bondosos intercessores por essa maravilhosa família, que me faz incrivelmente feliz. Muito obrigado a vocês três: sejam para sempre abençoadas.

Concluo agradecendo a presença de todos nesta noite tão especial, com um poema de Carlos Drummond de Andrade chamado *Canção Amiga,* uma exortação ao que há de melhor na natureza humana*:*

Eu preparo uma canção
em que minha mãe se reconheça,
todas as mães se reconheçam,
e que fale como dois olhos.

Caminho por uma rua
que passa em muitos países.
Se não me vêem, eu vejo
e saúdo velhos amigos.

Eu distribuo um segredo
como quem ama ou sorri.
No jeito mais natural
dois carinhos se procuram.

Minha vida, nossas vidas
formam um só diamante.
Aprendi novas palavras
e tornei outras mais belas.

Eu preparo uma canção
que faça acordar os homens
e adormecer as crianças.

DISCURSO DE RECEPÇÃO FEITO PELO ACADÊMICO ROBERTO ROSAS

Ao longo do seu Pessach, como campeão de concursos, mostrou essa aptidão na consagradora votação nesta Academia, mas Oscar Wilde tinha razão - ***qualquer um pode fazer história, mas só um grande homem consegue escrevê-la***, e escreveu na Universidade do Estado do Rio de Janeiro e na Universidade de Yale, assim, Acadêmico **GUSTAVO BINENBOJM** construiu uma obra moderna, transparente e avantajada para nosso tempo, como ocorreu com A nova jurisdição constitucional e a legitimidade democrática, ao lado dos instrumentos de sua realização. Vai para a Teoria do Direito Administrativo, e contesta, com razão, o princípio do interesse público sobre o privado. A vontade do Estado é o interesse público, tese soberana dos estados ditatoriais. Traz a legalidade, e o controle jurídico dos atos administrativos.

Em Direito de Regulação econômica examina a permanente evolução do contrato administrativo, e o equilíbrio econômico contratual, sempre discutido nas épocas inflacionárias.

Para enfrentar o grande e importante tema - poder de polícia, vejo sua introdução com o grande administrativista alemão Otto Mayer - ***para quem o poder de polícia consiste na ação da autoridade para fazer cumprir o dever, que se supõe geral, de não perturbar de modo algum a boa ordem da coisa pública***. Nem sempre acontece com o autoritarismo. Nesse passo, mostra dois antagonismos - ***democracia com soberania popular e o constitucionalismo*** (com regras e limitações), mas diante de ponderações, o constitucionalismo vence, porque quando a justiça constitucional anula a lei é a favor da democracia).

Já falando de democracia, destaque-se um tema de sua predileção – a liberdade de expressão, fundo em Stuart Mill, na defesa não só da mídia como individual. Defendamos não só a nossa liberdade de expressão, também a dos outros, porque já afirmara o grande juiz Oliver Holmes – ***a Constituição é feita para pessoas de opiniões fundamentais diferentes, assim como na defesa da publicação de biografias não autorizadas porque biografia autorizada é cartório oficial, com o retrato a cores, do homenageado, e não a verdadeira história do biografado, e muito pior a censura prévia, antecipada***.

Para Karl Popper ***todo conhecimento é sempre conjectural***, e por isso alinhamos **GUSTAVO BINENBOJM** em outros gostos da vida, como seu apreço pelo cinema, especialmente o filme **Negação** – uma demanda de um historiador negacionista do Holocausto. Como o destaque na música Freewill da banda canadense Rush, com muita liberdade, o livre arbítrio como autonomia da potência humana.

Como prezamos e exaltamos a liberdade volvemos a **GUSTAVO BINENBOJM** em seu livro – Liberdade igual, onde o Professor desenvolve, com muita autonomia, a subdivisão a partir da liberdade de expressão como uma reminiscência do imperativo categórico kantiano, como ato individual com uma validade ética universal. A liberdade de expressão não é só limite à imprensa, mas suas várias formas de ação, assim no falar de alguém, no expressar de vontades, e dizer o seu pensamento, com as balizas do direito e da ética. A liberdade religiosa incide sobre a humanidade desde tempos remotos, e guerras fratricidas até hoje, na busca de espaço, e às vezes, imposta sem livre-arbítrio ao outro pensamento, puro fanatismo. A liberdade política domina nosso espaço de cidadão ao admitir a crítica política, fala dos representantes políticos, da voz do povo, nos parlamentos, e conclui - ***somos igualmente livres para sermos diferentes***.

Ao lado dessa importante obra jurídica de madura realização, Vossa Excelência ocupa numa importante cadeira, antecedida por dois grandes mestres - Afonso Arinos de Mello Franco e Paulo Bonavides, ambos ricos de obras importantes, e afável convivência como convém às academias mas sua contagiante disposição faz lembrança - uma piada judaica é aquela que nenhum judeu pode entender e que todos os judeus dizem ter ouvido antes. Assim é boa harmonia para Vossa Excelência.

Para concluir esta breve recepção, mas cheia de aplausos, ao lembrar que sua cadeira é nº 4, o número que simboliza o dia que Deus descansou após sua obra, e a pausa do shabat.

Certamente o Presidente Francisco Amaral derrogará esse símbolo judaico para explorar o potencial o alto nível do acadêmico **GUSTAVO BINENBOJM. SHALOM.**

DISCURSO DO ACADÊMICO JOSÉ ROBERTO DE CASTRO NEVES

Caros amigos,

Começo pelo meu coração. Começo com os agradecimentos.

Agradeço aos ilustres membros da Academia Brasileira de Letras Jurídicas pela generosidade de me acolher. Seus integrantes são pessoas pelas quais nutro sincera admiração, pela contribuição notória que deram e seguem dando à sociedade brasileira.

Três dos membros da Academia, Luiz Fux, Paulo Cezar Pinheiro Carneiro e Antônio Celso Alves Pereira, foram meus professores na graduação na Universidade do Estado do Rio de Janeiro. Gustavo Tepedino, por sua vez, foi meu seguro orientador no doutorado, concluído há mais de vinte anos, quando tive também aulas com o Ricardo Cesar Pereira Lira. Todos eles foram mestres modelares, por quem tenho uma dívida impagável. Além disso, colhi lições de praticamente todos os integrantes dessa Academia, que, com suas publicações, contribuíram para a minha formação intelectual e acadêmica.

Devo um agradecimento especial à Judith Martins-Costa, outra iluminada integrante dessa Academia – para mim, uma musa inspiradora –, que, sempre solícita, aceitou fazer a minha saudação neste feliz dia para mim. Considero um enorme privilégio conviver com ela e com o radiante Miguel Reale Júnior – o “casal 20” do nosso universo jurídico. Uma espécie Liz Taylor e Richard Burton, mas com final feliz.

Agradeço aos meus colegas de escritório, que comigo compartilham a labuta diária: a faina jurídica, que, simultaneamente, seduz e condena os advogados. No meu caso, tenho o privilégio de trabalhar com profissionais dedicados e seres-humanos de elevadíssimas qualidades. Não conseguindo nomear todos, até por uma questão de tempo, mas buscando humanizar este reconhecimento, cito o Marcelo Ferro, que, como bom sócio, me protege de mim mesmo, sempre com inteligência, carinho e um delicioso senso de humor (afinal, a vida sem senso de humor não vale a pena). Aprendo com meus sócios todos os dias.

Agradeço à PUC e à FGV, onde leciono. Na PUC, ingressei pelas mãos do Professor Ebert Chamoun - que merece minha profunda gratidão - há quase trinta anos, para ensinar Direito Civil. A experiência do professor, como sabem todos que se dedicam ao magistério, mostra que, muitas vezes, a sala de aula é uma escola, da qual o professor, por mais dedicado que seja, retira mais do que entrega. A convivência com os alunos para mim segue uma fonte de renovação e estímulo.

Agradeço meus amigos, felizmente bons e fiéis - muitos deles aqui hoje. Amigos que dividem comigo a experiência da vida, trocando ideias e afeto, cruzando desde o corriqueiro ao sublime, tolerando minhas múltiplas dificuldades. De preferência, olhando para o lado iluminado. Os amigos adoçam tudo.

Agradeço minha família. Meu pai - que hoje se transformou num "espião de Deus", pois segue presente embora não esteja mais presente. Minha mãe, que agora pouco sai de casa, mas, também paradoxalmente, me acompanha em todos os meus passos. Meus irmãos, a quem vejo como um espelho, porém numa versão melhorada de mim mesmo. Meus filhos, amores incondicionais, motivo de eu tentar sempre fazer a coisa certa - para que eles colham bons exemplos. Agradeço a minha mulher, a Bel: a maior sorte que dei na vida. Com ela, eu me sinto como um personagem de uma lenda mitológica, naquela situação na qual a deusa decide se casar com um mortal. O mortal, claro, fica um pouco perdido ao se relacionar com o divino, perturbado por um mundo de que ele tem dificuldades de entender, assolado por dúvidas, a começar pelo motivo pelos quais a deusa o escolheu. Um mistério. Com ela, sonho e realidade ficam misturados.

Sou, de verdade, imensamente grato a todas essas pessoas – e grato, profundamente grato, a todos que hoje vieram aqui – e deixaram suas ocupações para comparecer a esta posse. Obrigado.

Nesta tarde, tomo posse na Cadeira nº 27 da Academia Brasileira de Letras Jurídicas. O seu patrono é o tributarista Amílcar de Araújo Falcão.

Amilcar Falcão foi um assombro. Um raio. Faleceu precocemente, com apenas 39 anos, mas deixou uma obra que lhe garantiu existência perene. Baiano. Os baianos, creio, sempre saem na frente, com uma sintonia diferenciada. Falcão foi consultor jurídico do Itamaraty e trabalhou na Light – com um escrete de juristas. Era um professor temido e respeitado, como me contou o jurista Fred Gueiros, aluno e amigo de Falcão. Em 1964, Amilcar Falcão se tornou titular de Direito Financeiro na Universidade do Estado do Rio de Janeiro. Viria a morrer três anos depois, vitimado por um enfarte fulminante. Entre outras obras, Amilcar Falcão escreveu uma pérola da literatura jurídica nacional: *O fato gerador da obrigação tributária*, que, entre outros méritos, influenciou decisivamente o estudo da competência tributária.

O primeiro ocupante da cadeira foi o também tributarista Ernesto Queiroz Júnior, professor da Faculdade de Direito de Caruaru. Queiroz Júnior publicou diversas obras, inclusive de Direito do Trabalho.

Da Bahia para Pernambuco. De Pernambuco para o Pará. Adiante, a cadeira passou para meu antecessor – e meu amigo – Zeno Veloso.

Paraense, Zeno Veloso foi um jurista de mão-cheia. Lecionou, na Universidade Federal do Pará, direito civil e direito constitucional. Foi secretário de Justiça de seu estado. Durante décadas, atuou como tabelião. Suas obras sobre direito tabelar se tornaram o *vade mecum* do tema. Versátil, foi um dos fundadores do Instituto Brasileiro de Direito de Família – IBDFAM, tendo ocupado a função de diretor nacional. Um orador que empolgava. Um grande difusor de conhecimento.

Meticuloso, inteligente, criativo, Zeno Veloso tinha os mais diversos predicados. Vale, agora, ressaltar um: era dono de um carisma extraordinário. Distribuía gentilezas. Difícil superar sua fidalguia. Desmentindo Nelson Rodrigues, Zeno Veloso provava que a unanimidade podia, por vezes, ser inteligente.

Deixou, além de saudades, obras importantes, uma contribuição expressiva, em diversas áreas do Direito.

Recentemente, falei com sua família da minha honra em sentar na cadeira que fora de Zeno e meu firme propósito de honrar meu antecessor. Seu filho Guy me contou de outra qualidade de Zeno: a coragem. Em 1969, eleito orador de sua turma de graduação, na Faculdade no Pará, fez um discurso criticando o AI-5. Tinha um compromisso com a liberdade.

Todos esses nomes enalteceram a Academia Brasileira de Letras Jurídicas. Afinal, as instituições valem pelos seus propósitos e pelas pessoas que a integram. O fator humano faz a diferença.

Como ensina o dito popular: jabuti não sobe em árvore. Se ele está lá, é por que alguém colocou. Vou aproveitar este momento, uma ocasião em que me encontro entre amigos, para contar como cheguei na árvore.

O acadêmico Roberto Rosas – que, para mim, era uma instituição antes de se tornar um ser de carne e osso (sim, porque eu já o lia muito antes de conhecê-lo) – me liga, indagando meu interesse em me candidatar para a vaga da Academia, antes ocupada pelo Zeno Veloso. O nosso presidente, o culto civilista Francisco Amaral, paradigma de elegância, por quem sempre tive devoção, me abordou com a mesma pergunta.

Conhecia os integrantes da Academia. Mais do que apenas conhecer, os acadêmicos eram, para mim, referências icônicas. Alguns, como disse, foram meus professores. A maioria era responsável por boa parte da minha formação. Francamente, eu me via um pouco distante dessa constelação.

A recente eleição do Gustavo Binenbojm para a Academia foi um alento. Afinal, o Gustavo, embora mais brilhante, era da minha geração. Fomos contemporâneos na faculdade e seguimos amigos. Isso me aproximava desse templo. Valia a pena tentar. As conversas com os acadêmicos, nas quais apresentei minha candidatura, foram sempre cercadas de afagos. Generosidade e educação, pelo que percebi, são marcas da casa.

Há quase dois anos perdi meu pai. Ou melhor, meu pai faleceu. Pai, a gente não perde. Essa dura experiência, da morte de pessoas próximas, ensina muito. Uma das lições é a força da relação com os nossos antecedentes. Uma corda potente, que não se desfaz.

Quando surgiu a ideia de me candidatar a uma vaga na Academia Brasileira de Letras Jurídicas, pensei no que meu pai diria quando lhe revelasse meu interesse. Dessa forma, conversei com ele. Seguramente, ele me perguntaria: "Filho, qual o papel da Academia Brasileira de Letras Jurídicas? Para que ela serve?"

Minha resposta poderia começar por dizer que, ao longo de sua existência, a Academia contou com uma plêiade de juristas consagrados, nomes emblemáticos das letras jurídicas no Brasil, que prestaram um grande serviço ao nosso país.

Embora isso seja verdade, não bastava. Uma instituição, para se perpetuar e ganhar força, deve, além de contar com pessoas comprometidas e valiosas, guardar um propósito.

Na elaboração dessa resposta – para que serve a Academia de Letras Jurídicas –, surgiram dois temas, atualíssimos, que gostaria de dividir com vocês. Ambos me parecem críticos para o desenvolvimento do Direito hoje no Brasil.

O primeiro é o papel da doutrina. O segundo se relaciona a como o jurista, atualmente, se comunica.

Como se sabe, o bom profissional de Direito se forma por meio de muito estudo e reflexão. Conhecimento é transferido, principalmente, pelos livros. Embora existam outros meios de passar informação, os livros seguem com a primazia de condutores da ciência jurídica.

O Direito, perdoem-me o clichê, é fundamental para a sociedade. Basta ver que sem Direito, o Estado se dissolve. O Direito nos retirou da barbárie. Trata-se do primeiro grau da civilização. Logo, é fundamental proteger essa ciência.

A doutrina, formada pelas obras de estudiosos do Direito, é a primeira trincheira dessa proteção. Pelas letras da doutrina, os estudantes são apresentados ao fenômeno jurídico e o profissional é levado a refletir, questionar – para, assim, fortalecer suas convicções. A doutrina permite desenvolver um raciocínio conceitual, abstrato, essencial para que, diante do caso concreto, consiga-se oferecer um resultado isento, limpo. Afinal, a casuística é inimiga da justiça.

Vivemos um momento de grandes mudanças, de ruptura da forma como se estudava o Direito. Em grande parte, em função dos avanços tecnológicos, a doutrina perde espaço para a jurisprudência e, em breve, proclamam os profetas de plantão, tudo será dominado pela inteligência artificial. Até o Bob Dylan, soube-se depois, valeu-se do Google para elaborar seu discurso de agradecimento, quando recebeu o Nobel de Literatura.

Por oportuno, e antes de qualquer cogitação, ressalvo que este texto não foi elaborado pelo Chat GPT.

Podemos imaginar que, num futuro próximo, haverá um potente programa de computador – que sugiro batizar de "Justiniano" (#ficaadica) –, apto a responder a todas as questões jurídicas, oferecendo, por meio de uma onisciente base de dados, os possíveis resultados de uma disputa judicial. Esse oráculo será capaz de antecipar o desfecho dos litígios, fornecendo informações que irão guiar as partes, que, a partir da máquina, podem ser estimuladas ou não para se engajar numa contenda.

O robô vai pensar por nós. O mercado dos profissionais de Direito sofrerá radical alteração. A advocacia de massa será praticamente extinta e o primeiro trabalho do advogado consistirá em interpretar um programa de computador que, gelado, antecipa as probabilidades das decisões judiciais.

Em 1877, Thomas Edison, ao apresentar sua lâmpada incandescente, proclamou: "Tornaremos a luz elétrica tão barata que apenas os ricos acenderão velas." Talvez o auxílio do advogado, no futuro, seja um privilégio dos mais afortunados. Os demais, se contentarão com a orientação do computador.

Mas como ensina o Evangelho de Mateus, "a cada dia a sua tribulação". Essa forma de apoderamento da inteligência artificial sobre o trabalho do profissional do direito será "o" tema em cinco ou dez anos. Hoje, a revolução tecnológica, iniciada neste século, faz, cotidianamente, uma vítima: a doutrina.

Como estamos num evento de "letras jurídicas", permitam-me expor a patologia que grassa nos nossos dias. Já não se encontram livrarias jurídicas. Foram praticamente extintas. Há algum tempo, a Rua São José, aqui no Rio, era conhecida por seus "sebos" jurídicos, onde se garimpavam preciosidades. Esses sebos já não existem. Eles se esconderam e se apequenaram.

Com as editoras jurídicas, observa-se fenômeno semelhante. Clássicos, como o curso de direito civil do Serpa Lopes, foram descontinuados. O próprio Pontes de Miranda, um sol da nossa literatura jurídica, não é mais publicado.

Apesar de haver no Brasil mais de um milhão e trezentos mil advogados, com inscrição da Ordem, além de um milhão de estudantes de Direito, as editoras jurídicas vendem, principalmente, obras para quem se prepara para um concurso público. Vence o pragmatismo míope. As edições são minguadas.

Nos nossos dias, a doutrina – até mesmo por motivos práticos – perde de lavada para a jurisprudência. Isso têm consequências. Afinal, a doutrina faz parte do caminho de formação do conhecimento e das opiniões. A doutrina pensa e ajuda a pensar. Sem a doutrina, quem alimentará o programa de computador?

Observem o fenômeno perverso no seguinte exemplo: há vinte anos, se alguém procurasse alguma informação relacionada ao conceito de "benefício da ordem", teria que iniciar sua busca nas prateleiras, para achar um livro que tratasse dos contratos. Depois, iria para o tópico relacionado à fiança. No curso da leitura desse capítulo do livro, localizaria o benefício da ordem. A busca começava no todo para chegar no particular.

Atualmente, a maioria absoluta das pessoas que se dedicar a essa pesquisa começará diretamente no site de algum tribunal, digitando "benefício da ordem", para receber um acórdão em que consta esse termo. Trata-se de uma análise digital, que não teoriza, que não divaga. Chega-se ao particular sem examinar o seu contexto.

Pior, a jurisprudência oferece uma apreciação concreta e não conceitual.

O raciocínio é outro.

A jurisprudência, acessível na internet, é exponencialmente mais barata do que o livro (eis o ciclo vicioso: como as edições são cada vez menores, os preços dos exemplares acabam subindo). Acima de tudo, a jurisprudência oferece uma resposta mais veloz do que a colhida na doutrina. Num mundo no qual a velocidade e a preocupação com o custo servem de guias, os livros jurídicos parecem condenados a uma posição secundária.

A revolução tecnológica é recente. O Iphone foi lançado em junho de 2007. O mundo mudou – passou a caber nas nossas mãos. As informações chegam rapidamente, mesmo sem solicitação. Quanto mais mastigadas, tanto melhor. Essas mudanças práticas passam por nós como tratores. Será possível, hoje, alguém viver sem um telefone celular? Ao menos, a Constituição Federal e o Código Civil cabem no aparelho.

Essa revolução transformou a forma de atuação do advogado e do juiz. Transformou a forma como se estuda o Direito. Como disse, os livros de papel e a doutrina, ao menos neste momento, perdem espaço. As letras jurídicas estão sob ataque.

Quais os efeitos práticos dessa mudança de hábitos? É possível fazer um prognóstico da aplicação do Direito no futuro, quando for levada adiante por profissionais que, na sua maioria, tiveram pouco acesso à doutrina? Como atuarão advogados e juízes que, ao se depararem com um tema jurídico, não desenvolveram um raciocínio que parte do todo, mas que examinam diretamente o particular?

Perdoem-me a obviedade, mas o direito apenas se justifica na compreensão de seu contexto. A verdadeira compreensão não pode prescindir do entendimento do "todo". Pode-se admirar a *Pietá* de Michelângelo, mas será difícil perceber sua dimensão se não se sabe o que foi o Renascimento. "Sampa", de Caetano Veloso, é linda, mas para admirá-la, de modo profundo e abrangente, é fundamental saber dos Novos Baianos, da Tropicália e do Brasil de então.

Esse tema - da atual importância dada à doutrina e uma análise do Direito que se faz pelo particular - merece a mais profunda reflexão, até para que possamos reagir.

A outra questão que me ocorreu se relaciona à linguagem jurídica.

Cristóvão Colombo, quando partiu em sua famosa expedição pelo Atlântico, levou consigo um intérprete, a fim de se comunicar com o império do grande khan. Era um judeu convertido ao cristianismo, que falava árabe. Como se sabe, Colombo aportou nas ilhas do Caribe. As primeiras palavras ditas por um europeu a um americano foram em árabe. Rapidamente, perceberam que o intérprete não valia de nada. Os nativos falavam outra língua. Na realidade, se tivessem chegado na China, como imaginava Colombo, o árabe tampouco teria alguma valia. A história da civilização seria outra se o intérprete de Colombo dominasse a língua dos nativos. A ausência de comunicação fez toda a diferença.

O filósofo Giorgio Agamben chama a atenção para um fato: embora as pessoas divirjam sobre os mais variados assuntos – podendo-se dizer até que discordam a respeito de tudo –, não há, na história, uma comunidade ou grupo social que tenha decidido renunciar à linguagem.

Evidentemente, muito se discute acerca dos limites do uso da linguagem, de como ela pode (se é que deve) ser censurada ou amplificada. Porém, numa coisa todos concordamos: precisamos da linguagem.

As palavras "comunicação" e "comunidade" se relacionam ao termo "comum". Comunidade significa o grupo de pessoas que compartilha algo em comum. Comunicação, a verdadeira comunicação, apenas ocorre se existir uma ligação entre os interlocutores. A mensagem, para ser plenamente compreendida, deve encontrar empatia, estabelecendo um elo, exatamente porque demonstra que emitente e receptor têm algo que os une.

Orgulho e vergonha expressam bem esse sentimento de identidade comum. Se uma pessoa conhecida, com a qual temos algum vínculo, realiza uma proeza ou comete uma gafe, somos tomados de orgulho ou vergonha. Imagine-se que um colega de turma no colégio ganha o prêmio Nobel da paz ou publica um texto racista. Sentiremos orgulho no primeiro caso e vergonha no segundo. Se fosse o caso de um total desconhecido, nascido em outro país e jamais tivéssemos ouvido falar dele até que realizasse o ato (no exemplo, um louvável e o outro desprezível), não sentiríamos orgulho ou vergonha, mas apenas louvaríamos ou condenaríamos a conduta. Para experimentar orgulho ou vergonha, deve haver um sentimento de proximidade, uma conexão.

Se quem deseja comunicar não atenta para essa sintonia e deixar de encontrar, na sua mensagem, algo que compartilhe com o destinatário, é bem provável que a mensagem se perca. Temos que concordar com São Paulo – um dos maiores gênios da comunicação da história –, quando, nas suas cartas aos Coríntios, diz: "Mas, se eu ignorar o sentido da linguagem, serei bárbaro para aquele a quem falo, e o que fala será bárbaro para mim."

Há um velho brocardo segundo o qual "o que não está nos autos não está no mundo", para garantir que os fatos sob exame no processo judicial tenham sido discutidos pelas partes. Nos nossos dias, pode-se acrescentar: "o que está nos autos, está no mundo." Isso porque o processo judicial e as discussões jurídicas deixaram de ser um ambiente visitado apenas pelos profissionais de Direito. Temas jurídicos dominam as capas dos jornais e as conversas do dia- a-dia.

A sociedade quer entender as discussões jurídicas. As partes, seus assessores, a imprensa, o mercado financeiro, as "donas de casa", os ocupados e os desocupados, pessoas com as mais variadas atividades, justificadamente, desejam compreender os temas de Direito em debate, que guardam maiores ou menores repercussões no âmbito social.

A doutrina, nos nossos dias, deve falar para um grupo maior. Sem perder o apuro científico, o jurista, livrando-se do "legalês", deve estar atento para ser compreendido não apenas por pessoas com formação jurídica. Quem não perceber esses novos tempos, ficará condenado à autofagia.

Com a necessidade de se comunicar com a sociedade, a linguagem se apresenta como um desafio ao jurista contemporâneo. A linguagem passa a ser a chave para que o Direito se sintonize e se faça útil. Se não compreendermos esse fenômeno, seremos o intérprete de Colombo.

Agora, volto à pergunta que motivou essa reflexão: para que serve uma academia de letras jurídicas? Serve para fomentar o estudo do Direito, serve para estimular a compreensão desse fenômeno essencial à sociedade. Serve para pensar em como a tradição se harmoniza com a novidade.

Ela tem uma importância majorada num momento histórico no qual as letras jurídicas perdem força e a doutrina jurídica precisa estabelecer um canal de conversa com a sociedade. Uma instituição que agregue pessoas dedicadas à literatura jurídica, engajadas em promover a disseminação da correta aplicação do Direito, revela-se não apenas conveniente, mas necessária.

Essa missão, bem vistas as coisas, é de todos que veem o Direito como uma ferramenta de construção de um país mais justo. Jhering nos fornece uma bela metáfora, comparando o Direito a uma flor. Ele diz "Assim como o jardineiro não cria a flor, a reflexão e a intenção, também, não puderam criar o direito; mas, sim, cuidá-lo, regá-lo e aperfeiçoá-lo desde a sua origem."

A nossa missão, de todos nós, começando pelos estudantes de Direito e passando aos profissionais mais experientes, é ser esse jardineiro zeloso, preocupado em garantir que o pensamento jurídico, os bons valores e as reflexões aptas a nos amadurecer, sejam transmitidos de forma eficaz à sociedade – uma sociedade carente de justiça, que tem no ordenamento jurídico sólido um fundamental remédio.

Uma missão grande, mas que conseguimos ver. Como ensinou Pessoa, somos do tamanho daquilo que conseguimos ver. Então, comecemos. Estimulados por Camões: "Cantando espalharei por toda parte, / Se a tanto me ajudar o engenho e arte." Sob os ombros das gerações valiosas que nos antecederam, mas mirando as gerações futuras. Vamos juntos. Com ternura, olhar o presente. Como ensinou Drummond: "O presente é tão grande, não nos afastemos / Não nos afastemos muito, vamos de mãos dadas".

Acabo como comecei: obrigado.

SAUDAÇÃO A JOSÉ ROBERTO DE CASTRO NEVES POR SEU INGRESSO NA ACADEMIA BRASILEIRA DE LETRAS JURÍDICAS – RIO DE JANEIRO, 27 DE MARÇO DE 2023

Judith Martins -Costa

As dificuldades em sintetizar as múltiplas facetas do acadêmico que agora ingressa nesta Casa levaram-me a reler um livro fascinante: "O Polímata – uma história cultural de Leonardo da Vinci a Susan Sontag". Instigado por investigar a sobrevivência da polímatia em cultura de crescente especialização, como a nossa, o historiador social Peter Burke apresenta o polímata como "alguém que se interessa por muitos assuntos e aprende muitos assuntos"[1].

A definição é ampla, abarcando indivíduos cujas realizações vão do atletismo à política, assim como são variantes no tempo os critérios para chamar alguém de polímata. Hoje se entende não ser mais preciso dominar a totalidade das disciplinas que formavam as Artes Liberales: Trivium et Quadrivium. Em nossos dias, afirma Burke, "manter duas bolas intelectuais no ar ao mesmo tempo se tornou um feito e tanto[2]. Há vários tipos de polímata, dentre eles o polímata serial, assim compreendidos os que fazem malabarismos com vários assuntos simultaneamente[3].

---

1 BURKE, Peter. *O Polímata*: uma história cultural de Leonardo da Vinci a Susan Sontag. Trad. RenatoPrelorentzou. São Paulo: UNESP, 2020, p. 20.

2 BURKE, Peter. *O Polímata*: uma história cultural de Leonardo da Vinci a Susan Sontag. Trad. Renato Prelorentzou. São Paulo: UNESP, 2020, pp. 22-23

3 BURKE, Peter. *O Polímata*: uma história cultural de Leonardo da Vinci a Susan Sontag. Tradução de Renato Prelorentzou. São Paulo: UNESP, 2020, p. 26.

A busca pelos traços caracterizadores de um polímata ecoa outra distinção, a de Isaiah Berlin num ensaio sobre Tolstoi[4], no qual lhe ocorreu retomar o muito célebre verso do poeta grego Antíloco, segundo o qual, "muitas coisas sabe a raposa; mas o ouriço sabe uma grande". A partir deste verso, Berlin propôs sua conhecida classificação de escritores e pensadores. Os ouriços seriam aqueles que tudo referem a uma visão unitária e coerente, a qual opera como um projeto organizador fundamental de tudo o que pensam. Já raposas seriam aqueles que se interessam por coisas várias, perseguem múltiplos fins e objetivos, cuja interconexão, ademais, não é nem óbvia nem explícita. A tendência que aí se manifesta é centrífuga e pluralista[5].

Essas referências introdutórias não são gratuitas. Nosso novo Confrade é, indubitavelmente, uma raposa – e se aproxima de um polímata serial. Para comprovar essa tese, volto a Burke, que detectou os nove traços caracterizadores da polimatia: curiosidade, concentração, boa memória, velocidade, imaginação (ou criatividade), energia, inquietação, competitividade, sem esquecer do elemento lúdico.

Pretendo demonstrar como esses nove traços de personalidade se encontram na vida e na obra de José Roberto de Castro Neves, que alia notáveis competências como jurista, escritor, professor (direi mais: educador), advogado, intelectual, um grande agregador e agitador cultural, causeur, tenista, exímio ao violão, pianista, incansável viajante.

A curiosidade é conditio sine qua da polimatia. Fausto confessou seu "desejo insaciável de conhecimento", assim como Francis

---

4 BERLIN, Isahiah. *O Ouriço e a Raposa*: ensaio sobre a Visão Histórica de Tolstói. Trad. Maria JoãoMadeira. Lisboa: Guerra & Paz, 2020.

5 Assim nota LAFER, Celso. *Histórias Filosóficas*. Sófilosofia.com.br

Bacon descreveu a si mesmo como tendo "apetite inquisitivo", o que Freud, em autorreferência, denominou de "ganância pelo conhecimento"[6]. José Roberto é um ser curioso, que expandiu sua curiosidade intelectual investigando, por exemplo, temas tão diversos como as razões pelas quais os advogados teriam salvado o mundo[7]; os problemas da insolvência de empresas[8] ou da cláusula penal[9], ou do enriquecimento sem causa[10], mas, igualmente, se debruçando sobre as relações jamais lineares entre Arte e Direito, que incluem o mercado ilegal de obras, as falsificações e a liberdade de expressão artística; bem como investigando o que fez "grandes" alguns brasileiros e brasileiras, juristas ou não[11], sem deixar de entregar-se à vivência prática dos problemas da classe dos advogados, como atuantíssimo membro da Ordem dos Advogados do Brasil[12].

O segundo traço é a concentração, isto é, a capacidade de estar sempre lendo, pensando, escrevendo – e nosso Confrade tem um foco imenso e intenso em tudo o que faz, ao jogar tênis, ou tocar piano, ou assistir a um noticiário, ou quando se delicia com

6 BURKE, Peter. *O Polímata* – uma história cultural de Leonardo da Vinci a Susan Sontag. Trad. Renato Prelorentzou. São Paulo: UNESP, 2020, p. 263.

7 CASTRO NEVES, José Roberto. *Como os Advogados Salvaram o Mundo*. 2ª ed. Rio de Janeiro: Nova Fronteira, 2018, 2020.

8 GOMIDE, Luiz Bernardo; CASTRO NEVES, José Roberto. Commercial Financing and Insolvency Law in Brazil. *Southwestern Journal of Law and Trade in the Americas*, vol. 2, nº 123, 1995, pp. 123-144.

9 CASTRO NEVES, José Roberto. *O Código do Consumidor e as Cláusulas Penais*. Rio de Janeiro: Forense, 2004; 2ª ed., 2006.

10 CASTRO NEVES, José Roberto O enriquecimento sem causa como fonte das obrigações. *Revista dos Tribunais*, vol. 843, 2006.

11 CASTRO NEVES, José Roberto. *Brasileiros*. Rio de Janeiro: Nova Fronteira, 2020.

12 Entre outras atividades: Membro da Comissão de Direito Civil da OAB/RJ; Ex-Membro da Comissão Nacional de Estudos Constitucionais da OAB Federal; Ex-Presidente da Editora OAB-Federal (de 2019 até 2021); e Coordenador Nacional de Direito Privado da Escola Superior de Advocacia (desde 2022).

os mais fabulosos jantares do Rio de Janeiro, orquestrados por sua querida e competentíssima Bel.

O terceiro é a boa memória, da qual podem dar testemunho seus alunos, colegas e familiares. Pouco recorre ao Google ou à lista de endereços do celular, e é capaz de reter, sem esforço, números de telefone, episódios de filmes, trechos de doutrina, julgados dos Tribunais e as mínimas especificidades dos tantos personagens literários que povoam o seu cotidiano de leitor insaciável.

O quarto é a velocidade, a capacidade de assimilar e absorver muito rapidamente novos tipos de informação, de preferência em alta velocidade[13], como dão conta, por exemplo, alguns dos livros que coordenou, como aquele, tão logo o flagelo da Covid apareceu em nossas vidas, instigando um privilegiado grupo de cem pensadores a refletir no mundo pós-pandemia[14]. Ou outro, mais recente, perquirindo sobre os desafios postos aos advogados no século XXI[15]. É tão acelerado, diz uma colega, que acorda todas as manhãs colocando a esteira no nível máximo; jamais deixa de exercitar-se, mesmo após uma longuíssima jornada em audiências arbitrais, sem deixar, todos os anos, de deslizar nas mais desafiadoras pistas de ski do planeta.

O quinto é a imaginação ou criatividade excepcional, o que Charles Darwin chamou de capacidade de criar vínculos entre fatos – isto é: fatos sobre diferentes espécies e seus ambientes[16]. Ao

---

13 BURKE, Peter. *O Polímata*: uma história cultural de Leonardo da Vinci a Susan Sontag. Trad. Renato Prelorentzou. São Paulo: UNESP, 2020, p. 268.

14 CASTRO NEVES, José Roberto. *O Mundo Pós-Pandemia*. Rio de Janeiro: Nova Fronteira, 2020.

15 CASTRO NEVES, José Roberto. *O Advogado do Século XXI*. Rio de Janeiro: Nova Fronteira, 2021.

16 BURKE, Peter. *O Polímata*: uma história cultural de Leonardo da Vinci a Susan Sontag. Trad. Renato Prelorentzou. São Paulo: UNESP, 2020, p. 270.

traçar conexões entre Shakespeare e os Beatles[17], ou entre a música e o Direito[18], enxergou as tramas sutis da intertextualidade que passam despercebidas aos outros, percebendo justaposição de ideias que não se encaixam de maneira convencional. Na linguagem de Bourdieu, sinala Burke, os polímatas fazem que o habitus adquirido em uma disciplina se aplique aos problemas da outra[19]. É exatamente o que está ainda em outras várias obras do novo associado, como quando buscou o Direito em Shakespeare[20]; ou investigou, em obras literárias, aquela que havia sido fundante de seu ethos, não por acaso indicando o Senhor dos Anéis, de John Ronald Reuel Tolkien (J.R.R. Tolkien), uma trilogia repleta de imaginação que mostrou ao então leitor de 13 anos de idade o lugar onde "poderia ser absolutamente livre', visitando, pela leitura, muitos e muitos mundos, nos quais poderia sentir "todas as emoções e experimentar vitórias e derrotas"[21].

O sexto traço característico é a energia. Como anota Burke, a boa memória e a imaginação vívida seriam de pouca serventia se o polímata não trabalhasse duro para empregar essas qualidades, sendo também necessária energia física para realizar esse traba-

17 CASTRO NEVES, José Roberto. *Shakespeare e os Beatles*: o caminho do gênio. Rio de Janeiro: Nova Fronteira, 2021.

18 CASTRO NEVES, José Roberto. *Música e Direito*. Rio de Janeiro: Nova Fronteira, 2022.

19 BURKE, Peter. *O Polímata*: uma história cultural de Leonardo da Vinci a Susan Sontag. Trad. Renato Prelorentzou. São Paulo: UNESP, 2020, p. 270.

20 CASTRO NEVES, José Roberto. *Medida por Medida*: o Direito em Shakespeare. Rio de Janeiro: GZ, 2013 (1ª e 2ª ed.); 3ª ed., 2014, 4ª ed., 2015, 5ª ed.; Edições de Janeiro, 2016; 6ª ed., Nova Fronteira, 2019 (traduzido em inglês como *Measure for Measure*: The Law in Shakespeare. Rio de Janeiro: Edições de Janeiro, 2016); e ainda em *A Invenção do Direito*. Rio de Janeiro: Edições de Janeiro, 2015; 2ª ed., Nova Fronteira, 2018.

21 CASTRO NEVES, José Roberto. O Senhor dos Anéis, de J. R.R. Tolkien. In: CASTRO NEVES, José Roberto. *O livro que mudou minha vida*. Rio de Janeiro: Nova Fronteira, 2022, p. 92.

lho[22]. Por isso os polímatas são comumente descritos como "infatigáveis", incansáveis, dotados de "imensa energia" – às vezes, são comparados com um furacão, como o é nosso novo Confrade. A capacidade de trabalhar duro foi notada, por exemplo, em Foucault, que, no mesmo dia em que terminou de escrever Vigiar e Punir, em 1974, começou a escrever A vontade de Saber[23]. Não posso assegurar por ciência própria, mas ao computar a extraordinária produção bibliográfica de José Roberto de Castro Neves (106 textos publicados entre 2006 e 2022, entre livros, coordenação de livros, capítulos de livros e artigos de doutrina e de divulgação), atuando, concomitantemente, em grandes feitos como advogado e árbitro, lecionando, viajando, ajudando colegas (pois é de uma lealdade notável aos seus amigos), vivendo a vida com rara intensidade, enfim – suspeito, tudo somado e computado, que o feito de Foucault possa ter sido imitado. E notem que nessa conta não entrou o próximo livro, já em edição: Caixa de Palavras, com o sugestivo subtítulo "Porque você deve ler o que eu leio".

A energia leva à sétima característica, a inquietação. Como todo polímata serial, José Roberto está sempre com pressa, é andarilho, viajante inveterado. Assim também foi, por exemplo, Julian Huxley, cuja esposa o definiu como alguém que escapava de uma atividade mergulhando em outra[24]. Creio que Bel também assim diria, pois, como a mim revelou, José Roberto de Castro Neves não repousa, mas descansa de uma atividade se entregando de corpo e alma a outra.

---

22 BURKE, Peter. *O Polímata*: – uma história cultural de Leonardo da Vinci a Susan Sontag. Trad. Renato Prelorentzou. São Paulo: UNESP, 2020, p. 272

23 BURKE, Peter. *O Polímata*: uma história cultural de Leonardo da Vinci a Susan Sontag. Trad. Renato Prelorentzou. São Paulo: UNESP, 2020, p. 279.

24 BURKE, Peter. *O Polímata*: uma história cultural de Leonardo da Vinci a Susan Sontag. Trad. Renato Prelorentzou. São Paulo: UNESP, 2020, p. 275.

A competição é a oitava característica. Nosso novo associado não gosta de perder, sequer um jogo de tênis com os filhos, Duda, Gui, João Pedro. A paixão pelo trabalho muitas vezes é movida pela competição, como é próprio do bom advogado que, nos limites da ética, quer vencer a causa, vencer o debate, apresentar o melhor argumento. E que nosso Confrade é um grande advogado, posso testemunhar de ciência própria.

Por fim, há o elemento lúdico. Para Burke, seria um erro ver as realizações dos polímatas como puramente apolíneas, só trabalho e nenhuma diversão. Há também, diz ainda, um aspecto dionisíaco em seus feitos, o prazer experimentado tanto na aquisição do conhecimento quanto na solução dos problemas. E não há dúvidas que o novo Confrade se diverte com o jogo da vida: quando peticiona, quando pensa nas estratégias que irá desenvolver em um caso novo de seu escritório, ou toca violão, ou desliza em pistas de ski ou viaja, ou até mesmo quando organiza os livros que coordena.

Feito esse arrolamento, creio que concordarão comigo: penso não ter errado ao qualificar José Roberto de Castro Neves como um polímata serial.

Todavia, para esta Casa, isto poderia não bastar. Aqui é preciso, sobretudo, ser dedicado ao estudo do Direito positivo, como o foi seu antecessor na Cadeira 27, o grande civilista, estimado e saudoso Professor Zeno Veloso.

Esse requisito está perfeitamente satisfeito. Doutor em Direito Civil pela Universidade do Estado do Rio de Janeiro e Mestre em Direito (LL.M.) pela Universidade de Cambridge, o novo Confrade é Professor Direito Civil da Pontifícia Universidade Católica desde 1996 e da Fundação Getúlio Vargas, desde 2013; integrou várias comissões de juristas, como, por exemplo, e por orientação do Senado Federal, a comissão de juristas que elaborou a Lei de

Mediação e a revisão da Lei de Arbitragem ou quando, por indicação do Tribunal de Justiça do Rio de Janeiro, participou de Grupo de Trabalho instituído para avaliar os impactos do Novo Código de Processo Civil e da Lei de Mediação.

Além do mais, é um doutrinador: dentre as obras voltadas ao Direito positivo, escreveu "O Código do Consumidor e as Cláusulas Penais"[25]; "Uma Introdução ao Direito Civil – Parte Geral", que vem tendo sucessivas edições desde 2007[26]; um igualmente bem sucedido "Direito das Obrigações", já na sétima edição[27]; "Contratos"[28], com dois volumes[29]; e "Teoria Geral dos Contratos"[30], além de cerca de setenta artigos em revistas especializadas, que vão das cláusulas de não concorrência[31] aos problemas da intertemporalidade[32]; do contrato de fiança[33] às controvérsias jurídicas das agências reguladoras[34], passando pelas "imperfeitas" cláusulas resolutivas[35],

25 Rio de Janeiro: Forense, 2004; 2ª ed., 2006.

26 Rio de Janeiro: Letra Legal, 2005; 2ª ed., Rio de Janeiro: Forense, 2007; 3ª ed., Rio de Janeiro: GZ, 2011; 4ª ed., 2019; 5ª ed., 2020

27 Rio de Janeiro: GZ, 2008 (1ª e 2ª tiragens); 2ª ed., 2009; 3ª ed., 2012; 4ª ed., 2013; 5ª ed., 2014; 6ª ed., 2016; 7ª ed., 2017.

28 Rio de Janeiro: GZ, 2016; 2ª ed., 2017.

29 *Contratos II*. Rio de Janeiro: GZ, 2019.

30 Rio de Janeiro: GZ, 2021.

31 Aspectos da cláusula de não concorrência no direito brasileiro. *Revista Trimestral de Direito Civil*, vol. 12, Rio de Janeiro, 2003.

32 A intertemporalidade e seus critérios. *Revista Forense*, vol. 382, Rio de Janeiro, 2005.

33 O Contrato de Fiança. In: *Direito e Justiça social*, São Paulo, Atlas, 2013.

34 Considerações jurídicas acerca das agências reguladoras e o aumento das tarifas públicas. *Revista dos Tribunais*, vol. 821, São Paulo, 2004.

35 As "imperfeitas" cláusulas resolutivas. In: GUEDES, Gisela Sampaio da Cruz; TERRA, Aline de Miranda Valverde (Coords.). *Inexecução das Obrigações*: pressupostos, evolução e remédios. Rio de Janeiro: Ed. Processo, 2020

a exclusão de sócio na sociedade limitada[36] e os impactos da mudança climática[37].

E finalizo, deixando para o fecho o aspecto que mais me fascina na já por si fascinante personalidade de nosso Colega. Trata-se do Educador.

Salvo engano, o primeiro dos livros que escreveu sobre o "seu Frodo", aquele que o guia permanentemente pela Terra Média – isto é, William Shakespeare – foi Medida por Medida, o Direito em Shakespeare[38], que tive a alegria de prefaciar. Na primeira linha desse prefácio, eu aventei a pergunta que parecia guiá-lo. E essa era: "como pode Shakespeare ajudar o estudante de Direito?"

Basta ler aquele o livro para concluir que José Roberto de Castro Neves não apenas descobriu a resposta a essa indagação, mas, verdadeiramente, a superou. Pela permanente, visceral, ligação entre Direito e Cultura, pelo tracejar da recorrente ligação entre as abstratas formas jurídicas e o chão da mais concreta realidade dos dramas e sucessos da vida, apanhada como ninguém pelo "inventor do humano" – como Harold Bloom[39] definiu o Bardo –, nosso Confrade verdadeiramente guia, educa, oferece modelos – e não apenas "ensina"– aos seus alunos. Para além, enfim, José Roberto tem, com seus livros, ajudado a todos nós, juristas ou não, a melhor compreender o mundo, o Direito que está no mundo e a nós mesmos.

Muito obrigada!

---

36 Exclusão de Sócio na Limitada: Será mesmo necessário haver previsão contratual?. In: Atualidades em Direito Societário e Mercado de Capitais. Vol. IV. Rio de Janeiro: Lumen Juris, 2019.

37 Climate change and the individual: The Brazilian Perspective. In: *Ius Comparatum* – Global Studies in Comparative Law. Cham: Springer, 2021

38 *Medida por Medida*: O Direito em Shakespeare. Rio de Janeiro: GZ, 2013 (1ª e 2ª ed.); 3ª ed., 2014, 4ª ed., 2015, 5ª ed.; Edições de Janeiro, 2016; 6ª ed., Nova Fronteira, 2019.

39 BLOOM, Harold. *Shakespeare e a invenção do humano*. São Paulo: Objetiva, 2000